T0298787

بحوث العمليات

"مدخل علمي لإتخاذ القرارات"

تأليف

الدكتور منعم زمزير الموسوي

كلية الملك عبد الله الثاني لتكنولوجيا المعلومات

الجامعة الأردنية

دار وائل للنشر

الطبعة الأولى

2008

رقم الايداع لدى دائرة المكتبة الوطنية : (2008/4/1209)

الموسوي ، منعم زمزير

بحوث العمليات : مدخل علمي لاتخاذ القرارات / منعم زمزير الموسوي .

- عمان ، دار وائل ، 2008

ص (516)

ر.إ. : (2008/4/1209)

الواصفات: بحوث العمليات / اتخاذ القرارات / نظرية المعلومات

* تم إعداد بيانات الفهرسة والتصنيف الأولية من قبل دائرة المكتبة الوطنية

****

رقم التصنيف العشري / ديوي : 658.403

ISBN 978-9957-11-760-3 (ردمك)

* بحوث العمليات – مدخل علمي لاتخاذ القرارات
* الدكتور منعم زمزير الموسوي
* الطبعـة الأولى 2008
* جميع الحقوق محفوظة للناشر

دار وائـــل للنشر والتوزيع

* الأردن – عمان – شارع الجمعية العلمية الملكية – مبنى الجامعة الاردنية الاستثماري رقم (2) الطابق الثاني

هـاتف : 5338410-6-00962 – فاكس : 5331661-6-00962 – ص. ب (1615 – الجبيهة)

* الأردن – عمان – وسط البلد – مجمع الفحيص التجاري- هـاتف: 4627627-6-00962

www.darwael.com

E-Mail: Wael@Darwael.Com

بسم الله الرحمن الرحيم

(وقل ربي زدني علماً)

صدق الله العلي العظيم

بسم الله الرحمن الرحيم

(الملك ربح (ربي ربحة)

وصلى الله على سيدنا محمد

المحتويات

الصفحة	الموضوع
11	**الفصل الأول:** مفهوم القراروالانظمة الداعمة للقرارات............
13	مقدمة.........................
13	مفهوم القرار ....
14	مراحل اتخاذ القرار ....
17	أنواع القرارات ....
20	حالات إتخاذ القرار.........
20	المداخل الاساسية لإتخاذ القرار ....
24	الأنظمة الداعمة القرار، خصائصها، مكوناتها، أنواعها..
35	**الباب الأول:** اتخاذ القرارات الإدارية تحت حالة التأكد التام ...
37	**الفصل الثاني:** مصفوفة القرارات ....
39	مقدمة ....
40	مصفوفة القرارات واتخاذ القرار تحت حالة التأكد التام ..
43	**الفصل الثالث:** شجرة القرارات ....
45	مقدمة ....
46	شجرة القرارات واتخاذ القرار تحت حالة التأكد التام ....
51	**الفصل الرابع:** البرمجة الخطية/ الطريقة البيانية ....
53	البرمجة الخطية/ المفهوم والشروط ....
57	مشكلة التعظيم ....
58	تحديد دالة الهدف ....
59	المحددات ....
61	بناء النموذج الرياضي للمشكلة ....
61	ايجاد الحل بالطريقة البيانية ....

أمثلة تطبيقية محلولة 82

تمارين 97

الفصل الخامس: البرمجة الخطية/ طريقة السمبلكس 101

مقدمة 103

المفهوم الجبري لطريقة السمبلكس 103

وضع الجدولة الأولية لمشكلة تعظيم الحل وحلها ... 105

وضع الجدولة الأولية لمشكلة الأقل حل وحلها........ 118

تمارين 128

الفصل السادس: حالات خاصة في نموذج البرمجة الخطية واسعار الظل 131

مقدمة 133

عدم امكانية التوصل إلى الحل الأمثل 133

عدم محدودية دالة الهدف 135

وجود أكثر من حل أمثل........................ 139

مشكلة الحل المنتكس 144

أسعار الظل والنموذج الثنائي................... 147

الاستخدامات المختلفة لأسعار الظل 166

حدود اسعار الظل وتحليل الحساسية 170

تمارين 181

الفصل السابع: نموذج النقل 185

مقدمة 187

طرق الحل الأولي........................... 191

.طرق الوصول للحل الأمثل..................... 199

حالات خاصة في نموذج النقل 238

نموذج النقل وتعظيم الأرباح................... 253

تمارين 264

الفصل الثامن: نموذج التخصيص 267

المفهوم والشروط 269

طرق التخصيص....................... 269

حالات خاصة في نموذج التخصيص 293

تمارين 301

الفصل التاسع: شبكات الأعمال/ طريقة المسار الحرج....................... 303

مقدمة 305

مفهوم طريقة المسار الحرج 305

التعاريف الأساسية لطريقة المسار الحرج 305

احتساب الوقت المطلوب لأتمام المشروع....................... 315

احتساب الوقت الفائض 320

الباب الثاني : اتخاذ القرارات تحت حالة المخاطرة 331

الفصل العاشر: مصفوفات القرار 333

مقدمة 335

مصفوفة القرار باستعمال القيمة المتوقعة للأرباح ... 335

مصفوفة القرار باستعمال القيمة المتوقعة للخسائر.. 352

الفصل الحادي عشر: شجرة القرار 357

مقدمة 359

شجرة القرار باستخدام القيمة المتوقعة للأرباح... 360

شجرة القرار باستخدام القيمة المتوقعة للتكاليف. 390

تمارين 398

الفصل الثاني عشر: أسلوب مراجعة وتقييم البرامج/ بيرت 401

مقدمة 403

تقديرات الوقت 404

كيفية احتساب احتمال انجاز المشروع 406

تمارين... 417

الباب الثالث: اتخاذ القرارات تحت حالة عدم التأكد 471

الفصل الثالث عشر: معايير اتخاذ القرارات 473

المعيار المتشائم 475

المعيار المتفائل 475

المعيار التوفيقي... 475

معيار لابلاس 476

معيار الأسف أو الندم...................................... 476

كيفية استخدام معايير القرار 477

تمارين 490

الفصل الرابع عشر: نظرية المباريات 491

المفهوم والشروط 493

الاستراتيجيات ونقطة التوازن........................... 494

الاستراتيجيات المختلطة 498

طريقة الرسم البياني 499

طريقة المعادلات... 501

تمارين 511

المراجع العربية... 513

المراجع الأجنبية 514

تقديم

يعتقد الكثير من علماء الإدارة المعاصرون ان اتخاذ القرارات هو أساس العمل الإداري والهندسي وفي أغلب الأحيان يرى المدراء أن عملية اتخاذ القرار هي عملهم الأساس لذا ينبغي عليهم وبصورة مستمرة اختيار ماذا ينبغي عمله، ومن الذي سيقوم بهذا العمل، وكيف، وأين، ومتى.

السنوات الأخيرة من القرن الحالي شهدت تطوراً ملموساً نحو استخدام الأساليب الكمية في اتخاذ القرار يعود ذلك بالدرجة الأساس الى النمو المتسارع في استخدامات الحاسوب المختلفة في المجال الإداري والصناعي متمثلاً في أنظمة الأنتاج المتكاملة (CIM) والأنظمة المساعدة في اتخاذ القرارات (DSS) والأنظمة الخبيرة (ES) والتطورات الأخرى في مجال استخدامات الذكاء الاصطناعي (AI) الأمر الذي تطلب ضرورة إلمام المعنيين بالعمل الإداري والصناعي من إداريين ومحاسبين ومهندسين بأدوات التحليل الكمي لكي يتسنى لهم الاستفادة منها في الوصول إلى قرار ناجح من خلال منهج علمي منظم ومتكامل.

تناول هذا الكتاب مجموعة من ادوات التحليل الكمي صنفت حسب حالات اتخاذ القرار والمتمثلة في اتخاذ القرار تحت حالة التأكد التام، وتحت حالة المخاطرة، وتحت حالة عدم التأكد.

حاولت جاهداً تناول المادة العلمية بأسلوب مبسط وواضح قدر الامكان ودون الخوض في تعقيدات أو براهين رياضية بالاضافة إلى اعطاء العديد من الأمثلة والحالات العملية لتحقيق المزيد من الفهم والاستيعاب.

أسأل الله العلي القدير أن أكون قد وفقت بمساهمة متواضعة لأغناء القارئ العربي من جهة ولسد بعض النقص الذي تعاني منه المكتبة العربية في هذا المجال الحيوي من جهة أخرى.

والله ولي التوفيق

المؤلف

2008

9

الفصل الأول:

مفهوم القرار والانظمة الداعمة للقرارات

مقدمة

التوسع المتسارع في حجم المشروعات وما رافقه مـن تعـدد وتعـارض في الأهداف وكثرة البدائل المصاحبة لاتخاذ القرار الواحد، جعـل إدارة هـذه المشروعات عملية معقدة وصعبة، وقد أدى ذلك في الربع الأخـير مـن القـرن الحالي إلى استخدام العديد من أدوات التحليل الكمي تحت إسم علم الإدارة (Management Science) أو بحوث العمليـات (Operations Research) بالإضافة إلى ذلك هناك الكثير من النماذج الكمية المحوسبة -Computer) (Based Models التي تساهم حالياً في حل المشاكل الإدارية.

تعتمد أدوات التحليل الكمي المنهج العلمي المنظم لدراسـة البـدائل المتاحة لمتخذ القرار وبيان الآثار المحتملة لهـا مـن أجـل الوصـول إلى أفضـل حل ممكن للمشكلة موضع القرار (الحل الأمثل).

مفهوم القرار

هناك تعاريف متعددة لمعنى القرار الإداري وضعها مفكروا الإدارة، وأن جميعها يؤكد على أن القرار الإداري يقوم على عملية المفاضلة، وبشكل واعي ومدرك، بين مجموعـة بـدائل، أو حلـول (عـلى الأقـل بـديلين أو أكـثر) متاحة لمتخذ القرار لاختيار واحد منها باعتباره انسب وسيلة لتحقيق الهدف أو الأهداف التي يبتغيها متخذ القرار.

وفي أحيان معينة قد يكون القرار رفضاً لكـل البـدائل أو الحلـول المتاحـة للاختيار وعدم القيام بأي عمل محدد ومن ثم يكون القرار هو لا قرار، والسـبب الذي يدفع المدير إلى عدم اتخاذ قرار ربما يعود إلى أحـد أمرين هما:

1- عدم تبين أو وضوح كل البدائل المتاحة للاختيار أو المفاضلة.

2- عدم الرغبة في اختيار بديل محدد تفادياً للالتزام أو (الارتباط) بعمل قد يؤدي إلى الضرر بمصالح متخذ القرار.

يطلق برنارد (Barnard) على هـذا نـوع مـن القرارات بـالقرارات السـلبية (Negative Decisions) ويعتقد بأنها من صفات المدير الكفء الذي يدرك المواقف التي تدفع به إلى عدم اتخاذ قرار معين بصددها.

مراحل اتخاذ القرار (The Decision Processes)

تمر عملية اتخاذ القرارات التي يتخذ المدراء بأربعة فترات زمنية رئيسية هي:

- فترة التعرف بالمشكلة Intelligence phase
- فترة تصميم الحلول Design phase
- فترة اختيار الحل الامثل Choice phase
- فترة تنفيذ الحل Implementation phase

والشكل رقم (1) يبين هذه المراحل، وسوف نستعرض هذه المراحل بشيء من الاختصار

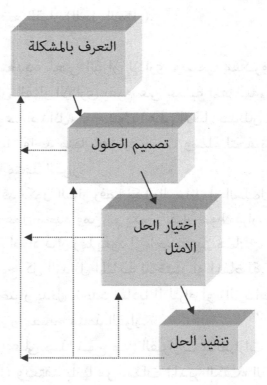

الشكل رقم (1) مراحل اتخاذ القرار

14

- فترة التعرف بالمشكلة، (اوجد ماذا تحل)، ويطلق على هذه المرحلة بمرحلة الذكاء (Intelligence) وتمثل الأنشطة التي من خلالها يتم التعرف أو التحسس بوجود:
  - مشكلة تستلزم حلاً
  - حاجة يتطلب إشباعها
  - فرصة يتطلب استغلالها

تستلزم هذه المرحلة اكتشاف ومن ثم تفسير الإشارات (Signs) التي تشير إلى إن هناك حالة تستوجب الانتباه. وهذه الإشارات ممكن أن تأتي بأشكال متعددة منها:

- طلب الزبائن المتكرر لميزات جديدة في المنتج
- تراجع في حجم المبيعات
- الارتفاع في الكلف
- تهديد بدخول منافس جديد

وإلى أخره من الإشارات التي يجب أن يوجه الانتباه لها ومن ثم تحديد كافة الظروف الداخلية والخارجية التي تحيط بالمشكلة التي هي بحاجة إلى اتخاذ قرار بشأنها، فتتضمن تحديد أبعاد المشكلة والأنظمة المحيطة بها، وتحديد الأسباب والنتائج المترتبة عليها، وهذا يستلزم توافر المعلومات الضرورية من أجل تحليل المشكلة إلى عناصرها ألأساسية وبناء على ذلك يطلق أحيانا على هذه الفترة "التشخيص" (Diagnosis Phase) .

- فترة تصميم الحلول، (أوجد حلولاً)، يستلزم أن نأخذ بألاعتبار جميع الطرائق الممكنة التي تساعد على:
  - حل المشكلة موضع الدراسة أو
  - إشباع الحاجة قيد الدرس أو
  - الاستفادة من الفرصة المتاحة.

التركيز في هذه الفترة على تقديم أكبر عدد ممكن من البدائل (الحلول) للحالات المشار إليها أعلاه، لذلك فإن هذه الفترة تتضمن عملية خلق وإبداع وجمع اكبر قدر ممكن من البدائل. يستلزم هنا إخضاع جميع البدائل إلى التحليل الذي يستلزم استخدام الأساليب النوعية والكمية. وبعدها يتم حصر جوانب القوة والضعف لكل بديل من اجل تقويم البدائل.

- فترة اختيار الحل، (إختار حلاً)، تعتبر هذه الفترة من الفترات المهمة في عملية اتخاذ القرارات ويستلزم إتباع الخطوات التالية:

  - زن استحقاقات كل بديل
  - خمن نتائج كل بديل
  - اختار أفضل بدي

المعايير التي يتم على أساسها اختيار أفضل بديل ممكن أن تتمثل في:

  - الكلفة
  - سهولة التطبيق
  - الوقت
  - مستلزمات التنفيذ
  - مخاطر التنفيذ
  - قدرة البديل على حل المشكلة

من المفترض أن تكون المعلومات التي جُمعت في فترة التعرف بالمشكلة كافية وفي حال الشعور بأنها غير ذلك يستلزم العودة للفترة الأولى كما هو مبين بالشكل رقم (1)، والبدائل التي وضعت في مرحلة تصميم الحلول يفترض أن تكون واضحة وقابلة للمفاضلة فيما بينها وفي حالة الإحساس بعدم ذلك يجب العودة للفترة الثانية أو الأولى كما هو مبين بالشكل رقم (8-1). على متخذ القرار أن يأخذ بالاعتبار كل الأمور المتعلقة بالآثار التي ستترتب على تنفيذ القرار، وأن تحسب درجة المخاطرة التي سيتضمنها القرار، وفي النهاية لابد من اتخاذ قرار (وفي حالة عدم اتخاذ قرار فان ذلك بحد ذاته يمثل قرار "عدم اتخاذ قرار").

16

- فترة تنفيذ القرار (طبق الحل)، تتميز طبيعة القرار الإداري بأن تنفيذه يتم عن طريق الآخرين. ومتخذ القرار يقوم فقط بهذه الفترة بتوجيه القائمين على التنفيذ مبيناً لهم العمل الذي يتوجب عليهم القيام به، والدور المطلوب من كل منهم والموارد المتاحة للتنفيذ، وهذا يتطلب تفهم القرار من قبل منفذيه وتحفيزهم على أدائه. ويتم ذلك من خلال مبدأ المشاركة في اتخاذ القرارات حيث يشعر المنفذون بأن القرار من صنعهم. ومن المهم جدا أن تنسجم أهداف القرارات مع أهداف وطموحات القائمين على تنفيذها حيث ينعكس ذلك في رفع هؤلاء المنفذين لمستوى أدائهم وتحسينه.

أنواع القرارات

يمكن تصنيف القرارات بطرق مختلفة. صنف سيمون القرارات التي يتخذها المدير أخذاً بنظر الاعتبار طبيعة مشكلة القرار إلى:

- قرارات مبرمجة Programmable Decisions
- القرارات شبه مبرمجة Semi Programmable Decisions
- القرارات الغير مبرمجة Non Programmable Decisions
- القرارات المبرمجة هي القرارات التي تتخذ بالمشكلات واضحة التحديد وتكون عناصرها مفهومة ومحددة ويمكن قياسها. وغالباً ما تكون هذه القرارات التي يتخذها الاداريون متكررة وروتينية ، مثل إعادة الطلب عند مستوى معين للمخزون، أو مطالبة الزبائن المدينين بالدفع عند مستوى معين من المديونية وفترة محددة من التأخير . ولهذا يسهل برمجتها باستخدام النماذج الكمية الخاصة بظروف التأكد التام.
- القرارات شبه المبرمجة هي القرارات التي تكون فيها مشكلة القرار شبه محددة تماماً، كأن تكون بعض الإجراءات محددة مسبقاً، وهناك جوانب أخرى غير واضحة وليست معلومة لمتخذ القرار . مثل قرار تعين موظف جديد هناك جانبين في هذا القرار ما يتعلق في تحديد مقدار الراتب لهذا الموظف الجديد يمثل جانب

روتيني بالقرار أما ما يتعلق بجوانب الترقية لهذا الموظف تعتبر جوانب غير روتينية بالقرار لأنها غير معلومة لمتخذ القرار عند لحظة اتخاذ القرار في تعين هذا الموظف الجديد.

- القرارات الغير مبرمجة هي القرارات التي تتعلق بمشاكل غير واضحة التحديد بمعنى أخر إن متغيرات هذه المشاكل من حيث العدد والكمية والحدوث غير معلومة وتُتخذ تحت ظروف عدم التأكد وتتطلب استخدام نماذج غير كمية حيث انها غير محددة خاصة والتي تقوم على نظرية الاحتمالات والإحصاء الرياضي وغيرها. ويجب تصميم نظم تكنولوجيا المعلومات لتزويد الإدارة بالمعلومات اللازمة لاتخاذ القرارات من خلال إزالة أو إنقاص حالات عدم التأكد والغموض اللذين يحيطان بالقرارات شبه/ وغير المبرمجة وذلك من أجل مساندة متخذ القرار على اتخاذ قرارات أكثر واقعية وعقلانية.

كما يمكن تصنيف القرارات حسب المستوى الإداري الذي يتخذها كما يلي:

1. قرارات تشغيلية Operational Decisions : تتعامل القرارات التشغيلية مع الأنشطة اليومية أو قصيرة المدى. في هذا النوع من القرارات تكون المعايير قياسية وثابته. يمكن القول إن هذا النوع من القرارات يتطلب الالتزام بأساليب وقواعد وأوامر معينة تتعلق بعمليات رقابية مخططة مسبقاً. هذا يعني إن معايير هذه القرارات قد حددت مسبقا وعلى متخذ القرار الالتزام بها وتطبيقها ومراقبة تنفيذها. وأن هذه القرارت ممكن برمجتها ونظم تكنولوجيا المعلومات ممكن ان تؤديها بسرعة وكفاءة عاليتين وهذا بدوره يساعد منظمة الاعمال على تخفيض الكلف التشغيلية. ومن أمثلة القرارات التشغيلية مراقبة المخزون بمختلف مكوناته، وتخصيص الاعمال، مراقبة وجبات العمل ....الخ. معظم القرارات التشغيلية ذات طابع روتيني يمكن برمجتها بسهولة، حيث يوضع لها قواعد وشروط معينة بحيث يمكن اتخاذ القرار بصفة ألية عندما تنطبق القواعد وتتوافر الشروط المحددة مسبقاً.

2. القرارات التكتيكية Tactical Decisions : هي القرارات التي يتم اتخاذها في مستوى الإدارة الوسطى وتتعامل مع الانشطة متوسطة المدى للوصول بها إلى الأداء المثالي. ومن هذه الانشطة الوظيفية كالانتاج والتسويق واعداد الموازنات وتحليل الاعمال المالية، وغيرها. أن القرارات التكتيكية عبارة عن خليط من كل من نشاطي التخطيط والرقابة. أن مستوى اتخاذ القرارات التكتيكية الذي يتعامل في معظم الحالات مع قرارات شبه مبرمجة أو غير مبرمجة، يتطلب نظم تكنولوجيا معلومات خاصة تلائم طبيعة هذا النوع من القرارات مثل نظم دعم القرارات ونظم دعم القرارات الجماعية.

3. القرارات الإستراتيجية Strategic Decisions: تتعامل القرارات الإستراتيجية مع الأهداف والخطط الرئيسة لمنظمة الأعمال وتغطي فترة زمنية طويلة نسبياً. مثل إعداد أهداف المنظمة، ومن هذه الأهداف ينشا عدد من القرارات الإستراتيجية، مثال ذلك:

• توظيف وإنفاق رأس المال،
• تغيير خطوط الإنتاج،
• التوسع في نوعية وحجم منتجات المنظمة،
• التفكير في دخول أسواق جديدة.

إن بنية المشكلة لهذا النوع من القرارات تكون غير محددة لذا يصعب برمجتها حيث أنها تتعلق بمواقف يصعب التبوء بها. تحتاج القرارات الإستراتيجية إلى نوع خاص من أنظمة تكنولوجيا المعلومات التي توظف إمكانات التنقيب على البيانات Data Mining ومن تطبيقاتها الحالية نظم دعم الإدارة العليا Executive Support Systems.

حالات اتخاذ القرار

اتخاذ القرار، كما إشير سابقاً، يعني إختيار البديل الأمثل (الأنسب) من بين عدة بدائل متاحة، يؤثر في كل منها عوامل مختلفة من البيئة الداخلية والخارجية للمنظمة، مما يؤدي إلى حدوث نتيجة معينة لو اختير بديل معين، وهو ما نطلق عليه بحالات البيئة الخارجية أو حالات الطبيعة، فبائع الصحف يتخذ قرار بشراء عدد معين من الصحف في الصباح 200 صحيفة و 250 أو 350 ... الخ ولكن ما سيباع تؤثر فيه عوامل كثيرة من البيئة الخارجية، مثل وجود أخبار جديدة في هذه الصحيفة، مدى تفوق هذه الصحيفة على الصحف الأخرى... الخ، وبائع الصحف هذا يتخذ قراره قبل أن يعرف عدد الصحف التي ستباع. وقد جرى العرف على تقسيم حالات اتخاذ القرارات إلى ثلاث حالات رئيسة وذلك وفقاً إلى توافر أو عدم توافر معلومات حول احتمالات حدوث حالات الطبيعة، وهذه الحالات هي:

1- اتخاذ القرارات في حالة التأكد .
2- اتخاذ القرارات في حالة عدم التأكد.
3- اتخاذ القرارات في حالة المخاطرة.

المداخل الأساسية لاتخاذ القرار

بناءً على أهمية عملية اتخاذ القرارات وبكونها أساس النشاط الإداري فإنها تستلزم توافر قدرات خاصة عند متخذ القرار من حيث الحيوية وقدرة على التفكير والإبداع والابتكار. ولما تتصف به هذه العملية من الشمول والتعقيد وأهمية النتائج، فقد تطورت واستخدمت مداخل واساليب متنوعة لها.

ويقصد بالمدخل هو الطريقة أو الاسلوب الذي يتم بة أنجاز عملية إتخاذ القرارات. وجميع هذه المداخل تعتمد على استخدام المعلومات بإعتبارها أساس العملية والمدخل الرئيسي لها. وفيما يلي استعراض مختصر- لاهم المداخل المتبعة لإتخاذ القرارات.

1. المدخل الوصفي أو التقليدي Descriptive Approach
2. المدخل العلمي أو الكمي Scientific or Quantitative Approach

أولاً: المدخل الوصفي أو التقليدي في اتخاذ القرار

يقصد بالمدخل الوصفي أو التقليدي في اتخاذ القرار هو مدخل يفتقر للتدقيق والتمحيص العلمي، ولا يتبع المنهج العلمي في عملية اتخاذ القرارات. وتعود جذور هذا المدخل إلى المدارس الادارية القديمة التي كانت تستخدم أسلوب التجربة والخطاء (Trial and Error) في حل مشاكلها معتمدة اعتمادا كبيرا على مجرد الخبرة السابقة والتقدير الشخصي (Rule of Thumb) للإداريين، حيث كانوا يتخذون قراراتهم استنادا إلى الفهم والمنطق والخبرة السابقة والمعرفة الثاقبة بتفاصيل العمليات والمشاكل الإدارية ومراحلها.

ومن الأساليب التقليدية الأساسية التي تستخدم في هذا المدخل هي:

1. الخبرة Experience : يمر متخذ القرار بعديد من التجارب أثناء أدائه لمهامه الإدارية يخرج منها بدروس مستفادة من النجاح والفشل تنير له الطريق نحو العمل في المستقبل. وهذه الدروس المستفادة من التجارب الماضية غالباً ما تكُسب متخذ القرار مزيدا من الخبرة التي تساعده في الوصول إلى القرار المطلوب. ومن مجالات تطبيق أسلوب الخبرة القرارات المبرمجة التي يكتفي متخذ القرار فيها بتطبيق قواعد معينة ويكون في هذا التطبيق الحل المطلوب.
2. أجراء التجارب (Experimentation) : لقد بدأ تطبيق أسلوب إجراء التجارب في الكثير من مجالات البحث العلمي، ثم انتقل تطبيقه إلى إدارة منظمات الأعمال للاستفادة منه في مجال اتخاذ القرارات، وذلك بأن يتولى متخذ القرار نفسه إجراء التجارب أخذا في الاعتبار جميع العوامل الملموسة وغير الملموسة والاحتمالات المرتبطة بالمشكلة محل القرار، حيث يتوصل من خلال هذه التجارب إلى اختيار البديل الأفضل معتمدا في هذا الاختيار على خبرته العملية. يمكُن هذا الأسلوب متخذ القرار من أن يتعلم من أخطائه ومحاولة تلافي هذه الأخطاء في القرارات التي

يتخذها لاحقاً. ولعل من الأهمية بمكان أن نبين أنه يتم في مواقف معينه الجمع بين الخبرة والتجربة معا لتحقيق الهدف.

3. البديهة والحكم الشخصي (Intuition) : يعني هذا الأسلوب استخدام متخذ القرار حكمه الشخصي واعتماده على سرعة البديهة في إدراك العناصر الرئيسة الهامة للمواقف والمشكلات التي تعرض عليه، والتقدير السليم لأبعادها، وفي فحص وتحليل وتقييم المعلومات المتاحة والفهم العميق والشامل لكل التفاصيل الخاصة بها. وتبدو صعوبة ومخاطر استخدام هذا الأسلوب في أنه يقوم على أسس شخصية نابعة من شخصية متخذ القرار وقدراته العقلية واتجاهاته وخلفياته النفسية والاجتماعية ومعارفه. وهـذه كلهـا سمـات وقدرات تختلف من باختلاف المجتمعـات والبيئـات، كمـا أنهـا مرهونـة بالمقومات المختلفة والمتعددة للمجتمع الواحد وقواعد السلوك التي تحكمه، والاتجاهات السائدة فيه، والتطورات المختلفة التي يمر بها، وكل ذلك يـؤثر في حكم متخذ القرار الشخصي علـى الأمـور والمواقـف التي تواجهه. الأ إن هـذا الأسلوب يمكن أن يكون مفيدا في اتخاذ القرارات المبرمجة وشبه المبرمجة.

ثانيا: المدخل العلمي أو الكمي

أشرنا فيما سبق إلى أن القرارات تتفاوت من حيث أهميتها. فمن القرارات ما يتعلق بأمور روتينية أو ظواهر متكررة ويكون عنصر ـ عـدم التأكد فيها قليلاً للغاية. في مثل هذه الحالات يكون اتخاذ القرار سهلاً وكثيرا ما يكون الاعتماد علـى الخبرة السابقة هو الأداة الرئيسة لاتخاذ القرار. ذلك أنه إذا نجح قرار سبق اتخاذه وتكرر مجاله مرة أخرى محاطاً بنفس الظروف المـؤثرة، فـأن اعتماد صانع القرار الجديد على سابق خبرته له ما يبرره.

غير أنه في معظم المجالات الرئيسة لاتخاذ القرارات لا يتكرر الموقف بنفس ملابساته السابقة منها والمستقبلية، كما أن ثمة مواقف جديدة وأكثر تعقيداً تفرض نفسها في حياة المنظمة مما يجعل مجرد الاعتماد على الخبرة السابقة في اتخـاذ القرار أمرا يستحيل معه تحقيق الهدف المنشود.

ولقد أحدث التطبيق الرياضي للأساليب الكمية تطورا هائلاً في اتخاذ القرارات، إذ مكنت بالدرجة الأولى توسيع نطاق البحث بالنسبة للمتغيرات الكثيرة المؤثرة في القرار وبالنسبة للعلاقات المتشابكة، كما مكنت من الحصول على إجابات كمية للنتائج المترتبة على كل بديل من البدائل مما ييسر اتخاذ القرار. ولقد ساعد على هذا التطور ذلك التقدم المشهود في استخدام تكنولوجيا المعلومات التي حررت الباحثين من قيود المشكلات الحسابية والرياضية في معالجة البيانات الرقمية الهائلة والعلاقات المتشابكة بينها.

ولعل من أهم الأساليب الكمية التي انتشر استخدامها في مجال اتخاذ القرارات، والتي لا تعتمد استخدام النماذج كاساس لحل مشكلة القرار، هي ، البرمجة الخطية، ونظرية القرارات، والتخطيط الشبكي، والمحاكاة، ونظرية المباريات، ونظرية صفوف الانتظار.

ومن المهم جدا الإشارة إلى أنه بالرغم من اعتماد الأساليب الكمية على القياس والتحديد الكمي للعوامل والمتغيرات المحيطة بالمشكلة فإنها تبقى قاصرة عن الإحاطة بجميع العوامل والظروف الموضوعية التي تمثل مشكلة القرار. فكثير من المشكلات ذات جوانب معنوية غير قابلة للقياس والتحديد الكمي الدقيق. فمثلاً لا يمكن قياس العلاقات الإنسانية والمعنوية السائدة وردود الفعل الناتجة عنها، مما يجعل استخدام المدخل الكمي بمفرده غير كافيا للوصول إلى قرار رشيد يغطي الجوانب المختلفة للمشكلة، ولذلك لا يمكن الاعتماد على هذا المدخل بشكل مطلق بل يمكن اعتبارها من الأدوات المهمة لاتخاذ القرارات ولابد أن يدعمها الحكم الشخصي فيما يتعلق بالجوانب المعنوية.

ومن أجل زيادة فاعلية اتخاذ القرارات ينصح بمراجعة القرار المحتمل من ناحية النقاط الآتية:

1. ما هي الأخطاء التي يقع فيها القرار
2. ما مدى خطورة كل حالة من هذه الحالات
3. هل يمكن تعديل القرار لتخفيف الأثر المحتمل لكل خطا من هذه الأخطاء
4. ما هي النفقات التقديرية اللازم إنفاقها لتخفيض هذه الأخطاء المحتملة، وهل هذه النفقات تحقق الفائدة المرجوة منها.ا

5. ما هي الفترة الزمنية التي ينبغي أن تنقضي قبل الحكم على مدى صحة القرار المحتمل، أي متى يحين الوقت لإعادة النظر في القرار أو تعديله.

ومعنى ما سبق أن متخذ القرار يجب أن يكون مستعدا لإعادة النظر في القرار أو حتى إلغائه إذا ظهرت به أخطاء تقف في سبيل تحقيق الأهداف التي من أجلها أتخذ القرار. وفي نفس الوقت، ينبغي أن تتمتع القرارات بشيء من الثبات والاستقرار لأن المغالاة في إعادة النظر في القرارات قد تكون مصدرا للإزعاج وإحباط ا

وبنفس الوقت، ينبغي أن تتمتع القرارات بشيء من الثبات والاستقرار لأن المغالاة في إعادة النظر في القرارات فقد تكون مصدراً للإزعاج وإحباط الهمم. وعندما تظهر حقائق جديدة فإنه من المناسب إعادة النظر في القرار، ولكن هذا يجب ألا يحدث بطريقة تعرقل الاجراءات النظامية لإدارة شئون المنظمة أو الأسوأ من ذلك أن يؤدي إلى توقف نشاط المنظمة.

ويفضل تجربة القرار على نطاق ضيق ومحدود وذلك لتحديد مدى صلاحيته للتطبيق. فالعينه لا تستلزم إلا حد أدنى من الموارد، ولكنها ستكشف نطاق الضعف، وعلى ضوء هذا الاكتشاف يمكن تعديل القرار أو حتى إلغائه.

الأنظمة الداعمة القرار، خصائصها، مكوناتها، أنواعها
Decision Support Systems, Components, and Characteristics

ظهرت نظم دعم القرارات في بدايات السبعينيات وتزامن هذا الظهور مع تطور تطبيقات تكنولوجيا المعلومات في منظمات الأعمال من أجل دعم ومساندة متخذي القرارات على اتخاذ قراراتهم. تساعد نظم دعم القرارات ونظم دعم القرارات الجماعية متخذي القرارات في المستوى الإداري المتوسط (التكتيكي)، حيث يواجه هذا المستوى الإداري، كما أشرنا سابقاً، مشكلات قرار ذات بُنية غير منتظمة كما هو مبين بالشكل (2).

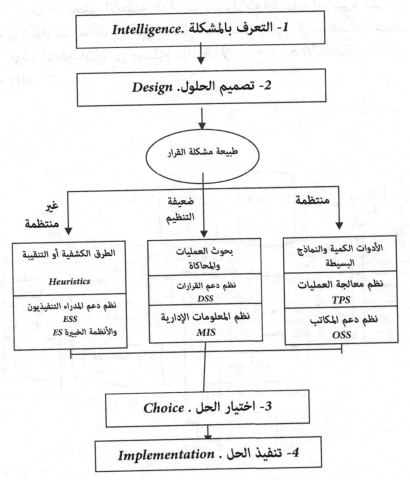

1- التعرف بالمشكلة. Intelligence
2- تصميم الحلول. Design
طبيعة مشكلة القرار
منتظمة
ضعيفة التنظيم
غير منتظمة
الأدوات الكمية والنماذج البسيطة
نظم معالجة العمليات TPS
نظم دعم المكاتب OSS
بحوث العمليات والمحاكاة
نظم دعم القرارات DSS
نظم المعلومات الإدارية MIS
الطرق الكشفية أو التنقيبة Heuristics
نظم دعم المدراء التنفيذيون ESS والأنظمة الخبيرة ES
3- اختيار الحل . Choice
4- تنفيذ الحل . Implementation

شكل رقم(2) يبين مراحل عملية اتخاذ القرارات والأنظمة الداعمة لها

ومن أجل أن تُحقق الأنظمة الداعمة للقرارات الفائدة المرجوة منها في دعم متخذي القرارات يستلزم وجود نظام معلومات إداري في منظمة الأعمال يعمل على توفير المعلومات التي يستلزم توافرها لإنجاح هذه ألأنظمة. والشكل (3) يوضح ذلك.

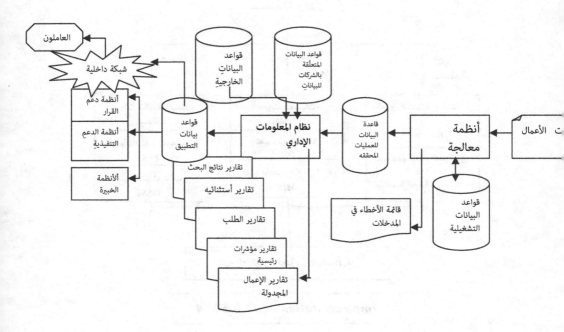

الشكل رقم (3) يبين دور نظام المعلومات الإداري في إنجاح عملية اتخاذ القرارات

أولاً: نظم دعم القرارات

تعبير الأنظمة الداعمة للقرارات بشكل عام ممكن أن يعبر عن أي نظام محوسب يساعد في عملية اتخاذ القرار. وبشكل محدد، نظام دعم القرار يعبر عن نظام تكنولوجيا معلومات تفاعلي وعالي المرونة صمم من أجل دعم متخذ القرار عندما تكون مشكلة القرار ضعيفة التنظيم (شبه محددة). يعمل نظام دعم القرار على خلق نوع من التوائم (Alliance) بين متخذ القرار والدعم المتخصص الذي تقدمة تكنولوجيا المعلومات والجدول (1) يوضح ذلك:

ماذا عند متخذ القرار	ماذا تحققه أنظمة دعم القرار	ما تجلبه تكنولوجيا المعلومات
التجربة	تحسين إنتاجية متخذ القرار	السرعة
الحدس	زيادة الفهم بالقرار	المعلومات
الحكم	زيادة المرونة	القدرة على معالجة البيانات
المعرفة	السرعة بالوصول للقرار	
	تخفيض تعقيد حل المشكلة	
	خفض التكاليف	

جدول رقم (1) التحالف بين متخذ القرار
وألانظمة الداعمة للقرار

تتمتع أنظمة دعم القرار بعدد من الخصائص التي تجعل منها أداة أدارية فعالة لدعم عملية اتخاذ القرارات، لكن علينا أن نتذكر دائماً إن أنظمة دعم القرار ليست جميعها تعمل بنفس المستوى فمنها ذات نطاق صغير وتحقق بعض الخصائص التي سيتم عرضها لاحقاً، بشكل عام نظام دعم القرار ممكن أن يحقق الوظائف الاتية:

1. يتعامل مع حجم هائل من البيانات ومن مصادر مختلفة
2. يخلق مرونة عالية في التعامل مع التقارير والعروض

3. أمكانية عرض النتائج بشكل نص (Text) أو على شكل مخططات (Graphics)
4. يدعم أمكانية التحليل المبني على البحث المتعمق عن البيانات
5. يستخدم برمجيات متقدمة لاجراء تحليلات ومقارنات معقدة
6. يدعم مستويات القرار المختلفة

تتكون نظم دعم القرارات من المكونات الاتية:

- العنصر البشري، هو العنصر الذي ينسق العمليات والأنشطة داخل النظام، ويقوم في:
  1. تنسيق العمليات والأنشطة داخل النظام
  2. تشغيل الأجهزة والبرمجيات
  3. يتولى عرض النتائج

وهولاء هم محللو النظم والمبرمجون وإداريو نظم المعلومات.

- الأجهزة، قد تكون جهاز حاسوب شخصي مستقل، أو شبكة حاسوبية محلية Local Area Networks (LAN)، أو مواسٌعة Wide Area Networks (WAN) ، أو كونية World Wide Web (WWW)، موصلة مع حاسوب خاص Host Computer لنظام دعم القرارات، وقد تكون في اتصال حي حقيقي مع بعضها On-Line Real Time System.
- البرمجيات وتتكون من:
  1. برامج إدارة التشغيل والتفاعل مع
     - المدخلات
     - العمليات
     - المخرجات
  2. برامج إدارة قواعد البيانات
  3. النماذج وممكن أن تشمل:

- النماذج الإحصائية
- النماذج المالية
- نماذج البرمجة الخطية
- نماذج تحليل الحساسية
4. مكتبة برمجيات

- الإجراءات، تمثل مجموعة القواعد المثبته للتشغيل الأمثل للاجهزة، وانظمة تدفق البيانات والمعلومات، والتعليمات والإجراءات المتبعة عند التشغيل.
- قاعدة بيانات النظام، توفر وتخزن البيانات والمعلومات عن كل العمليات التي تحدث في داخل منظمة الأعمال وما يرتبط بها في البيئة الخارجية.

ثانياً: نظم دعم القرارات الجماعية Group Decision Support Systems (GDSS)

تعد نظم دعم القرارات الجماعية Group Decision Support Systems (GDSS) من أهم أنواع نظم دعم القرارات التي لاقت مؤخراً اهتمام الباحثين في مجال نظم المعلومات، لذلك كان من الضروري التعرف باختصار على مفهومها ومكوناتها وأنواعها وأهم خصائصها .

أ - مفهوم نظم دعم القرارات الجماعية

صممت نظم دعم القرارات، كما درسنا في الفقرة السابقة، في بداية السبعينات على أساس دعم اتخاذ القرارات الفردية، كنظام مختلف عن النظام التقليدي لنظم المعلومات الإدارية MIS، حيث تستخدم في الأول البيانات والنماذج للمناقشة واتخاذ القرارات شبه المبرمجة وغير المبرمجة.

في نهاية الثمانيات توسع مفهوم نظم دعم القرارات. فقد بينت الخبرات الإدارية أن كثيراً من القرارات لا تتخذ في الحقيقة بشكل إنفرادي، بل شكل جماعي، إن اغلب وقت المدراء ينقضي في لجان ، ولقاءات، واجتماعات ومناقشات، وفي التفاوض ومعالجة الاضطرابات. لذلك جرى تطوير على نظم دعم القرارات بحيث تلبي حاجة هذا الشكل

الجماعي من أشكال اتخاذ القرارات. فظهرات في نهاية الثمانيات نظم جديدة تدعى نظم دعم القرارات الجماعية.

فاشتقاقاً من مفهوم نظم دعم القرار، تعرف نظم دعم القرارات الجماعية بأنها نظام تفاعلي مبنى على الحاسب الآلي يسهم في تيسير حل المشكلات غير المبرمجة، التي تسعى لحلها مجموعة من متخذي القرارات الذين يعملون معاً كفريق، وذلك بهدف رفع فعالية الاجتماعات، من خلال الإعداد المسبق للاجتماع، وخلق جو حواري وتعاوني، وإجراء تقويمات موضوعية، واتخاذ قرارات مدروسة ومستندة إلى بيانات ومعلومات دقيقة وموثوقة.

ب- مكونات نظم دعم القرارات الجماعية

تتكون نظم دعم القرارات الجماعية كما هو في نظم دعم القرارات التقليدية من خمسة عناصر أساسية هي الأجهزة والبرمجيات، وقواعد البيانات، والعنصر البشري، والإجراءات، تتكامل هذه العناصر معاً لخدمة عمليات اتخاذ القرارات الجماعية.

فبالنسبة للأجهزة، لا بد أن يتوافر لكل عنصر القدرة للوصول إلى الحاسب الآلي على الأقل من خلال وحدة إدخال وإخراج أو شاشات عرض فردية، بغرض عرض المعلومات لباقي أعضاء المجموعة. تحتوي الأنظمة المتقدمة على وحدات طرفية يتعامل كل عضو مع واحدة منها، مع توافر وسائل الاتصال السمعية والبصرية لمسافات طويلة. فالنظام بذلك يسمح لكل عضو أن يعمل باستقلال عن باقي الأعضاء، وأن يدخل عليهم نتائج عمله، وأن يطلع أيضاً على أعمال الاخرين.

أما البرمجيات، فتشمل قواعد البيانات، وقواعد النماذج، وبرامج وتطبيقات متخصصة، يمكن استخدامها بوساطة أعضاء المجموعة بطريقة سهلة ومرنة. كما تشمل البرمجيات أيضاً لحزم الإحصائية، وبرامج عرض الرسومات البيانية والأشكال، والجداول...... وغيرها.

تحوي قاعدة البيانات على مجموعة من البيانات الجارية والتاريخية عن النشاطات التطبيقية، أو عن عمل الجماعات والأفراد، منظمة بشكل يسهل ولوج أعضاء الفريق اليها.

ويتكون العنصر البشري من الأعضاء المشاركين في صنع القرار بالإضافة إلى منسق الفريق الذي يتولى تنسيق العمليات والأنشطة داخل النظام ويقوم بتشغيل الأجهزة والبرمجيات وعرض المعلومات عند الحاجة إليها، وهو يقوم بدور حلقة الوصل بين تكنولوجيا المعلومات وأعضاء الفريق.

والعنصر الأخير في نظام دعم القرارات الجماعية هو الاجراءات. والإجراءات، كما هو معرف، هي تلك القواعد والتنظيمات التي تمكن أعضاء الفريق من الاستخدام والتشغيل الفعال للأجهزة والبرمجيات. وقد تتضمن إجراءات تنظيم المناقشات الشفهية بين الأعضاء والإجراءات التي تحكم تدفق الأحداث أثناء الاجتماعات، وكيفية بدء الاجتماع وانتهائه، وحق المداخلة......الخ.

ج- أشكال استخدام نظم دعم القرارات الجماعية

يمكن التمييز بين أربعة أنماط لاستخدام نظم دعم القرارات الجماعية في المنظمات، هي:-

1. استخدام غرفة القرار Decision Room، هي غرفة مجهزة بالتسهيلات الفنية والحاسوبية اللازمة لصنع القرارات الجماعية، هي في أبسط صورها تحتوي على منضدة تأخذ شكل نصف دائرة، بها أماكن مخصصة لأعضاء الفريق بحيث يتاح لكل عضو جهاز حاسوب خاص به، يمكن من خلاله التفاعل مع باقي أعضاء الفريق. كما يمكن أيضاً اجراء اتصالات شفهية بينهم، كما يتوافر في الغرفة شاشة عرض عامة يمكن استخدامها في عرض الأفكار ونتائج تحليل وتلخيص البيانات.

2. استخدام شبكة قرارات محلية Local Decision Network، وفيها لا يلتقي جميع الأعضاء في غرفة واحدة، ولكن يظل كل منهم في مكانه الخاص "غرفة مكتبه"، ولكنه يستطيع التفاعل مع باقي أعضاء الفريق من خلال محطة عمل work station خاصة به. كما يوجد حاسوب مركزي تتوافر لديه قواعد البيانات والنماذج والبرمجيات.تتيح شبكة الأعمال الاتصال المباشر بين أعضاء الفريق من خلال تبادل الرسائل الالكترونية.كما يمكن لكل عضوالوصول إلى قاعدةالبيانات العامة

وقواعد البيانات الخاصة بالأعضاء. يحقق هذا النظام ميزة أن كل عنصر يمارس عمله الخاص في مكتبة وفي الوقت نفسه يمكنه أن يعقد اجتماعات مع الاخرين.

3. استخدام المؤتمرات البعدية Teleconferencing، يستخدم هذا النمط عندما يتواجد الأعضاء في أماكن بعيدة بعضهم عن بعض ولا يوجد مبرر لاجتماعهم معاً في مكان واحد لغرض صنع القرار. مثال ذلك اذا كانت لأحدى الشركات فروع منتشرة في جميع أنحاء البلاد، فيمكن أن يكون لها غرفة قرارات في كل مدينة رئيسة. وباستخدام مؤثرات الاتصال(صورتاً، صورة ونصاً) يمكن الربط بين قاعات القرارات المختلفة. أن هذا النمط مماثل لنمط غرفة القرارات مع عدم الحاجة لتواجد كل أعضاء القرار في مكان واحد.

4. صنع القرارات عن بعد Remote Decision Making، أو استخدام شبكة المنطقة الواسعة wide area network هذا النمط من اتخاذ القرارات الجماعية المعتمدة على الحاسوب، يعد نسخة موسعة عن استخدام شبكة القرارات المحلية، ولكن نظم تكنولوجيا المعلومات موزعة(غير مركزة في غرفة واحدة)، يتم الاتصال بوساطة الشبكات الخاصة أو العامة. بكل الأحوال هذا النمط غير شائع الاستخدام بعد. ولكن هذا الشكل من القرارات الجماعية يتيح فرصة عقد لقاءات غير مجدولة بين أعضاء متواجدين في أماكن بعيدة بعضها عن بعض. يتم ذلك عن طريق أن يخبر أحد الأعضاء باقي المجموعة أنه يريد عقد اجتماع بعد فترة من الزمن (30 دقيقة مثلاً)، قد يستخدم التليفون في ذلك أو شاشات محطات العمل التي لدى باقي الأعضاء، وبذلك يكون كل الأعضاء جاهزين في الوقت المحدد. وقد يستخدم في هذا النوع من المؤتمرات العديد من الاجهزة مثل التليفونات، الميكرويف، محطات الارسال الفضائي وغيرها.

د- خصائص نظم دعم القرارات الجماعية

بعد التعرف على نظم دعم القرارات الجماعية، ومكوناتها، وأنواعها فيما يلي نعرض لأهم الخصائص المميزة لها:-

1- أنها نظم يتم تصميمها خصيصاً لدعم القرارات التي تتخذ جماعياً ولا يوجد لها مواصفات ومكونات عامة.
2- أنها نظم يتم تصميها بغرض دعم عمليات اتخاذ القرارات بين أعضاء فريق ما أثناء ممارستهم لعملهم بغرض تحسين عوائد القرار، في ظل درجة عالية من عدم التأكد.
3- أنها نظم من السهل تعلمها واستخدامها بوساطة الأفراد بغض النظر عن مستوى معرفتهم بالحاسبات.
4- أنها تحتوي على أساليب تمنع انتشار السلوك الجماعي السلبي مثل الصراعات المدمرة، وسوء الاتصال أو سوء الفهم وغيرها.

الباب الأول
اتخاذ القرارات الإدارية تحت حالة التأكد التام
Decisions Making Under Certainty

يتميز هذا النوع من القرارات بسهولة اتخاذه حيث لا يوجد أي تأثير للبيئة الخارجية على نتائج القرار، حيث تتوافر معلومات مؤكدة حول نتيجة كل بديل من البدائل المتاحة لمتخذ القرار (تأكد 100%) فإذا كانت مشكلة القرار تتعلق بإنتاج نوع معين من المنتجات وهدف متخذ القرار زيادة الربح المتحقق فإنه هنا سوف يختار المنتج الذي يتصف بأعلى الأرباح، أما إذا كان هدفه تخفيض التكاليف فإنه سوف يختار المنتج صاحب أقل تكاليف إنتاج، وعلينا أن نؤكد هنا أن حدوث حالة التأكد التام نادراً أن تحدث في بيئة الأعمال المعاصرة وهذا يعتمد إلى حد كبير على مشكلة القرار ذاتها.

نتناول في الفصول اللاحقة بعض النماذج الكمية التي يستطيع متخذ القرار من خلالها تحديد أفضل البدائل.

الفصل الثاني:

مصفوفة القرارات
Decisions Matrix

38

مقدمة

تعني مصفوفة القرارات، المصفوفة أو الجدول الذي يوضح البدائل أو الحلول التي سيتم المفاضلة بينها، من أجل اختيار أفضلها، ويطلق عليها أحياناً باستراتيجيات القرار وتحتوي كذلك على نتائج البدائل المحتملة الحدوث تحت حالات الطبيعة في المستقبل، كما هو الحال في الجدول أدناه :

حالات الطبيعة / البدائل	ط1	ط2	ط3
ب1	10	20	15
ب2	8	7	6
ب3	10	20	25

ونلاحظ من المصفوفة أعلاه أن نتيجة البديل تتحدد من خلال تقاطع الخط الأفقي للبديل مع الخط الرأسي لحالات الطبيعة المحتملة الحدوث، وبناء على ذلك فإنه إذا تم اختيار البديل الأول (ب1) وحدثت حالة الطبيعة الأولى (ط1) والتي تمثل طلب منخفض مثلاً، فإنه نتيجة القرار ستكون (10)، أما إذا تم اختيار البديل الثالث (ب3) وحدثت حالة الطبيعة الثالثة (ط3) والتي تمثل طلب مرتفع فإن نتيجة القرار ستكون (25)، وهكذا، وتستخدم مصفوفة القرارات لاتخاذ القرارات تحت حالات القرار الثلاثة، اتخاذ القرار تحت التأكد التام، وتحت المخاطرة، وتحت عدم التأكد، وستتناول الفقرة اللاحقة توضيح كيفية استخدام مصفوفة القرارات لاتخاذ القرار تحت حالة التأكد التام (Decision Making under certainty)

مصفوفة القرارات واتخاذ القرار تحت التأكد التام :

اتخاذ القرارات تحت حالة التأكد التام يعتبر من أسهل أنواع القرارات اتخاذاً كما أشرنا إليه سابقاً، حيث يكون متخذ القرار على معرفة تامة بكافة نتائج بدائل القرار، وفي هذه الحالة تكون مصفوفة القرارات على شكل عمودين فقط، العمود الأول يمثل بدائل القرار والعمود الثاني يمثل نتائج البدائل تحت حالة طبيعة واحدة فإذا كان على سبيل المثال موضوع القرار ربحاً فمن الطبيعي أن يتخذ القرار الذي يصاحب تنفيذه أقصى ربح ممكن أما إذا كان موضوع القرار، التكلفة، فنختار البديل الذي يصاحب تنفيذه أدنى تكلفة، والآن نتناول بعض الأمثلة لتوضيح ذلك.

مثال (1)

ترغب منشأة دنيا الأسرة المفاضلة بين أربعة أنواع من منتجات لعب الأطفال لإنتاج إحداها علماً بأن ربح الواحدة من كل نوع من هذه السلع مبين أدناه:

الربح بالدينار	أنواع السلع (البدائل)
20	النوع الأول
25	النوع الثاني
35	النوع الثالث
23	النوع الرابع

نلاحظ من الجدول أعلاه أن البديل الثالث (النوع الثالث) يتصف بأعلى ربح وعليه سوف يتم اختياره من قبل متخذ القرار لأنه يحقق أعلى ربحاً، وفي هذه الحالة يكون متخذ القرار متأكداً من نتيجة القرار الذي اتخذه.

مثال (2)

ترغب منشأة معينة اختيار سلعة مـن بـين خمسـة سـلع لأنتاجهـا وكانـت
تكلفة الوحدة من هذه السلع كما يلي:

التكلفة بالدينار	أنواع السلع (البدائل)
8	السلعة الأولى
12	السلعة الثانية
10	السلعة الثالثة
7	السلعة الرابعة
13	السلعة الخامسة

نلاحظ من الجدول أعلاه أن السلعة الرابعة تتصف بأقل تكلفة، وعلى هذا
الأساس يقوم متخذ القرار باختيار البديل الرابع (السلعة الرابعة) لأنتاجها لأنها أقل
تكلفة. وفي هذه الحالة يكون متخذ القرار متأكداً من نتيجة القرار الذي اتخذه.

الفصل الثالث:

شجرة القرارات

(Decisions Tree)

المقدمة

إن شجرة القرارات هي عبارة عن تمثيل أو رسم لعملية اتخاذ القرارات بشكل يسهل معه تحديد مراحل اتخاذ تلك القرارات. وغالباً ما تستعمل هذه الطريقة لاتخاذ قرار بشأن بعض المشاكل المعقدة أو كبيرة الحجم أو متعددة المراحل، ويمكن توضيح شجرة القرارات بالشكل أدناه :

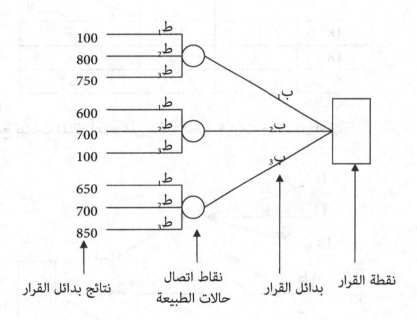

والآن نتناول بعض الأمثلة لتوضيح كيفية استخدام شجرة القرارات لاتخاذ القرار تحت حالة التأكد التام.

شجرة القرارات واتخاذ القرارات تحت حالة التأكد التام

مثال رقم (1)

تنتج شركة القدس ثلاثة أنواع من المنتجات والمصفوفة الآتية تمثل العوائـد المتحققة من بيع كل صنف تحت ثلاث حالات من الطبيعة أو الظروف الاقتصادية الممكنة الحدوث. المطلوب تحديد أفضل بديل باستخدام شجرة القرارات.

حالات الطبيعة البدائل	ط1	ط2	ط3
ب1	15	12	18
ب2	20	30	18
ب3	10	15	6-

الحل :

1- وضع بيانات المثال أعلاه على شكل شجرة قرارات وبالشكل الآتي:

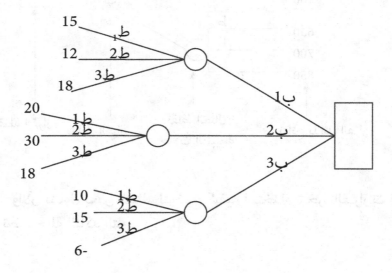

46

2- وبما أن النتائج أعلاه تمثل العوائد أو الأرباح فإنه سيتم اختيار أفضل النتائج مقابل كل بديل وتحت حالات الطبيعة الثلاثة وبالشكل الآتي:

بالنسبة لـ ب1 يتم اختيار النتيجة 18 والتي تتحقق تحت (ط3) .

بالنسبة لـ ب2 يتم اختيار النتيجة (30) والمتحققة تحت حالة الطبيعة (ط2).

أما بالنسبة لـ ب3 يتم اختيار النتيجة (15) والمتحققة تحت حالة الطبيعة (ط2).

وبعد اختيار النتائج فإنها توضع في دوائر الاتصال لحالات الطبيعة كما هو مبين بالشكل أدناه:

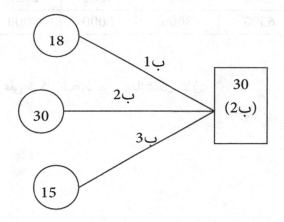

3- يتم اختيار البديل الذي يعطي أكبر عائد وكما هو واضح من الشكل أعلاه وهو (ب2) ويتم وضعه في نقطة القرار كما مبين أعلاه.

47

مثال (2)

المصفوفة الآتية تمثل تكاليف إنشاء أربعة مشاريع، المطلوب اختيار أفضلها معتمداً شجرة القرارات .

حالات الطبيعة / البدائل	ط1	ط2	ط3	ط4
ب1	2000	5000	3000	7000
ب2	1000	1500	3000	4000
ب3	2000	3500	3000	4500
ب4	7000	5000	3000	6500

الحل :

1- تمثيل البيانات أعلاه على شكل شجرة قرار وبالشكل الآتي:

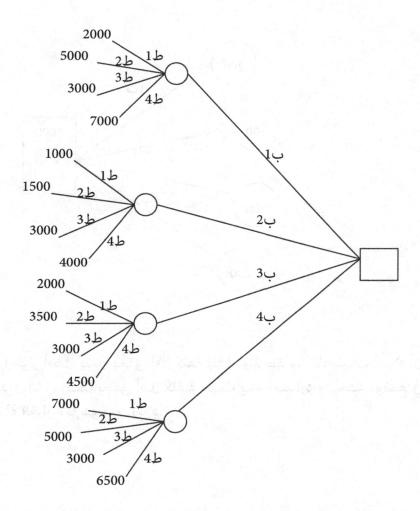

2- بما أن البيانات أعلاه تمثل تكلفة إنشاء كل بديل تحت ظروف أو حالات طبيعة مختلفة لذا يتم اختيار أقلها تحت كل حالة طبيعة وبالشكل الآتي:

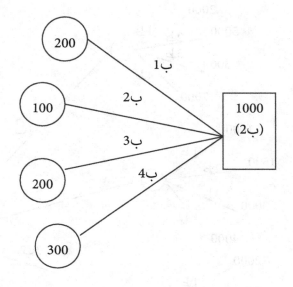

3- يتم اختيار أفضل بديل يحقق أقل كلفة إنشاء ونلاحظ من المعطيـات أعـلاه أن البديل الثاني (ب2) يحقق أقـل كلفـة حيـث يـتم اختيـاره ونتيجتـه توضـع في نقطة القرار كما هو مبين أعلاه.

الفصل الرابع:
البرمجة الخطية/ الطريقة البيانية
Linear Programming
The Graphical Method

البرمجة الخطية / المفهوم والشروط

طورت البرمجة الخطية خلال الحرب العالمية الثانية وتم استخدامها آنذاك في معالجة مشاكل التخطيط في السلام الجوي الأمريكي، وفيما بعد أخذت طريقها في المجالات المختلفة وأصبحت أداة رياضية مهمة لمساعدة المدراء في عملية اتخاذ القرارات.

تعرف البرمجة الخطية بأنها أسلوب رياضي يعتمد لمعالجة المشاكل الإدارية ومن ثم اتخاذ القرارات بحيث يساعد على تحقيق أقصى ـ مستوى مـن الأرباح أو الوصول بالتكاليف إلى أدنى مستوى ممكن.

كما عرفت المنظمة العربية للعلوم الإدارية البرمجة الخطيـة بأنهـا طريقـة رياضية لتخصيص الموارد النادرة أو المحدودة من أجل تحقيق هدف معين، بحيـث يكون من المستطاع التعبير عن الهدف والقيود التي تحد من القدرة علـى تحقيقـه في صورة معادلات أو متباينات خطية.

هناك شروط معينة يستلزم توافرها في المشكلة التي يمكن حلهـا بواسـطة البرمجة الخطية، وهذه الشروط هي:

1- وجـود هـدف معـين يـراد تحقيقـه: لكل منشـأة صناعية هـدف تسعى إلى تحقيقه، وعادة تسعى المنشأة أما لزيادة هـذا الهـدف إلى أقصى ـ حـد ممكن ومثال على ذلك سعيها إلى زيادة الربح، أو تعمل علـى تقليله إلى أقل حـد ممكن وذلك مثل التكـاليف أو تقلـيص الوقت اللازم لتصنيع كميـة الإنتاج المطلوبة أو غيرها.

2- وجود عدد من المتغيرات التي تتأثر بالقرارات التي تتخذها الادارة والتي يمكن زيادتها أو تخفيضها حسب الخطة المقترحة، وتؤثر هـذه الزيادة أو النقص على تحقيق الهدف المطلوب بشكل مستقيم (خطي)، تعتبر الصفة الخطية من أصعب الشروط التي يستلزم توافرهـا في المشكلة مـن أجل تطبيق البرمجة الخطية لحلها، حيـث تستلزم هذه الصفة مثلاً إنتاج ضعف الكمية المنتجة إذا استخدمنا ضعف الطاقة الإنتاجيـة المتاحـة وبتعبير أوضـح إذا وضـعنا العلاقـة بـين هـذين المتغـيرين في رسـم بيـاني كانـت العلاقة بينهما تمثل بخط مستقيم، لذا تستلزم بذل جهد إضافي مـن أجل

53

تحويل كافة المشاكل الغير مستقيمة إلى مشاكل ذات صفة مستقيمة حتى يمكن حلها بواسطة البرمجة الخطية. كما أن هذه المتغيرات يجب أن تكون قابلة للقياس الكمي فمثلاً نصنع (20) وحدة في الساعة أو نبيع (100) وحدة في اليوم.

وأخيراً أن هذه المتغيرات يجب أن تكون مرتبطة فمثلاً نصنع منتوجين من نفس المادة الخام (المادة الأولية) وعندما تكون هذه المادة محدودة لذا فإننا لا نستطيع تصنيع أي كمية نريدها من السلعتين.

3- وجود قيود: أن التغير في المتغيرات يخضع إلى نوع من القيود أو الحدود وهذه تكون على نوعين هما:

- لخلق الإرتباط بين البدائل.
- يخلق قيداً مباشراً على البدائل نفسها.

كما ذكرنا سابقاً، عندما يتم تصنيع سلعتين من نفس المادة الخام فإن هذا القيد يخلق ارتباطاً بين هاتين السلعتين أو البديلين لأن أي زيادة في إحداهما سيؤدي إلى النقص في الكمية المنتجة من السلعة الأخرى، أما بالنسبة للقيد المباشر هو ما يوضع من قيد على المتغيرات نفسها فمثلاً يكون الحد الأعلى للإنتاج كذا وحدة، أو الحد الأدنى من ساعات الطاقة الإنتاجية المتاحة كذا ساعة. وما إلى ذلك .

فإذا توافرت الاعتبارات (الشروط) أعلاه فإن النتيجة هي نموذج رياضي يصف المشكلة قيد البحث ويمكن التعبير عنه بالشكل التالي:

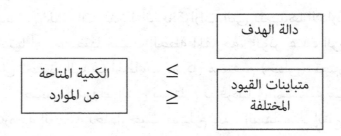

تعتبر عملية بناء النماذج المشار إليهما أعلاه من العمليات الصعبة في كثير من الأحيان، فيجب أن تمثّل متباينات (قيود) النموذج الواقع الفعلي بشكل تام وإلا كان الحل غير مفيد وربما خاطئ. وهنا تنحصر وظيفة الباحث في كيفية تمثيل الواقع أو المشكلة المعنية في صورة متباينات رياضية، أما طريقة الحل فهي من السهولة بمكان ويمكن استخدام العديد من البرمجيات منها برمجية (Win QSB) ، وبرمجية (TORA) ، للقيام بهذه المهمة.

استخدامات البرمجة الخطية متعددة ونستطيع أن نجملها بما يأتي:

- المساعدة في اتخاذ القرارات المتعلقة بالوظائف الرئيسية في المنشأة.
- تعتمد لتخطيط ورقابة الإنتاج.
- المساهمة في تحديد المزيج الانتاجي.
- تساعد في اختيار (المفاضلة) بين طرق الإنتاج المتاحة.
- المساهمة في تحديد أفضل الطرق لتوزيع المنتجات.
- المساعدة في احتساب ومن ثم السيطرة على طاقات المكائن للوصول إلى أقل التكاليف.

وهناك بعض الانتقادات التي توجه إلى أسلوب البرمجة الخطية في التحليل ولعل أهمها:

- يفترض هذا الأسلوب في التحليل أن كل العوامل أو العلاقات بين المتغيرات معروفة ومؤكدة الحدوث، بمعنى أنه لا يوجد عنصر أو عناصر مشكوك في حدوثها أو غير متأكد منها، أو بعبارة أخرى فإنه لا يأخذ في الاعتبار عناصر عدم التأكد التي تميّز الحياة التجارية والصناعية في الوقت الحاضر.
- لا يأخذ هذا الأسلوب في التحليل أي اعتبار للعوامل التي لا يمكن إعطائها قيمة كمية والتي قد تؤثر بدرجة كبيرة على اتخاذ القرارات.
- يتطلب التحليل كمية من المعلومات التي قد لا يكون من السهل الحصول عليها في الظروف العادية في المنشآت الصغيرة والمتوسطة الحجم.

55

- الفرض الأساسي الذي يتضمنه هذا التحليل هو الخطية التي قد لا تتماشى مع الواقع، ذلك لأن معظم العلاقات في الحياة العملية علاقات غير خطية، ولابد في مثل هذه الحالات من استخدام أسلوب البرمجة غير الخطية.
- يتطلب هذا التحليل ضرورة استخدام الحاسب الإلكتروني للمساعدة في حل المشاكل الكبيرة والمعقدة التي يحتاج حلها يدوياً إلى وقت طويل.

وعلى الرغم من الانتقادات أعلاه فإن أسلوب البرمجة الخطية يعتبر من أساليب التحليل الاقتصادي المهمة والتي تساعد على اتخاذ القرارات الإدارية السليمة ويوفر الموارد الاقتصادية المتاحة ويضعها في أفضل استخدام لها وذلك في ضوء الهدف المرغوب تحقيقه.

ومن الأساليب الشائعة لحل نماذج البرمجة الخطية أسلوبين هما:

1- أسلوب الحل البياني.

2- أسلوب السمبلكس.

سنتناول في هذا الفصل أسلول الحل البياني أما أسلوب السمبلكس فيتم تناوله في الفصل الخامس.

يتصف اسلوب الحل البياني بسهولته ووضوحه إلا أنه يعتبر أسلوباً مفيداً وصالحاً للمشاكل التي تحتوي على متغيرين فقط، مثال على ذلك انتاج سلعتين، يتم التوصل الى الحل باعتماد الطريقة البيانية من خلال تطبيق الخطوات التالية:

1- تحديد دالة الهدف معبراً عنها بشكل معادلة رياضية.

2- تحديد المحددات (القيود) معبراً عنها بشكل متباينات.

3- تحديد منطقة الحلول الممكنة من خلال رسم خطوط والدوال.

4- تحديد الحلول الممكنة للمشكلة.

5- ايجاد الحل الأمثل بيانياً بواسطة

أولاً: احتساب الربح المتحقق عند كل نقطة من نقاط أركان منطقة الحلول الممكنة.

ثانياً: اعتماد خط الربح أو خط الكلفة.

مشكلة تعظيم الحل :

المقصود بمشكلة تعظيم الحل هو ايجاد أقصى عائد ممكن من خلال حل المشكلة المعطاة باعتماد البرمجة الخطية الأسلوب البياني، وسيتم تناول مشكلة معينة لتوضيح ذلك.

مثال (1) :

شركة الكرامة لصناعة الأثاث المنزلي تنتج نوعين من المنتجات هما المناضد الصغيرة والكراسي. الشركة تمتلك موارد محدودة من المواد الأولية والطاقة الإنتاجية، إدارة الشركة راغبة بأن تحدد أفضل مزيج إنتاجي من هذين المنتوجين ممكن تطبيقه، الإدارة مقتنعة بأن المزيج الأفضل هو النوع الذي يحقق أفضل ربح ممكن من خلال بيع هاتين السلعتين - والجدول رقم (1) يبين متطلبات تصنيع الوحدة الواحدة من هاتين السلعتين:

	مناضد	كراسي
مواد أولية (قدم)	30	20
عمل يدوي (ساعة)	2	2
مكننة (ساعة)	4	6

الجدول رقم (1)

علماً بأن ساعات الطاقة المتوافرة لعنصر العمل (9) ساعة/ يوم، (24) ساعة بالنسبة للمكائن وما متاح من المواد الأولية (120) قدم. كما أن الشركة تتوقع أن تحقق ربحاً قدرة (10) دينار عن بيع المنضدة الواحدة (8) دينار عن بيع الكرسي الواحد.

المطلوب:

تحديد أفضل مزيج إنتاجي من هاتين السلعتين بحيث يحقق أقصى عائد ممكن.

تحديد دالة الهدف :

لقد تمت الإشارة مبكراً إلى أن كافة مشاكل البرمجة الخطية تهدف إلى تحقيق هدف معين، نلاحظ أن هدف الشركة أعلاه هو تحقيق أقصى عائد ممكن. ونحن نستطيع الآن أن نضع هذا الهدف بشكل أكثر تحديداً وهذا يتم من خلال اعتماد الرموز التالية:

نفرض أن :

س1 = عدد الوحدات المنتجة من المناضد

س2 = عدد الوحدات المنتجة من الكراسي

لذا فإن ربح شركة الكرامة يأتي من خلال مصدرين أساسين هما:

1- الربح المتحقق من إنتاج (س1) من المناضد

2- الربح المتحقق من إنتاج (س2) من الكراسي

علماً بأن الشركة ستحقق ربحاً قدره (10) دينار عن بيع المنضدة الواحدة إذن فإن الشركة ستحقق ربحاً قدره (10 س1) دينار من إنتاج الكمية (س1) من المناضد، وكذلك ربح بيع الكرسي الواحد (8) دينار، إذن ستحقق ربح قدره (8 س2) دينار من إنتاج الكمية (س2) من الكراسي.

الربح الكلي للشركة يأتي من خلال جمع الربح المتحقق من بيع الكمية (س1) من المناضد والكمية (س2) من الكراسي ويكون:

(10 س1 + 8 س2) إذن الحل لمشكلة الشركة أعلاه يكمن في القرار الذي يحقق أقصى ربح ممكن (تعظيم الربح)، علماً بأن هذا يعتمد بالدرجة الأساس على ايجاد قيم المتغيرات (س1 ، س2)، ويطلق على هذين المتغيرين بالمتغيرات الأساسية في اتخاذ القرار، والذي سيعود بالنهاية إلى تحقيق أقصى ربح ممكن.

إذن دالة الهدف للمشكلة أعلاه هي:

يحقق

10س1 + 8 س2 ⟵⟵ أقصى ربح ممكن ....(1)

فلو فرضنا بأن الشركة قررت أن تنتج المزيج الإنتاجي الاتي: (20) منضدة، (30) كرسي فإن الربح الكلي سيكون:

$(10 \times 20) + (8 \times 30) = 200 + 240 = 440$ دينار

فلو فرضنا بأن الشركة قررت أن تنتج (50) منضدة وتوقف إنتاج الكراسي، إذن الربح سيكون :

(10 × 50) + (8 × صفر) = 500 دينار

نلاحظ أن القرار الأخير هو الأفضل لأنه يجلب ربحاً أكبر على الشركة ولكن هل تستطيع الشركة إنتاج هذه الكمية من المناضد ؟ وعندما ننظر إلى جدول الموارد المتاحة نلاحظ أن إنتاج الكمية هذه غير ممكنة، لذا فإن أي مزيج انتاجي يشار له بأنه حل ولكن الحلول التي تتوافق مع الموارد المتاحة فقط هي التي يطلق عليها بالحلول الممكنة (Feasible solutions) ومن بين هذه الحلول فإننا نجد الحل الأمثل (Optimal solution) الذي يحقق أفضل مزيج إنتاجي وينتج عنه أقصى ربح ممكن. عند هذا الحد فإننا لا نعرف ما هو الحل الأمثل فيجب تحديد الحلول الممكنة أولاً، فالإجراء الأول يتطلب تحديد محددات (قيود) المشكلة أعلاه.

المحددات (القيود)

إنتاج الوحدة الواحدة من كلا المنتوجين يتطلب استخدام جزءاً من الموارد المتاحة والمبينة في الجدول رقم (1). علماً بأن هذه الموارد محدودة وأن محدودية هذه الموارد تخلق قيداً (Constraint) على كمية الإنتاج من هذين السلعتين، لذا فإنه يستلزم الان تحديد كافة القيود التي يتطلب الإلتزام بها لحل المشكلة أعلاه.

من الجدول رقم (1) نلاحظ أن انتاج المنضدة الواحدة يتطلب (30) قدم من المواد الأولية. إذن كمية المواد اللازمة لتصنيع (س1) من المناضد هي (30 س1) وبنفس الوقت إنتاج الكرسي الواحد يتطلب (20) قدم من المواد الأولية، إذن كمية المواد اللازمة لتصنيع (س2) من الكراسي هي (20 س2) إذن الكمية الكلية من المواد اللازمة لتصنيع س1 ، س2 هي (30 س1 + 20 س2) ، وبما أن الشركة حددت المتاح من المواد الأولية بـ (120) قدم كحد أقصى، وعلى هذا الأساس فإن المزيج الإنتاجي المطلوب يجب أن يحقق العلاقة التالية:

30 س1 + 20 س2 ≥ 120 .... (2)

الرمز (≥) يعني أقل من أو يساوي إلى . إذن العلاقة في المعادلة رقم (2) أعلاه يشار إليها على أنها غير متساوية، وهذه تؤكد حقيقة مهمة وهي أن كمية المواد الأولية المستخدمة لإنتاج س1 ، س2 يجب أن تكون أقل من أو مساوية إلى الكمية المتاحة من المواد الأولية، عدم المساواة هذه تخلق ما يسمى بقيد المواد الأولية على شركة الكرامة لإنتاج المزيج الإنتاجي المطلوب من هاتين السلعتين.

من الجدول رقم (1) نستطيع أن نلاحظ أيضاً إنتاج الوحدة الواحدة من المناضد يحتاج إلى (2) ساعة عمل يدوي وكذلك الكرسي الواحد يتطلب (2) ساعة عمل يدوي، علماً بأن المتاح من ساعات العمل اليدوي (9) ساعة كحد أقصى، وهذا يحقق العلاقة التالية:

2 س1 + 2 س2 ≥ 9 .... (3)

عدم المساواة في المعادلة رقم (3) أعلاه يمثل القيد الرياضي للمتاح من ساعات العمل اليدوي.

وكذلك الحال بالنسبة إلى ساعات المكننة يمكن التعبير عنها بالعلاقة الرياضية التالية:

4 س1 + 6 س2 ≥ 24 .... (4)

والآن تم تحديد العلاقات الرياضية للقيود التي رافقت عملية إنتاج السلعتين في المشكلة أعلاه. وأخيرا ولكي نمنع المتغيرات الأساسية (س1 ، س2) من أن تأخذ قيمة سالبة نضع القيد التالي:

س1 ، س2 ≤ صفر

وهذا يعتبر قيداً عاماً في كافة نماذج البرمجة الخطية

وأخيراً فإن التفسير الاقتصادي للعلاقات الخطية التي ظهرت في كلاً من دالة الهدف ومتباينات القيود هو أن العلاقة الخطية في دالة الهدف تفترض تزايد الربح (الدخل) بالنسبة لحجم الإنتاج وبطريقة منتظمة أو أن إدارة الشركة تستطيع أن تنتج أي كميةوتبيعها بنفس السعر الذي تباع به الوحدة الواحدة من هاتين السلعتين الان . كما

تعني تلك الخطية بالنسبة لمتباينات القيود أن المستخدم من الموارد بالنسبة للوحدة الواحدة ثابت (Constant) سواءاً كان الإنتاج قليلاً أم كثيراً أي أنه لا يحتمل تحقيق وفورات في حالة الإنتاج الكبير، وتعني تلك الخطية أيضاً أننا نتجاهل التغيرات المتوقعة على أسعار كل من الموارد والمنتجات.

بناء النموذج الرياضي للمشكلة :

في الفقرة السابقة تم تحويل المشكلة من الواقع الفعلي إلى مجموعة من العلاقات معبراً عنها بمعادلات رياضية مجتمعة تمثل النموذج الرياضي للمشكلة كما هو مبين أدناه:

دالة الهدف :

تحقق

10س1 + 8س2 ⟵⟵ أقصى ربح ممكن

محددات أو القيود :

30س1 + 20س2 ≤ 120

2س1 + 2س2 ≤ 9

4س1 + 6س2 ≤ 24

س1 ، س2 ≥ صفر

الصفة المميزة لهذا النموذج هو أن معادلة دالة الهدف ومتباينات القيود المحددة هي من الدرجة الأولى أي أن قيمة الأس للمتغيرات س1 ، س2 هي واحد. علماً بأن كافة نماذج البرمجة الخطية تكون من هذا النوع.

إيجاد الحل باعتماد الطريقة البيانية:

بسهولة أن تحل مشكلة البرمجة الخطية التي تحتوي على متغيرين أثنين فقط وذلك من خلال إعتماد الاسلوب البياني. والإجراءات الرئيسية لهذا الحل من الممكن أن نوضحها بالخطوات التالية:

أولاً: تحويـل متباينـات النمـوذج الريـاضي أعـلاه إلى معـادلات رياضيـة وإفـتراض المساواة ودون إضافة متغير إضافي وينتج :

تحقق

10س1 + 8س2 ⟵⟵ أقصى ربح ممكن

القيود :

$$30س1 + 20س2 = 120$$
$$2س1 + 2س2 = 9$$
$$4 س1 + 6 س2 = 24$$

س1 ، س2 ⪰ صفر

ثانياً: نبدأ الآن برسم مخطط بيـاني يتكـون مـن محـورين وكـل محـور يمثـل أحـد المتغيرات الأساسية في اتخـاذ القـرار (س1 ، س2) ومـن خـلال هـذا المخطـط نصل إلى تحديد منطقة الحلول الممكنة، وهـذا يـتم مـن خلال رسـم منحنيـات المعادلات أعلاه. وبما أن س1، س2 أكبر من أو يساوي صفر لذا فإننا سـنأخذ بعين الاعتبار فقط الحلول التي تحقق قيم هذين المتغيرين في الحيز الموجب وكما مبين ذلك في الشكل رقم (1)

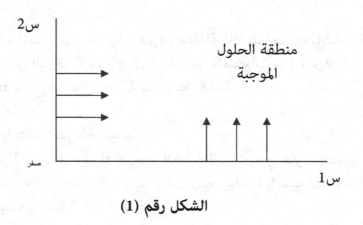

الشكل رقم (1)

62

من أجل رسم خطوط معادلات النموذج الرياضي المشار إليه في الفقرة السابقة يتطلب أن نوجد قيم هذين المتغيرين بدلالة أحداهما كما يلي:

أ- رسم منحنى المعادلة الاولى:

$$30س1 + 20س2 = 120$$

نفرض س1 = صفر

$$20س2 = 120$$

إذن س2 = 6

نفرض س2 = صفر

$$30س1 = 120$$

إذن س1 = 4

والشكل رقم (2) يبين منحنى المعادلة الاولى والذي يمثل قيد المواد

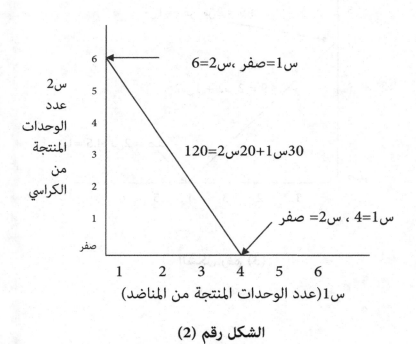

الشكل رقم (2)

63

ب- رسم منحنى المعادلة الثانية:

2س1 + 2س2 = 9

نفرض أن س2 = صفر

2س1 = 9

إذن س1 = 4.5

نفرض س1= صفر

2س2 = 9

إذن س2 = 4.5

والشكل رقم (3) يبين منحنى المعادلة الثانية والذي يمثل ساعات العمل اليدوي:

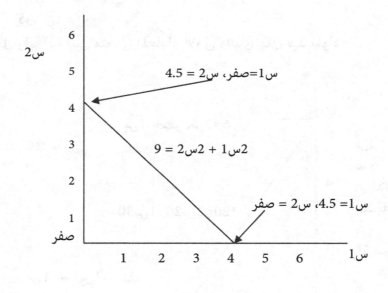

الشكل رقم (3)

ج- رسم منحنى معادلة القيد الثالث:

$$4س_1 + 6س_2 = 24$$

نفرض أن س_2 = صفر

$$4س_1 = 24$$

إذن س_1 = 6

نفرض س_1 = صفر

$$6س_2 = 24$$

إذن س_2 = 4

والشكل رقم (4) يبين منحنى معادلة القيد الثالث والذي يمثل ساعات الممكنة :

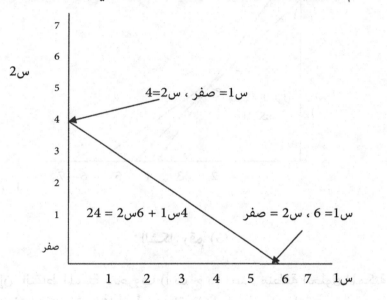

الشكل رقم (4)

والآن عندنا ثلاثة مخططات وكل منها يعطي حلاً ممكناً للمزيج الانتاجي وفقاً إلى المحددات الثلاثة، ولكي نصل إلى الحلول الممكنة التي ترضى المحددات الثلاثة مجتمعة يتطلب منا رسم منحنيات المعادلات الثلاثة على مخطط بياني واحد ومن خلاله يتم تحديد منطقة الحلول الممكنة والشكل رقم (5) يبين ذلك.

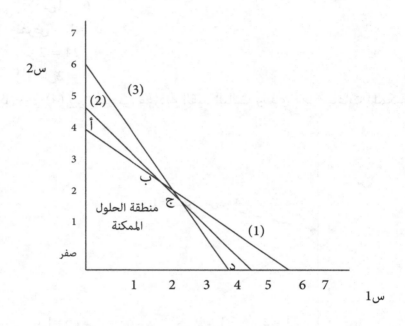

الشكل رقم (5)

إن النقاط الممثلة بالحروف (أ ب ج د) تحدد منطقة الحلول الممكنة وكما مبين ذلك في الشكل رقم (5) أن أي نقطة في داخل هذه المنطقة أو على حدودها تعطي قيمة معينة لكل من المتغيرات الأساسية (س1، س2) إذا أخذنا في الاعتبار القيود المفروضة على النموذج المذكور ولهذا فإن مثل هذه النقاط تسمى حلولاً ممكنة (Feasible Solutions) للبرنامج الخطي.

وبعد تحديد منطقة الحلول يستلزم منا الآن ايجاد الحل الأمثل للمشكلة قيد البحث من بين الحلول الممكنة التي تحددها هذه المنطقة ويتم التوصل الى ذلك من خلال أستخدام إحدى الطريقتين التاليتين:

أولاً: إحتساب الربح المتحقق لكل ركن من أركان منطقة الحلول الممكنة واختيار النقطة التي تحقق أعلى ربحاً حيث أنها تمثل الحل الأمثل وبالشكل الآتي:

1- عند النقطة (أ) يكون الربح

كمية الإنتاج من س2 = 4 ، س1 = صفر وحدة

إذن الربح = (10 × صفر) + (8 × 4) = 32

2- عند النقطة (ب) يكون الربح :

كمية الإنتاج من س1 = 1.5 ، س2 = 3

إذن الربح = (1.5 × 10) + (3 × 8) = 39 دينار

3- عند النقطة (ج) يكون الربح :

كمية الإنتاج من س1 = 3 ، س2 = 1.5

إذن الربح = (10 × 3) + (8 × 1.5) = 42 دينار

4- عند النقطة (د) يكون الربح :

كمية الإنتاج من س1 = 4 ، س2 = صفر

إذن الربح = (4 × 10) + (8 × صفر) = 40 دينار

5- عند النقطة (هـ) يكون الربح :

كمية الإنتاج من س1 = صفر ، س2 = صفر

إذن الربح = صفر

من الحسابات أعلاه يتضح بأن أقصى ربح يمكن تحقيقه يوميا هو (42) دينار، ويكون المزيج الإنتاجي اللازم لتحقيقه هو (3) وحدة من المنتوج س1 ، (المناضد) وإنتاج (1.5) وحدة من المنتوج س2 ، (الكراسي).

ثانياً: تحديد الحل الأمثل بيانياً بإستخدام ISO Profit Line

وذلك يتم عن طريق رسم منحنيات دوال الربح التي يتم تكوينها من خلال إعطاء دالة الهدف ربح إفتراضي معقول ويتم تحرك المنحنيات هذه داخل منطقة الحلول الممكنة وبإتجاه أركانها الى أن تصبح في تماس مع إحدى اركن منطقة الحلول وتلك النقطة ستمثل الحل الأمثل.وبالعودة الى مثالنا السابق أن دالة الهدف هي:

يحقق

10س1 + 8س2 ←— ←— أقصى ربح ممكن

ألان نعطي ربح إفتراضي معقول لدالة الهدف وبالشكل الاتي:

إن الخط الذي يمثل (20) ديناراً ربح تكون معادلته :

10س1 + 8س2 = 20

والآن نعتمد نفس الأسلوب السابق في رسم خط هذه المعادلـة مـن خـلال إيجاد قيم متغيراتها بدلالة أحداها وبالشكل التالي نفرض س2 = صفر :

إذن 10س1 = 20 ، س1 = 2 وحدة

نفرض س1 = صفر

إذن 8 س2 = 20 ، س2 = 2.5 وحدة

ويتم رسم خط الدالة أعلاه على الشكل رقم (5) وتكون النتيجة كـما مبـين في الشكل رقم (6)

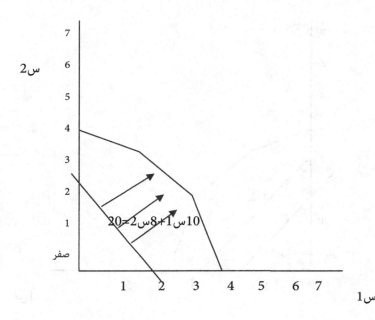

الشكل رقم (6)

يتم تحريك خط الربح أعلاه باتجاه حدود منطقة الحلول الممكنة (بعكس اتجاه نقطة الأصل)، وهذا يتم من خلال إعطاء دالة الهدف مقدار أكبر من الربح، حيث نلاحظ أنه كلما ابتعدنا عن نقطة الأصل (Origin) والتي عندها يكون الربح مساوياً إلى الصفر، يزداد مقدار الربح المتحقق، والآن نرسم خط الدالة الجديدة مع ربح (30) دينار حيث تكون دالة الهدف:

10س1 + 8س2 = 30

وبنفس الطريقة السابقة نوجد قيم المتغيرات أعلاه بدلالة أحداها حيث يكون س1=3 ، س2=3.5 وحدة ، ويتم رسم خط الدالة أعلاه كما مبين في الشكل رقم (7)

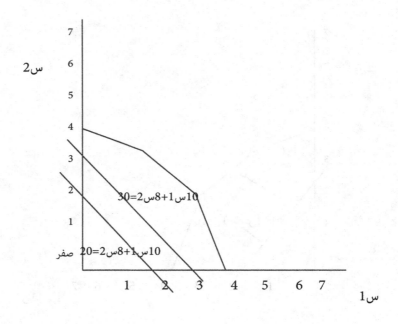

الشكل رقم (7)

ونستمر بتحريك خط الربح من خلال إعطاء دالة الهدف مبالغ من الربح أكبر مراعين أن خط الربح يجب أن لا يصبح خارج منطقة الحلول الممكنة، لذا فإن أبعد نقطة تماس بين خط الربح وحدود منطقة الحلول الممكنة هي التي تعتبر الحل الأمثل، وبالتأكيد فإن هذا يعتمد بالدرجة الأساس على دقة تحديد منطقة الحلول الممكنة أولاً ودقة رسم وتحريك خط الربح ثانياً. والحل الأمثل للمشكلة أعلاه هو عند النقطة (جـ) حيث أنها تعتبر أبعد نقطة تماس بين خط الربح وحدود منطقة الحلول الممكنة وكما مبين ذلك بالشكل رقم (8)

70

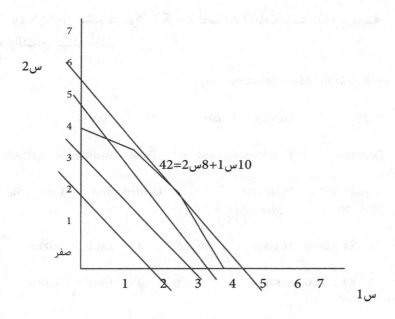

الشكل رقم (8)

بالإضافة إلى تحديد المزيج الإنتاجي المطلوب فبإمكان الإدارة أن تحصل الآن على معلومات مهمة تحدد درجة (مستوى) استغلال الموارد المتاحة لإنتاج المزيج الإنتاجي الذي يحقق أقصى ربح ممكن وذلك يتم من خلال احتساب متطلبات تصنيع المزيج الإنتاجي المطلوب من كل مورد من الموارد المتاحة وبالشكل الآتي:

30س1 + 20س2 = (3×30) + (1.5×20) = 120

2س1 + 2س2 = (3×2) + (1.5×2) = 9

4س1 + 6س2 = (3×4) + (1.5×6) = 21

من المعلومات أعلاه يتبين للإدارة بأن المزيج الإنتاجي الذي يتكون من إنتاج (3) وحدة من المناضد (س1)، وإنتاج (1.5) وحدة من الكراسي (س2) يومياً يتطلب استهلاك (استغلال) كافة المواد الأولية المتاحة (120) قدم، وكافة ساعات العمل اليدوي، (9) ساعة، بينما هناك فائض من ساعات المكننة قدره (3) ساعة يومياً، (24-21).

ويمكن حل مشكلة شركة الكرامة لصناعة الاثاث بإستخدام برمجية (Win QSB) والنتائج مبينه أدناه:

Combined Report for Al-Karama Company

07:29:39 Sunday February 03 2008

	Decision Variable	Solution Value	Unit Cost or Profit c(j)	Total Contribution	Reduced Cost	Basis Status	Allowable Min. c(j)	Allowable Max. c(j)
1	X1	3.0000	10.0000	30.0000	0	basic	8.0000	12.0000
2	X2	1.5000	8.0000	12.0000	0	basic	6.6667	10.0000

Objective Function (Max.) = 42.0000

	Constraint	Left Hand Side	Direction	Right Hand Side	Slack or Surplus	Shadow Price	Allowable Min. RHS	Allowable Max. RHS
1	C1	120.0000	<=	120.0000	0	0.2000	105.0000	135.0000
2	C2	9.0000	<=	9.0000	0	2.0000	8.0000	9.6000
3	C3	21.0000	<=	24.0000	3.0000	0	21.0000	M

كيفية إيجاد أقل حل ممكن:

نموذج البرمجة الخطية يساعد هنا على الوصول إلى الهدف المتمثل بأقل كلفة كلية أو أقل وقت كلي مطلوب بشرط أن يتماشى مع القيود أو المحددات الموضوعة على المشكلة، ومن أجل توضيح ذلك نتناول المثال الآتي:

مثال (2) :

شركة الشرق لصناعة المعدات الكهربائية الدقيقة تمتلك نوعين من المكائن تستخدمان لصناعة منتج معين. هناك تباين في كمية الإنتاج المتحقق و كمية العمل اللازمة في الساعة بين هاتين الماكنتين، ومن إجل استثمار قوة العمل المتاحة يستلزم إنتاج كمية معينة من تلك السلعة، تحت هذه الظروف إلى أي حد يمكن استثمار هاتين الماكينتين من أجل تحقيق أقل كلفة كلية، والجدول أدناه يبين متطلبات الإنتاج:

	عدد الوحدات المنتجة بالساعة	عدد ساعات العمل المطلوبة لكل ماكنة	كلفة تشغيل الماكنة في الساعة
الماكنة (1)	20	2	25
الماكنة (2)	15	3	30

علماً بأن الحد الأدنى من كمية الإنتاج المطلوب (100) وحدة من كلا الماكنتين، ويجب استخدام (15) ساعة كحد أدنى من ساعات العمل المتاحة.

تحديد دالة الهدف :

يعتمد نفس السياق الذي اعتمدناه في حل مشكلة التعظيم، ما عدا فارق واحد هو أن منطقة الحلول الممكنة ستكون إلى الجانب الأيمن لخط المعادلة (فوق الخط) وذلك لأنها تعتمد الموارد المتاحة بالحد الأدنى، أي أن المتباينة ستعتمد الرمز ($\leq$) ويعني أكبر من أو يساوي، وتتم صياغة المشكلة الحالية في نموذج البرمجة الخطية من خلال جعل:

س1 = ساعات عمل الماكنة رقم (1)

س2 = ساعات عمل الماكنة رقم (2)

إذن دالة الهدف:

تحقق

25س1 + 30س2   ←—   أقل ما يمكن

المحددات :

لقد افترضنا بأن الماكنة رقم (1) تستطيع إنتاج (20) وحدة بالساعة، وكذلك ماكنة رقم (2) تنتج (15) وحدة بالساعة ووفقاً إلى كمية الإنتاج المطلوب كحد أدنى لذا فإن كمية الوقت اللازمة لتحقيق كمية الإنتاج أعلاه يتحدد وفق القيد التالي:

20س1 + 15س2   ≤   100 .... (1)

وكذلك الحال بالنسبة إلى كمية العمل المطلوبة لتحقيق المزيج الإنتاجي وفق المعادلة التالية:

2س1 + 3س2   ≤   15 .... (2)

وإكمالاً إلى اعداد النموذج الرياضي للمشكلة أعلاه فإن كمية س1 ، س2 تكون دوماً موجبة وتظهر في النموذج بالشكل التالي:

س1 ≤ صفر ، س2 ≤ صفر وهذا هو القيد الأخير على حل المشكلة أعلاه .

بناء النموذج الرياضي للمشكلة أعلاه :

في الفقرة السابقة تم التعبير عن المشكلة أعلاه بالصيغة الرياضية مـن خـلال تحويل متغيرات المشكلة إلى رموز والبناء الرياضي للنموذج يكون كما هو مبين أدناه:

يحقق

25س1 + 30س2   ←—   أقل تكلفة ممكنة

المحددات :

20س1 + 15س2   ≤   100

2س1 + 3س2   ≤   15

س1 ≤ صفر ، س2 ≤ صفر

74

إيجاد الحل للمشكلة اعلاه بأعتماد الاسلوب البياني:
يتم إيجاد الحل باتباع الخطوات التالية:

1. تحويل متباينات النموذج الرياضي السابق إلى معادلات رياضية وبـافتراض المساوات دون طرح متغير إضافي وبالشكل الاتي:

يحقق

25س1 + 30س2 ← أقل كلفة ممكنة

المحددات

20 س1 + 15 س2 = 100

2 س1 + 3س2 = 15

س1 ، س 2 $\geq$ صفر

2 - تحديد منطقة الحلول الممكنة وذلك مـن خـلال رسـم خطـوط الـدوال أعـلاه وايجاد قيم المتغيرات بدلالة إحداها.

أ- خط دالة القيد الأول

20س1 + 15س2 = 100

نفرض س2 = صفر ، 20س1 = 100

إذن س1 = 5

نفرض س1 = صفر ، 15س2 = 100

إذن س2 = 6.7 ، والشكل رقم (9) يوضح ذلك

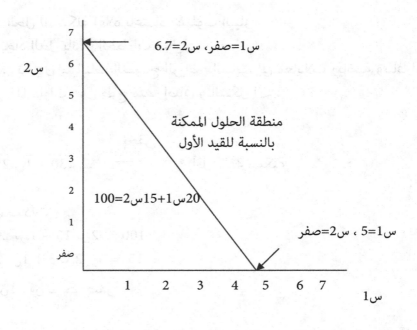

منطقة الحلول الممكنة
بالنسبة للقيد الأول

س1=صفر، س2=6.7

20س1+15س2=100

س1=5 ، س2=صفر

الشكل رقم (9)

ب- خط الدالة الثانية :

2س1 + 3س2 = 15

نفرض س2 = صفر ، 2س1 = 15

إذن س1 = 7.5

نفرض س1 = صفر ، 3س2 = 15

إذن س2 = 5 ، والشكل رقم (10) يمثل خط هذه الدالة

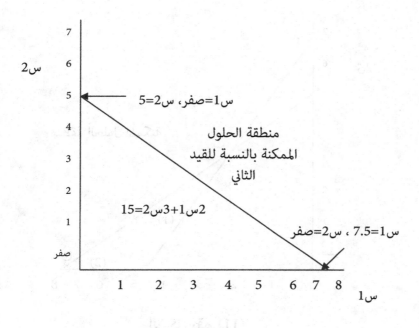

منطقة الحلول الممكنة بالنسبة للقيد الثاني

س1=صفر، س2=5

2س1+3س2=15

س1=7.5 ، س2=صفر

الشكل رقم (10)

والآن عندنا مخططين وكلاً منهما يعطي حلاً ممكناً للمزيج الإنتاجي ووفقاً إلى هذين المحددين ولكي نصل إلى الحلول الممكنة التي ترضى هذين القيدين (المحددين) مجتمعة يتطلب منا رسم خطوط هذين الدالتين على مخطط بياني واحد ومن خلال يتم تحديد منطقة الحلول الممكنة، والشكل رقم (11) يبين ذلك .

77

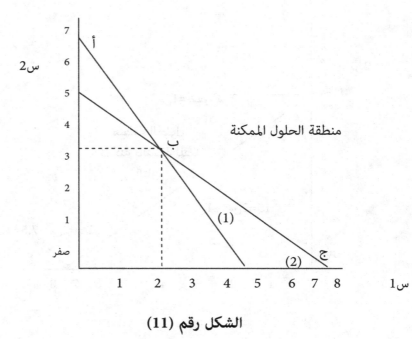

الشكل رقم (11)

منطقة الحلول الممكنة تقع إلى اليمين من خط تقاطع الدالتين السابقتين وبالتحديد هي (أ ب ج) والتي حددت على أساس استغلال أقل ما يمكن من الموارد، وحساب أقل تكلفة لاستثمار هاتين الماكنتين يتم بالشكل التالي:

1- حساب التكلفة عند أركان (نقاط) منطقة الحلول الممكنة كما يلي:

التكلفة عند نقطة (أ) :

ساعات عمل الماكنة س1 = صفر ، الماكنة س2 = 6.7

إذن التكلفة = (25 × صفر) + (30 × 6.7) = 201 دينار

التكلفة عند نقطة (ب) تكون :

س1 = 3.33 ، س2 = 2.5

إذن التكلفة + (25 × 3.33) + (30 × 2.5) = 162.5 دينار

التكلفة عند نقطة (ج) تكون :

س1 = 7.5 ، س2 = صفر

إذن التكلفة = (25 × 7.5) + (30 × صفر) = 187.5 دينار
إذن الحل الأمثل يتحقق عند النقطة (ب).

2- تحديد أقل كلفة ممكنة بيانياً

وذلك يتم من خلال اعتماد ما يسمى بخط الكلفة العام ISO Cost Line، وبما أن منطقة الحلول الممكنة تقع على يمين منحنيات الدوال كما مبين في الشكل رقم (11) فإنه يتم إعطاء كلفة كبيرة لدالة الهدف ويتم رسم إحداثياتها على المحورين (س1، س2) وبعد ذلك يتم تحريك هذا الخط باتجاه نقطة الأصل من خلال تخصيص كلفة أقل لدالة الهدف ونستمر بإجراء ذلك الى أن يصبح خط الكلفة في حالة تماس من الخارج مع منطقة الحلول الممكنة ونقطة التماس تلك تعتبر نقطة الحل الأمثل وهذا واضحاً في الشكل رقم (11) حيث أن نقطة تماس خط الكلفة العام مع منطقة الحلول الممكنة هي النقطة (ب) حيث عندها تتحقق أقل تكلفة ممكنة لاستغلال وقت هاتين الماكنتين.

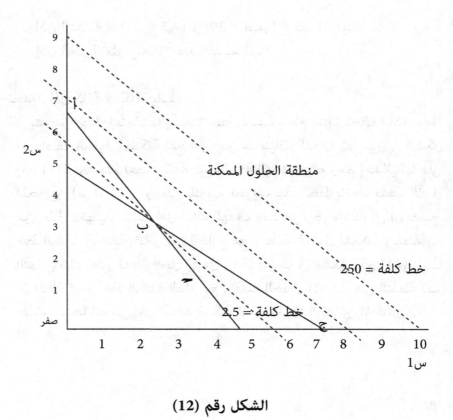

س2
9
8
7
أ
6
5
4
3
ب
2
1
صفر
منطقة الحلول الممكنة
خط كلفة = 250
خط كلفة = 2.5
ج
1
2
3
4
5
6
7
8
9
10
س1

الشكل رقم (12)

ويمكن حل مشكلة شركة الشرق لصناعة المعدات الكهربائية الدقيقة بإستخدام برمجية (Win QSB) والنتائج مبينه في التحليل التالي:

Combined Report for Al Sharaq Company

07:45:21 Sunday February 03 2008

	Decision Variable	Solution Value	Unit Cost or Profit c(j)	Total Contribution	Reduced Cost	Basis Status	Allowable Min. c(j)	Allowable Max. c(j)
1	X1	2.5000	25.0000	62.5000	0	basic	20.0000	40.0000
2	X2	3.3333	30.0000	100.0000	0	basic	18.7500	37.5000

Objective Function (Min.) =162.5000

	Constraint	Left Hand Side	Direction	Right Hand Side	Slack or Surplus	Shadow Price	Allowable Min. RHS	Allowable Max. RHS
1	C1	100.0000	>=	100.0000	0	0.5000	75.0000	150.0000
2	C2	15.0000	>=	15.0000	0	7.5000	10.0000	20.0000

أمثلة تطبيقة محلولة :

مثال (1)

الشركة العامة لصناعة الملابس الرجالية تصنع وتبيع منتوجين من الملابس الولادية الشركة تحقق ربحاً قدره (12) دينار عن بيع الوحدة الواحدة من المنتوج الأول (10) دينار عن بيع الوحدة من المنتوج الثاني. متطلبات العمل في أقسام الشركة الثلاثة لتصنيع الوحدة الواحدة من المنتوجين أعلاه مبين في الجدول أدناه.

	القسم الأول	القسم الثاني	القسم الثالث
السلعة رقم (1)	$\frac{1}{4}$	$\frac{1}{4}$	$\frac{1}{2}$
السلعة رقم (2)	$\frac{1}{2}$	$\frac{1}{6}$	$\frac{3}{4}$

يتوقع مشرفي العمل بأن عدد ساعات العمل المتاحة خلال الشهر القادم في الأقسام الثلاثة ستكون على التوالي (200) ساعة القسم الأول، (150) ساعة القسم الثاني (500) ساعة القسم الثالث. ترغب إدارة الشركة تحقيق أقصى ربح ممكن من خلال تحديد أفضل مزيج إنتاجي ممكن.

الحل:

1- بناء النموذج الرياضي لهذه المشكلة

يحقق

دالة الهدف = 12س1 + 10س2 ⟵⟵ **أقصى ربح ممكن**

المحددات (القيود) :

$$\frac{1}{4}\text{س}1 + \frac{1}{2}\text{س}2 \leq 200$$

$$\frac{1}{4}\text{س}1 + \frac{1}{6}\text{س}2 \leq 150$$

$$\frac{1}{2}\text{س}1 + \frac{3}{4}\text{س}2 \leq 500$$

2- افتراض المساواة للمتباينات أعلاه وبدون إضافة متغير فائض .

3- رسم خطوط الدوال للمعادلات أعلاه مـن خـلال إيجـاد قـيم المتغيرات بدلالة إحداها ويتم:

- خط الدالة الأولى

نفرض س2 = صفر ، $\frac{1}{4}$ س1 = 200

∴ س1 = 800

نفرض س1 = صفر ، $\frac{1}{2}$ س2 = 200

∴ س2 = 400

- خط الدالة الثانية

نفرض س2 = صفر ، $\frac{1}{4}$ س1 = 150

∴ س1 = 600

نفرض س1 = صفر ، $\frac{1}{6}$ س2 = 150

∴ س2 = 900

- خط الدالة الثالثة :

نفرض س2 = صفر ، $\frac{1}{2}$ س1 = 500

∴ س1 = 1000

نفرض س1 = صفر ، $\frac{3}{4}$ س2 = 500

∴ س2 = 666.6

يتم رسم خطوط الدوال أعلاه كما مبين في الشكل أدنـاه مـن أجـل تحديـد منطقة الحلـول الممكنة، وكـما مبينـاً في الشـكل أن منطقـة الحلـول الممكنـة هـي المنطقة المحصورة بالحروف التالية: (أ ب ج د)

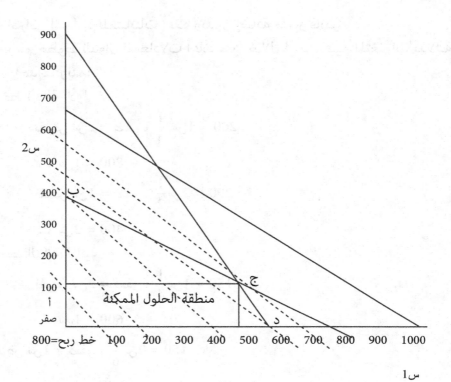

أولاً: يتم التوصل إلى الحل الأمثل بواسطة :

1- احتساب الربح المتحقق عند كل نقطة من أركان منطقة الحلول الممكنة والمتمثلة بالنقاط أ ، ب ، ج ، د

عند النقطة (أ) يكون الربح صفر

الربح المتحقق عند النقطة (ب) يكون :

400 × 10 = 4000 دينار

الربح المتحقق عند النقطة (ج) يكون :

(500 × 12) + (150 × 10) = 7500 دينار

الربح المتحقق عند النقطة (د) يكون :

600 × 12 = 7200 دينار

إذن الحل الأمثل يتحقق عند النقطة (ج) حيث أن المزيج الانتاجي من السلعتين هو

س1 = 500 وحدة ، س2 = 150 وحدة وهذا يحقق أقصى ربح ممكن .

2- التوصل إلى الحل الأمثل يتم من خلال رسم خط الربح (Profit Line) عند أي نقطة يتم اتخاذها داخل منطقة الحلول الممكنة حيث يتم رسم إحداثيات هذه النقطة على المحورين، معوضاً هذه القيمة في دالة الهدف وتوضيحاً لذلك نفترض أن الشركة أرادت تحقيق ربح قدره (800) دينار نعوّض هذه القيمة في دالة الهدف حيث يتم تحديد قيم متغيرات هذه الدالة بنفس الأسلوب الذي حددنا به قيم متغيرات دوال القيود السابقة أي بدلالة إحداها .

إذن 12س1 + 10س2 = 800

نفرض س2 = صفر ، 12س1 = 800 ، س1 = 66.67 وحدة

نفرض س1 = صفر ، 10س2 = 800 ، س2 = 80 وحدة

وبعد رسم خط هذه الدالة على الشكل السابق يتم تحريكه باتجاه أركان منطقة الحلول الممكنة وهذا يتم من خلال أخذ مقدار ربح أكبر (أكبر من الرقم 800) وتعويضه في دالة الهدف. ونستمر بهذه العملية مراعين عدم الخروج من منطقة الحلول الممكنة إلى حين انطباق خط الربح على أبعد نقطة على منطقة الحلول الممكنة وحين ذاك فإنها تعتبر الحل الأمثل وأنها ستكون نقطة (ج) كما مبين في الشكل السابق.

3- تحديد ساعات العمل المجدولة والساعات الفائضة في الأقسام الثلاثة كما يلي :

$$200 = \left(150\times\frac{1}{2}\right)\times\left(500\times\frac{1}{4}\right)$$

إذن 200 = 200 لا توجد ساعات عمل فائضة في القسم الأول .

$$150 = \left(150\times\frac{1}{6}\right)\times\left(500\times\frac{1}{4}\right)$$

إذن 150 = 150 لا توجد ساعات عمل فائضة في القسم الثاني .

$$500 = \left(150 \times \frac{3}{4}\right) \times \left(500 \times \frac{1}{2}\right)$$

إذن هناك ساعات عمل فائضة في هذا القسم بمقدار 137.5 ساعة (500-362.5).

والتحليل التالي لمشكلة الشركة العامة للملابس الرجالية بإستخدام برمجية (Win QSB) يبين الحل الامثل وكذلك مستوى إستخدام الموارد في الشركة.

Combined Report for Cloth Company

08:29:51 Sunday February 03 2008

	Decision Variable	Solution Value	Unit Cost or Profit c(j)	Total Contribution	Reduced Cost	Basis Status	Allowable Min. c(j)	Allowable Max. c(j)
1	X1	500.5988	12.0000	6,007.1860	0	basic	5.0000	15.0602
2	X2	149.7006	10.0000	1,497.0060	0	basic	7.9680	24.0000

Objective Function (Max.) = 7,504.1910

	Constraint	Left Hand Side	Direction	Right Hand Side	Slack or Surplus	Shadow Price	Allowable Min. RHS	Allowable Max. RHS
1	C1	200.0000	<=	200.0000	0	6.0838	150.0000	309.8086
2	C2	150.0000	<=	150.0000	0	41.9162	66.4000	200.0000
3	C3	362.5749	<=	500.0000	137.4252	0	362.5748	

مثال (2)

أوجد أقصى قيمة ممكنة للدالة 2س1 + س2

المحددات :

س1 + س2 ≤ 4

3س1 + س2 ≤ 10

س1 + 4س2 ≤ 12

س1 ، س2 ≥ صفر

الحل :

1- وضع النموذج على شكل معادلات :

تحقق

2س1 + س2 ⟵⟵ أقصى ربح ممكن

س1 + س2 = 4

3س1 + س2 = 10

س1 + 4س2 = 12

س1 ، س2 ≥ صفر

2- رسم خطوط الدوال

خط الدالة الأولى :

س1 + س2 = 4

نفرض س2 = صفر ، س1 = 4

نفرض س1 = صفر ، س2 = 4

خط الدالة الثانية :

3س1 + س2 = 10

نفرض س2 = صفر ، 3س1 = 10

∴ س1 = $\frac{10}{3}$ = 3.3

نفرض س1 = صفر ، س2 = 10

خط الدالة الثالثة :

س1 + 4س2 = 12

نفرض س2 = صفر ، س1 = 12

نفرض س1 = صفر ، 4س2 = 12

$$س2 = \frac{12}{4} = 3$$

نرسم خطوط هذه الدوال على مخطط بياني واحد لتحديد منطقة الحلـول الممكنة كما مبين أدناه :

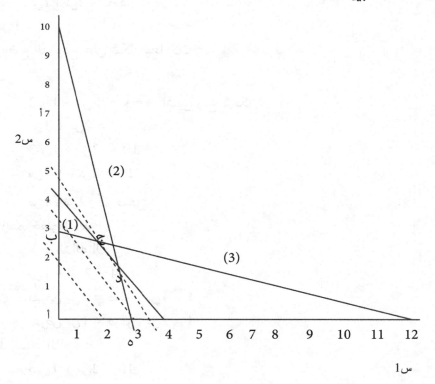

ايجاد الحل الأمثل من خلال :

أولاً: إحتساب الربح عند نقاط أركان منطقة الحلول الممكنة (أ، ب، ج، د، هـ) واختيار الربح الأمثل من خلالها ويتم بالشكل التالي :

عند النقطة (أ) يكون الربح = صفر

عند النقطة (ب) يكون الربح :

س2 = 3 ، س1 = صفر

∴ الربح = (2 × صفر) + (1 × 3) = 3 دينار

عند النقطة (ج) يكون الربح :

س1 = $\frac{1}{2}$ ، س2 = $2\frac{2}{3}$ وحدة

∴ الربح المتحقق = $\left(2\times1\frac{1}{2}\right)+\left(1\times2\frac{2}{3}\right)=3+2\frac{2}{3}$

$= 3 + \frac{8}{3} = \frac{8+9}{3} = \frac{17}{3} =$ 5.66 دينار

عند النقطة (د) يكون الربح

س1 = 3 ، س2 =1

∴ الربح = (2 × 3) + (1 × 1) = 7 دينار مقدار الربح

عند النقطة (هـ) يكون الربح

س1 = 3.3 ، س2 = صفر

∴ الربح المتحقق = (2 × 3.3) + (1 × صفر) = 6.6 دينار

∴ الحل الأمثل هو عند النقطة (د) حيث يكون الربح أقصى ما يمكن وبمقدار (7) دينار.

ثانياً: تحديد الحل الأمثل عن طريق خط الربح ويتم من خلال أخذ أي نقطة داخل منطقة الحلول الممكنة أو إعطاء أي مقدار ربح إلى دالة الهدف ورسم إحداثياتها بشرط أن لا تخرج من منطقة الحلول الممكنة وتحريك هذا الخط من خلال زيادة مقدار الربح المعطى إلى دالة الهدف إلى أن يتم تماس هذا الخط مع منطقة الحلول الممكنة في أبعد نقطة وهذه النقطة ستكون هي الحل الأمثل وسيتحقق عندها أقصى ربح ممكن.

مثال (3) :

شركة السماح تصنع محلولين كيميائيين يكلّف تصنيع اللتر الواحد منهما ديناراً واحداً، إنتاج الوحدة الواحدة من المحلول الأول تحتاج لتر واحد من المادة الأولية، وتصنيع الوحدة الواحدة من المحلول الثاني يستلزم (2) لتر وعلى الشركة أن تستخدم كحد أدنى (80) لتر من هذه المادة الأولية علماً بأن هذه المادة قابلة للتلف. وكما يستلزم من الشركة أن تصنع كحد أدنى (30) لتراً من المحلول الأول ، (20) لتراً من المحلول الثاني.

المطلوب:

تحديد المزيج الإنتاجي من المحلولين أعلاه الذي يحقق أقل كلفة ممكنة.

الحل:

نفرض أن الكمية المنتجة من المحلول الأول = س1

نفرض أن الكمية المنتجة من المحلول الثاني = س2

1- النموذج :

تحقق

1س1 + 1س2 ←← أقل كلفة ممكنة

المحددات :

1س1 + 2س2 ≤ 80

س1 ≤ 30

س2 ≤ 20

س1 ، س2 ≤ صفر

2- وضع النموذج على شكل معادلات رياضية بدون إضافة متغير فائض :

تحقق

1س1 + 1س2 ←← أقل كلفة

1س1 + 2س2 = 80

س1 = 30

س2 = 20

س1 ، س2 ≤ صفر

3- رسم خطوط الدوال :

خط الدالة الأولى ، 1س1 + 2س2 = 80

نفرض س2 = صفر ، 1س1 = 80 ∴ س1 = 80

نفرض س1 = صفر ، 2س2 = 80

$$س_2 = \frac{80}{2} = 40$$

خط الدالة الثانية ، س1 = 30

خط الدالة الثالثة ، س2 = 20

وضع هذه الدوال في مخطط بياني واحد ومن خلاله يتم تحديد منطقة الحلول الممكنة كما بالشكل أدناه :

يتم إيجاد الحل الأمثل وفقاً إلى :

1- احتساب كلفة المزيج الإنتاجي عند نقاط أركان منطقة الحلول الممكنة (أ، ب) كما يلي:

عند النقطة (أ) تكون الكلفة كما يلي :

كمية الإنتاج س1 = 30 وحدة ، و س2 = 25

∴ الكلفة = (1 × 30) + (1 × 25) = 55 دينار

وتحقق الآتي :

(1 × 30) + (2 × 25) = 80

80 = 80 قيد المواد الأولية

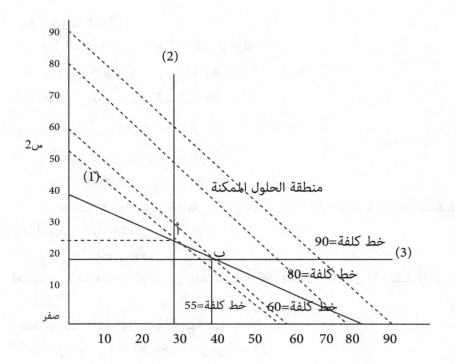

90
80
60
منطقة الحلول الممكنة
أ
خط كلفة=90
خط كلفة=80
خط كلفة=55
خط كلفة=60

س1 = 30 والقيد س1 = 30

س2 = 25 والقيد س2 = 20 (زيادة خمسة وحدات)

عند النقطة (ب) تكون الكلفة كما يلي:

(1 × 40) + (1 × 20) = 60

وتحقق الآتي :

(1 × 40) + (2 × 20) = 80

80 = 80 قيد المواد

س1 = 40 القيد س1 = 30

من خلال مقارنة الكلفتين أعلاه نلاحظ بأن النقطة (أ) تحقق أقل كلفة وأفضل مزيج إنتاجي يتماشى مع القيود الموضوعة إذن هي الحل الأمثل.

2- كما يتم التوصل إلى الحل الأمثل من خلال خط الكلفة حيث يتم إعطاء كلفة معينة إلى دالة الهدف وبعدها يتم رسم خط الدالة هذه بنفس الأسلوب السابق، وبعدها يتم تحريك هذا الخط من خلال إعطاء قيم أقل إلى دالة الهدف إلى حين تماس هذا الخط مع إحدى أركان منطقة الحلول وعندها تكون نقطة الحل الأمثل كما مبين في الشكل السابق حيث أن نقطة (أ) هي التي تمثل الحل الأمثل.

مثال (4) :

أوجد أقل كلفة للنموذج أدناه باعتماد الطريقة البيانية :

يحقق

3س1 + 5س2 ⟵⟵ أقل حل ممكن

القيود :

20س1 + 10س2 ≤ 200

س1 ≥ 20

س1 + س2 = 16

س1 ، س2 ≤ صفر

الحل :

1- تحويل المتباينة إلى معادلات كالآتي :

تحقق

3س1 + 5س2 ⟵⟵ اقل ما ممكن

القيود :

20س1 + 10س2 = 200

س1 = 20

س1 + س2 = 16

س1 ، س2 ≤ صفر

2- رسم خطوط الدوال للمعادلات

1. ايجاد س1 بدلالة س2 = صفر

   20س$1 = 200$ ، س$1 = \dfrac{200}{20} = 10$

   ايجاد س2 بدلالة س1 = صفر

   10س$2 = 200$ ، ص$2 = 20$

2. س$1 = 20$

3. ايجاد س1 بدلالة س2 = صفر

   س$1 = 16$

   ايجاد س2 بدلالة س1 = صفر

   س$2 = 16$

3- وضع خطوط الدوال على مخطط بياني واحد كما يلي :

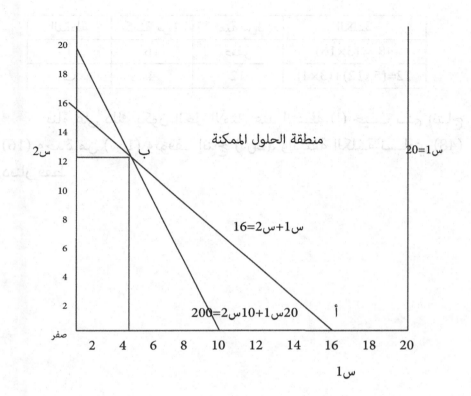

بما أن نموذج هذه المشكلة قد احتوى على بعض المحددات التي لا يجوز تجاوزها وهي مثلاً القيد الأول (20س1 + 10س2 ≥ 200) قد احتوى على الرمز أكبر من أو يساوي لذا فإن الحل يجب أن يكون على يمين هذا الخط، ولكن القيد الثاني حددنا بأن كمية س1 يجب أن لا تتجاوز (20) أي أنها تحتوي على رمز أقل من أو يساوي.

أما الدالة الثالثة فإنها تحتوي على المسارات أي أن الحل يجب أن يقع على خط الدالة (س1+س2=16) لذا فإنه هناك إمكانية للحل عند النقطتين (أ، ب) فقط، ويوضح بالشكل الآتي:

95

النقطة	كمية س1	كمية س2	الكلفة
أ	16	صفر	48 = (3×16)
ب	4	12	72=(5×12)+(3×4)

بناءً على ذلك يكون الحل الأمثل عند النقطة (أ) حيث يتم إنتاج (16) وحدة من (س1) ويوقف إنتاج (س2)، والكلفة الكلية تساوي (48) دينار فقط .

تمارين

1- الشركة العالمية لصناعة المواد الكيماوية تنتج مادتين لأغراض التصوير كلفة الطن الواحد من المادة الأولى (250) دينار، (300) دينار كلفة الطن الواحد من المادة الثانية. بناءً على مؤشرات مستوى المخزون الحالية والطلبات المستقبلية، يعتقد مدير إنتاج الشركة بأنه يستلزم إنتاج (30) طن كحد أدنى من المادة الأولى (20) طن كحد أدنى من المادة الثانية خلال الشهر القادم. وبما أن المواد الأولية المستخدمة لإنتاج هاتين المادتين سريعة التلف ويستلزم استخدامها في مدة أقصاها (30) يوماً ومن أجل تجنّب تحميل الشركة تكلفة تصنيع عالية نتيجة تلف المواد الأولية لذا قرر مدير الإنتاج تصنيع ما مجموعة (60) طناً من هاتين المادتين كحد أدنى خلال الشهر القادم.

المطلوب: حدد المزيج الإنتاجي الأمثل الذي يحقق أقل تكلفة ممكنة معتمداً الطريقة البيانية.

2- شركة النهرين تصنع سلعتين كهربائيتين كانت مستلزمات تصنيع الوحدة الواحدة منهما وما متاح من الموارد كحد أقصى وكذلك التكلفة المتغيرة لتصنيع الوحدة الواحدة مبين في الجدول أدناه :

متطلبات تصنيع الوحدة

	السلعة أ	السلعة ب	الموارد المتاحة
القسم الإنتاجي رقم (1)	3	2	42
القسم الإنتاجي رقم (2)	2	2	30
القسم الإنتاجي رقم (3)	2	4	48
التكلفة المتغيرة لتصنيع الوحدة	10 دينار	12 دينار	

كما أشارت التوقعات بالشركة بأن سعر بيع الوحدة المتوقع من المنتوج (أ) 22 دينار وسعر بيع الوحدة من المنتوج (ب) 20 دينار .

97

المطلوب :

1- تحديد المزيج الإنتاجي الذي يحقق أقصى ربح ممكن معتمداً الطريقة البيانية طريقة خط الربح .

2- تحديد درجة استغلال الموارد المتاحة للمشكلة أعلاه.

3- الشركة المساهمة لصناعة مبيدات الحشرات تنتج منتوجين تصنع كلاً منهما مـن نوعين من المواد الخام، المتاح من المادة الأولية الأولى (175) كغم ومـن المـادة الثانية (900) كغم، تصنيع الوحدة من المنتوج الأول يستلزم $\left(\dfrac{1}{4}\right)$ كغـم مـن المادة الخام الأولى وإلى (1) كغم من المادة الخام الثانية، وتحتاج الوحـدة مـن السلعة الثانية إلى $\left(\dfrac{1}{6}\right)$ كغم من المادة الخام الأولى وإلى (1.5) كغم من المادة الخام الثانية، ولدى الشركة عبوات كافيـة للغايـة لتعبئـة المنتـوج الأول ولكـن (200) عبوة فقط لتعبئة المنتوج الثاني. مساهمة الوحـدة مـن السـلعة الأولى بالربح (6) دينار والوحدة من السلعة الثانية (6) دينار أيضا.

المطلوب: حدد المزيج الإنتاجي الأمثل الـذي مـن خلالـه تسـتطيع الشـركة تحقيـق أقصى عائد ممكن معتمداً الطريقة البيانية.

98

4- تنتج شركة الصناعات الإلكترونية المساهمة نوعين من أجهزة التلفاز الملون، الأولى حجم (16) عقدة والثاني حجم (20) عقدة . الجدول التالي يبين الوقت اللازم لإنتاج الوحدة من كلا النوعين وكذلك بيانات تخص الطاقة الإنتاجية المتاحة في كل قسم وبيانات أخرى.

أقسام الإنتاج	تلفاز حجم (16) عقدة	تلفاز حجم (20) عقدة	الطاقة الإنتاجية المتاحة ساعة/ أسبوع
صناعة الهيكل	6	9	4500
صناعة الجهاز	9	6	4500
تجميع جهاز (16) عقدة	3	-	1200
تجميع جهاز (20) عقدة	-	3	1200
مساهمة الوحدة الواحدة بالربح	30 دينار	36 دينار	

المطلوب:

اعتمد الطريقة البيانية لتحديد المزيج الإنتاجي الذي يحقق أقصى عائد ممكن.

الفصل الخامس:

البرمجة الخطية/ طريقة السمبلكس
Linear Programming/
The Simplex Method

مقدمة

تناولنا في الفصل السابق إمكانية إيجاد الحل بيانيا لمشكلة البرمجة الخطية وقد اتصف الحل بالسهولة وذلك نظرا لوجود متغيرين أو منتوجين أثنين فقط وتم تمثيل كل منهما على أحد الأحداثيين (س، ص)، أما في حالة تعدد المتغيرات أو المنتجات فإنه من غير الممكن استخدام الطريقة البيانية، وفي هذه الحالات لا بد من استخدام الطريقة المبسطة (السمبلكس) لحل المشكلة، وتقوم الطريقة المبسطة على فكرة إيجاد التحسن المضطرد في دالة الهدف، أي نبدأ من نقطة الأصل (Origin) ونستمر في تحسين دالة الهدف خطوة خطوة إلى ان نصل إلى الحل الأمثل الذي عنده تتوقف أمكانية تحسين الحل.

وهناك مجموعة من المزايا التي تتمتع بها الطريقة المبسطة (السمبلكس) في معالجة المشاكل الخطية ومنها:

1- تعتمد إجراءات نظامية محددة وسهلة.

2- تجعل إمكانية الوصول إلى الحل الأمثل واضحا.

3- إتباعها أسلوب تحسين الحل الأولي مما يحقق إمكانية الوصول إلى حل أفضل.

المفهوم الجبري لطريقة السمبلكس:

المفهوم الجبري لطريقة السمبلكس يتم من خلال تحويل النموذج المعد للمشكلة من متباينات إلى معادلات وذلك يتم بإضافة متغير مكمل (فائض) (Surplus variable) هذا في حالة إذا كانت المشكلة تهدف إلى إيجاد أقصى ـ عائد ممكن، أما في حالة المشاكل التي تهدف إلى تحقيق أقل كلفة ممكنة حيث ان متبايناتها تحتوي على العلامة (≥) ففي هذه الحالة يتم أولا طرح متغير مكمل (فائض) وبعدها إضافة متغير اصطناعي (Artificial Variable) إلى النموذج وسيتم تناول تمرين تطبيقي من خلاله يتم توضيح هذه الإجراءات.

103

مثال (1):

أوجد الحل الأمثل للنموذج أدناه باعتماد طريقة السمبلكس.

4س1 + 6 س2 +3 س3+ س4 ← يحقق أقصى ربح ممكن

القيود:

$\frac{3}{2}$س1 + 2س2 + 4س3 + 3س4≥ 550

4 س1+ س2+ 2 س3 + س4 ≥ 700

2 س1+ 3 س2+ 1 س3 + 2 س4≥ 200

س1، س2، س3، س4 ≤ صفر

الحل : تحويل النموذج الرياضي من متباينات إلى معادلات بإضافة متغير مكمل وتعديل دالة الهدف.

4 س1 + 6 س2 + 3 س3 + س4 + صفر ص1 + صفر ص2+ صفر ص3 ←(يحقق) أقصى ربح

القيود:

$\frac{3}{2}$س1 + 2س2 + 4س3 + 3س4 + ص1 = 550

4 س1+ س2 + 2 س3 + س4 + ص2 = 700

2 س1 + 3 س2 + س3 + 2 س4 + ص3 = 200

س1، س2، س3، س4، ص1، ص2، ص3 ≤ صفر

يلاحظ أعلاه تم تحويل المتباينات بإضافة متغير مكمل إلى طرف المعادلة الأيمن وهذا يحقق المساواة بين طرفي المعادلة، علما بأن هذه المتغيرات المضافة تكون موجبة، مساوية إلى الصفر أو اكبر، فعندما تستغل الموارد في القسم المعني بالكامل لإنتاج الكمية المطلوبة فإن قيمة المتغير المكمل في هذه الحالة تكون صفر، أما إذا أنتجت الكمية المطلوبة وكان هناك فائض في ساعات الطاقة الإنتاجية ففي هذه الحالة أن قيمة المتغير المكمل ستكون اكبر من صفر، ويجب العلم بأن قيمة هذه المتغيرات لم تكون سالبة إطلاقا، وطالما ان هذه المتغيرات تمثل بالأساس الفائض من الموارد فإن العائد عليها سيكون صفر وعلى هذا الأساس تُظهر في دالة الهدف وبمعاملات أصفار كما هو مبين في النموذج أعلاه.

وضع الجدولة الأولية لمشكلة تعظيم الحل

عند هذه المرحلة سيتم تحويل النموذج أعلاه إلى مصفوفة جبرية مجدولة ويتم اعتماد الرموز التالية:

م ن   تمثل معاملات متغيرات دالة الهدف.

ر ن   تمثل مقدار الربح المتحقق عند نهاية كل جدولة.

(م ن - ر ن) تمثل القيمة الصافية لصف التقييم الذي منه يبدأ وعنده ينتهي الحل.

وتبنى الجدولة الأولية للنموذج أعلاه بالشكل المبين أدناه حيث تظهر متغيرات دالة الهدف في أعلى الجدولة كما هو واضح في الشكل الآتي:

	س1	س2	س3	س4	ص1	ص2	ص3	
القاعدة م ن	4	6	3	1	صفر	صفر	صفر	كميات الحل
ص1 صفر	$\frac{3}{2}$	2	4	3	1	صفر	صفر	550
ص2 صفر	4	1	2	1	صفر	1	صفر	700
ص3 صفر	2	3	1	2	صفر	صفر	1	200
ر ن	صفر	صفر	صفر	صفر	صفر	صفر	صفر	صفر
م ن - ر ن	4	6 ↑	3	1	صفر	صفر	صفر	

نلاحظ من الجدولة أعلاه أن الجانب الأيمن خصص إلى (القاعدة)، وهي المكان الذي توضع فيه المتغيرات المكملة عند بداية الحل. وعند البدء في حل المشكلة فسيتم دخول بعض المتغيرات الأساسية في عملية اتخاذ القرار إلى القاعدة وسيحلون محل بعض المتغيرات المكملة. أما الجانب الأيسر من الجدولة فقد احتوى على الكميات المتاحة من الموارد في المشكلة وأحيانا يطلق على الأرقام الموجودة في هذا الجزء من الجدولة بكميات الحل للنموذج المعطى. وأخيرا فإن معاملات المتغيرات في دوال القيود تظهر على شكل مصفوفة (Matrix) في داخل الجدولة كما مبين أعلاه.

نلاحظ ان مقدار الربح المتحقق في الجدولة الأولى يساوي صفر وذلك لأننا بدأنا من نقطة المركز (Origin) كما هو الحال في الطريقة البيانية، ويتم حساب الربح في الجدولة أعلاه من خلال ضرب معاملات المتغيرات الموجودة في القاعدة في الصفوف المقابلة لها في المصفوفة المجدولة وكذلك في كميات الموارد المتاحة (الجانب الأيسر من الجدولة)، ومن ثم جمعها عموديا وبناء على ذلك نحصل على قيمة (ر ن) كما هو مبين في الجدول أعلاه.

تحسين الحل:

لكي نبدأ في الحل أي لكي نحسن مقدار الربح الحالي ننظر إلى الأرقام في التقييم (م ن - ر ن) ونختار اكبر قيمة موجبة فيها وكما مبين في الجدولة أعلاه. نلاحظ ان الرقم (6) هو اكبر رقم موجب حيث تم اختياره وعند ذلك فإن العمود الذي فيه هذا الرقم فإنه سيمثل عمود الارتكاز (Pivot Column) لذا فإن المتغير الذي يمثل ذلك العمود سيحل محل إحدى المتغيرات الفائضة ولكي نحدد مكان حلول هذا المتغير يستلزم منا أن نحسب نقطة الارتكاز (pivot Element) في عمود الارتكاز وهذه النقطة ستحدد بشكل دقيق المتغير الفائض الذي سيخرج من القاعدة لكي يحل محله المتغير ($س^2$) وهذا يتم من خلال قسمة الأرقام الموجودة في يسار الجدولة والتي تمثل كميات الموارد/ كميات الحل على القيم المقابلة لها في عمود الارتكاز وتستبعد القيم السالبة والأصفار وبعدها نختار اصغر خارج قسمة موجب كما مبين أدناه:-

$$\frac{550}{2} = 275$$

$$\frac{700}{1} = 700$$

$$\frac{200}{3} = 66.6 \longrightarrow$$ أصغر قيمة موجبة

ونلاحظ من الأرقام أعلاه بأن الرقم (66.66) هو اصغر رقم موجب حيث يتم اختياره والرقم الذي يقابله في عمود الارتكاز هو رقم (3) حيث أنها ستكون نقطة الارتكاز، وهذا يوضح بأن المتغير الأساسي ($س^2$) يحل محل المتغير الفائض (المكمل)

(ص^3). وبعدها يتم إعداد جدولة أخرى وعند هذه الجدولة فإن الربح يتحسن، فالصف الأول في الجدولة الجديدة هو صف الارتكاز (صف س^2) ويحسب من خلال قسمة القيم الموجودة في صف ص^3 على قيمة نقطة الارتكاز وكما هو مبين في الجدولة التالية:

	س1	س2	س3	س4	ص1	ص2	ص3	
القاعدة م ن	4	6	3	1	صفر	صفر	صفر	كميات
ص1 صفر	$\frac{1}{6}$	صفر	$\frac{10}{3}$	$\frac{5}{3}$	1	صفر	$-\frac{2}{3}$	416.8
ص2 صفر	$\frac{10}{3}$	صفر	$\frac{5}{3}$	$\frac{1}{3}$	صفر	1	$-\frac{1}{3}$	633.4
س2 6	$\frac{2}{3}$	1	$\frac{1}{3}$	$\frac{2}{3}$	صفر	صفر	$\frac{1}{3}$	66.6
ر ن	4	6	$\frac{6}{3}$	$\frac{12}{3}$	صفر	صفر	$\frac{6}{3}$	400
م ن – ر ن	صفر	صفر	$\frac{3}{3}$	$-\frac{9}{3}$	صفر	صفر	$-\frac{6}{3}$	

نتيجة الجدولة الأولى

الخطوة اللاحقة الآن هي كيفية احتساب قيم الصفوف الأخرى الموجودة في الجدولة. هناك طريقة بسيطة تتلخص في الخطوات التالية:

1- لكي نحسب قيم الصف الأول (صف ص$_1$) نضرب صف الارتكاز الجديد بالرقم الذي يمثل هذا الصف في عمود الارتكاز بمعكوس الإشارة ويتم حساب النتيجة وبعد ذلك نعاود ونضيف له قيم ذلك الصف القديمة (إضافة وطرح معادلتين من الدرجة الأولى) حيث نحصل بعد ذلك على القيم الجديدة للصف الأول كما هو مبين أدناه:-

$$-2\left(\frac{2}{3}\quad 1\quad \frac{1}{3}\quad \frac{2}{3}\quad \text{صفر}\quad \text{صفر}\quad \frac{1}{3}\right) = -2\,(66.6)$$

$$= -\frac{4}{3}\quad -2\quad -\frac{2}{3}\quad -\frac{4}{3}\quad \text{صفر}\quad \text{صفر}\quad -\frac{2}{3} = -133.2$$

نضيف إلى الصف أعلاه قيم الصف الأول (صف ص1) الذي نرغب حساب قيمه الجديدة وبالشكل الاتي:

= -$\frac{4}{3}$ -2 -$\frac{2}{3}$ -$\frac{4}{3}$ صفر صفر -$\frac{2}{3}$ = -133.2

إضافة $\frac{3}{2}$ 2 4 3 1 صفر صفر صفر = 550

$\frac{1}{6}$ صفر $\frac{10}{3}$ $\frac{5}{3}$ 1 صفر -$\frac{2}{3}$ = 416.8

وبنفس الطريقة نحسب قيم الصف الثاني (صف ص2):

-1 ($\frac{2}{3}$ 1 $\frac{1}{3}$ $\frac{2}{3}$ صفر صفر $\frac{1}{3}$) = -1 (66.6)

= -$\frac{2}{3}$ -1 -$\frac{1}{3}$ -$\frac{2}{3}$ صفر صفر $\frac{1}{3}$ = -66.6

يضاف إلى الصف أعلاه قيم الصف ص2 المراد حساب قيمهِ الجديدة كما مبين أدناه:

-$\frac{2}{3}$ -1 -$\frac{1}{3}$ -$\frac{2}{3}$ صفر صفر -$\frac{1}{3}$ = -66.6

4 1 2 1 صفر 1 صفر = 700

$\frac{10}{3}$ صفر $\frac{5}{3}$ $\frac{1}{3}$ صفر 1 -$\frac{1}{3}$ = 633.4

وبعد إكمال حساب قيم الصفوف الجديدة علينا ان نكمل الجدولة أعلاه وهذا يتم من خلال حساب قيم (ر ن) والذي يعبر عن الربح المتحقق وقيم (م ن – ر ن) وهو صف تقيم الحل الأولي تحسب قيم (ر ن) من خلال ضرب معاملات المتغيرات الموجودة في القاعدة في قيم الأعمدة المء وجودة في داخل الجدولة وجمعها عموديا. وكذلك تضرب القيم الموجودةفي الجانب الأيمن من الجدولة أعلاه بمعاملات هذه المتغيرات

ومن ثم نجمعها عموديا. وكما هو مبين في الجدولة أعلاه، وبعد ذلك نحسب قيمة صف التقييم. نلاحظ ان الربح المتحقق في الجدولة الأولى هو (400) دينار. وهذا متأتي من إنتاج كمية مقدارها (66.6) من المنتج (س2) حيث ان ربح الوحدة الواحدة منه (6) دينار وعندما نعوض هذه الكمية في دالة الهدف فإننا نحصل على الربح المتحقق في الجدولة ومقداره (400) دينار الآن ننظر إلى صف التقييم ونطبق القاعدة التالية:

إذا أصبحت القيم الموجودة في هذا الصف كلها أصفار أو قيم سالبة هذا يعني بأن الربح المتحقق هو الربح الأمثل. أما إذا كانت هناك قيمة موجبة أو عدة قيم موجبة فإننا نختار أكبرها ونبدأ في جدولة أخرى لكي نحسن كمية الربح الحالية، الآن نطبق هذه القاعدة على الجدولة السابقة وننظر إلى صف التقييم فنلاحظ بأن هناك قيمة موجبة هي ان المتغير (س3) عنده القيمة (1) وعلى هذا الأساس فإن عمود المتغير هذا يصبح عمود الارتكاز والآن يجب تحديد نقطة الارتكاز والتي من خلالها يتحدد المتغير الفائض الذي سيترك القاعدة لكي يحل محله المتغير الأساسي (س3)، وتُتبع نفس الخطوات السابقة التي اعتمدت في إعداد الجدولة الأولى حيث تكون نتيجة العمليات الجدولة التالية:

	س1	س2	س3	س4	ص1	ص2	ص3	
القاعدة م ن	4	6	3	1	صفر	صفر	صفر	كميات الحل
س3 3	$\frac{3}{60}$	صفر	1	$\frac{5}{10}$	$\frac{3}{10}$	صفر	$-\frac{2}{10}$	125
ص2 صفر	$\frac{39}{12}$	صفر	صفر	$-\frac{15}{30}$	$-\frac{5}{10}$	1	1-	425
س2 6	$\frac{39}{60}$	1	صفر	$\frac{15}{30}$	$-\frac{1}{10}$	صفر	$\frac{12}{30}$	25
ر ن	$\frac{81}{20}$	6	3	$\frac{9}{2}$	$\frac{3}{10}$	صفر	$\frac{54}{30}$	525
م ن – ر ن	$-\frac{1}{20}$	صفر	صفر	$-\frac{7}{2}$	$-\frac{3}{10}$	صفر	$-\frac{54}{30}$	

المعلومات أعلاه توضح بأن المشكلة الحالية تُحل من خلال إنتاج المنتج الثاني بواقع (25) وحدة والمنتج الثالث بكمية (125) وحدة وعدم إنتاج أي كمية من المنتج الأول والمنتج الرابع، كما ان المتاح من الموارد قد استغل بالكامل بالنسبة للمورد الأول (ص1) والمورد الثالث، وهناك فائض بالنسبة للمورد الثاني (ص2) بمقدار (425) وحدة.

مثال (2):

أوجد الحل الأمثل لنموذج أدناه باعتماد طريقة السمبلكس:

10س1 + 9س2 ← تحقق أقصى ربح ممكن

القيود :

$\frac{7}{10}$س1 + س2 ≤ 630

$\frac{1}{2}$س1 + $\frac{5}{6}$س2 ≤ 600

س1 + $\frac{2}{3}$س2 ≤ 708

$\frac{1}{10}$س1 + $\frac{1}{4}$س2 ≤ 135

س1، س2 ≥ صفر

الحل:

1- وضع النموذج على شكل معادلات رياضية من خلال إضافة متغير مكمل وتعديل دالة الهدف.

10س1 + 9س2 + صفر ص1 + صفر ص2 + صفر ص3 + صفر ص4 ← يحقق أقصى ربح ممكن.

$\frac{7}{10}$س1 + س2 + ص1 = 630

$\frac{1}{2}$س1 + $\frac{5}{6}$س2 + ص2 = 600

س1 + $\frac{2}{3}$س2 + ص3 = 708

$$\frac{1}{10}\text{س}1 + \frac{1}{4}\text{س}2 + \text{ص}4 = 135$$

س1، س2، ص1، ص2، ص3، ص4 $\leq$ صفر

2- وضع الجدولة الأولية للنموذج أعلاه:

القاعدة م ن	س1	س2	ص1	ص2	ص3	ص4	كميات الحل
	10	9	صفر	صفر	صفر	صفر	
ص1 صفر	$\frac{7}{10}$	1	1	صفر	صفر	صفر	$\frac{630}{\frac{7}{10}}=900$
ص2 صفر	$\frac{1}{2}$	$\frac{5}{6}$	صفر	1	صفر	صفر	$\frac{600}{\frac{1}{2}}=1200$
ص3 صفر	1	$\frac{2}{3}$	صفر	صفر	1	صفر	$\frac{708}{1}=708$
ص4 صفر	$\frac{1}{10}$	$\frac{1}{4}$	صفر	صفر	صفر	1	$\frac{135}{\frac{1}{10}}=1305$
ر ن	صفر	صفر	صفر	صفر	صفر	صفر	صفر
م ن - ر ن	10	9	صفر	صفر	صفر	صفر	

3- تحسين الحل وهذا يتم من خلال اختيار اكبر قيمة موجبة في صف (م ن - ر ن) ومن خلالها سيحل المتغير الأساسي للعمود المختار محل إحدى المتغيرات الفائضة ونلاحظ أن الرقم (10) هو اكبر رقم وعلى هذا فإن المتغير (س1) سيحل في القاعدة ولكي نحدد مكانه بالضبط يستلزم منا أن نحدد نقطة الارتكاز في هذا العمود وهذا يتم من خلال قسمة القيم الموجودة في أقصى اليمين لتلك الجدولة على القيم الموجودة في عمود الارتكاز المحدد، بعدها نختار أصغر قيمة موجبة، حيث أن تلك القيمة ستحدد مكان حلول المتغير (س1) في القاعدة وذلك كما مبين في الجدولة السابقة حيث

نلاحـظ أن المتغـير (س1) يحـل محـل المتغـير المكمـل (ص3)، والآن يـتم إعـداد الجدولة اللاحقة.

وبـنفس الطريقـة السـابقة نضرب صـف الارتكـاز الجديـد في قـيم عمـود الارتكاز القديمة لتلك الصفوف بمعكوس الإشارة لتلك القـيم، وبعـد الحصـول عـلى النتيجة الجديدة نضيف لها القيم القديمة في الصف المراد حساب قيمـة، والنتيجـة التي سيتم الحصول عليها تمثل قيم الصف الجديد، كما هو الحال أدناه:

1- تحسب قيم الصف الأول بالشكل الآتي:

$-\frac{7}{10}$ (1 $\frac{2}{3}$ صفر صفر 1 صفر) = $-\frac{7}{10}$ (708)

= $-\frac{7}{10}$ - $\frac{14}{30}$ صفر صفر - $\frac{7}{10}$ صفر = - 496.3

يضاف $\frac{7}{10}$ 1 1 صفر صفر صفر = 630

القيم الجديدة صفر $\frac{16}{30}$ 1 صفر - $\frac{7}{10}$ صفر = 134.4

2- قيم الصف الثاني تحسب كما يلي:

$-\frac{1}{2}$ (1 $\frac{2}{3}$ صفر صفر 1 صفر) = $-\frac{1}{2}$ (708)

= $-\frac{1}{2}$ - $\frac{2}{6}$ صفر صفر - $\frac{1}{2}$ صفر = - 354

يضاف $\frac{1}{2}$ $\frac{5}{6}$ صفر 1 صفر صفر = 600

صفر $\frac{3}{6}$ صفر 1 - $\frac{1}{2}$ صفر = 246

3- نحسب قيم الصف الرابع كما يلي:

- $\frac{1}{10}$ (1 $\frac{2}{3}$ صفر صفر 1 صفر) = - $\frac{1}{10}$ (708)

= - $\frac{1}{10}$ - $\frac{2}{30}$ صفر صفر - $\frac{1}{10}$ صفر = - 70.8

يضاف $\frac{1}{10}$ $\frac{1}{4}$ صفر صفر صفر 1 = 135

صفر $\frac{11}{60}$ صفر صفر - $\frac{1}{10}$ 1 = 64.2

وبعد إكمال عملية إحتساب قيم صفوف المصفوفة اعلاه نبدأ بحساب الربح (رن) وهذا يتم من خلال ضرب معاملات (Coefficients) المتغيرات الموجودة في القاعدة في قيم صفوف المصفوفة وجمعها عموديا وبعد ذلك نضرب هذه المعاملات في القيم الموجودة في أقصى يسار الجدولة (عمود المتاح) كما مبين في الجدولة أدناه.

واضح من الجدولة أن الربح المتحقق هو (7080) دينار وهذا متأتي من إنتاج (708) وحدة من (س1) مضروبا في ربح الوحدة الواحدة من هذا المنتوج والبالغ (10) دينار، ومن أجل التأكد من وجود فرصة أخرى لتحسين هذا الربح علينا أن نحسب قيم صف التقييم (م ن – ر ن) فإذا كانت هذه القيم كلها أصفار أو سالبة هذا يعني أن الربح المتحقق هو الربح الأمثل، أما إذا كانت هناك قيم موجبة فهذا يؤكد إمكانية تحسين الحل، وكما مبين في الجدولة أدناه.

نلاحظ بأن هناك قيمة موجبة ($\frac{7}{3}$) حيث أن هذه القيمة تحدد عمود الارتكاز وعلى رأسه المتغير (س2)، حيث أن المتغير هذا سيدخل القاعدة ويحل محل أحدى المتغيرات الموجودة فيها، وهذا يتطلب منا أعادة نفس الإجراءات السابقة في تحديد نقطة الارتكاز، حيث تحدد حلول المتغير (س2) بالقاعدة وبعدها يتم حساب قيم المتغيرات في صف الارتكاز الجديد، وقيم الصفوف الأخرى بنفس الطريقة التي حسبت فيها قيم صفوف الجدولة السابقة والجدولة أدناه تبين تحسن الحل.

4- إعداد الجدولة الأولية لتحسين الحل:

	س1	س2	ص1	ص2	ص3	ص4	
القاعدة م ن	10	9	صفر	صفر	صفر	صفر	كميات الحل
ص1 صفر	صفر	$\frac{16}{30}$	1	صفر	$-\frac{7}{10}$	صفر	134.4
ص2 صفر	صفر	$\frac{1}{2}$	صفر	1	$-\frac{1}{2}$	صفر	246
س1 10	1	$\frac{2}{3}$	صفر	صفر	1	صفر	708
ص4 صفر	صفر	$\frac{22}{120}$	صفر	صفر	$-\frac{1}{10}$	1	64.2
ر ن	10	$\frac{20}{3}$	صفر	صفر	10	صفر	7080ربح اولي
م ن - ر ن	صفر	$\frac{7}{3}$ ↑	صفر	صفر	10-	صفر	

الخطوة الأولى في هذه المرحلة هو ان نحسب قيم صف الارتكاز الجديد في الجدولة أعلاه وهذا يتم من خلال قسمة القيم القديمة الموجودة في هذا الصف على قيمة نقطة الارتكاز حيث نحصل على الصف الجديد وكما مبين في الجدولة أدناه.

الخطوة الثانية حساب قيم الصفوف الاخرى في الجدولة أعلاه حيث تكون النتيجة كما مبين في الجدولة الاتية.

	س1	س2	ص1	ص2	ص3	ص4	
القاعدة م ن	10	9	صفر	صفر	صفر	صفر	كميات الحل
س2 9	صفر	1	$\frac{30}{16}$	صفر	$-\frac{120}{160}$	صفر	252
ص2 صفر	صفر	صفر	$-\frac{15}{16}$	1	$\frac{25}{160}$	صفر	120
س1 10	1	صفر	$-\frac{20}{16}$	صفر	$\frac{300}{160}$	صفر	540
ص4 صفر	صفر	صفر	$\frac{11}{32}$	صفر	$\frac{45}{320}$	صفر	18
ر ن	10	9	$\frac{70}{16}$	صفر	$\frac{111}{16}$	صفر	7668 ربح نهائي
م ن - ر ن	صفر	صفر	$-\frac{70}{16}$	صفر	$-\frac{111}{16}$		

انتهى الحل

ومن الممكن ان نعرض نتيجة الجدولة أعلاه في بيان قيم المتغيرات كما يلي:

س1 = 540
س2 = 252
ص2 = 120
ص4 = 18

وهذا يعني ان الشركة تستطيع أن تنتج المزيج الإنتاجي المطلوب من خلال أنتاجها الكمية المطلوبة من (س1) بمقدار (540) وحدة، (س2) بمقدار (252) وحدة وهذا يحقق الربح الأمثل، مع قبول فائض مقداره (ص2) بواقع (120)، (ص4) بواقع (18).

مثال 3:

استخدم طريقة السمبلكس لحل النموذج التالي:

8س1 + 10س2 ← يحقق أقصى ربح

القيود:

2س1 + س2 ≥ 900

4س1 + 2س2 ≥ 1600

3س1 + 5 س2 ≥ 2500

س1، س2 ≤ صفر

الحل:

1 تحويل المتباينات إلى معادلات

8س1 + 10س2 + صفر ص1 + صفر ص2 + صفر ص3 ← حقق أقصى عائد

2س1+ س2 = 900

4س1 + 2س2 = 1600

3س1 + 5س2 = 2500

س1، س2، ص1، ص2، ص3 ≤ صفر.

	س1	س2	ص1	ص2	ص3	
القاعدة م ن	8	10	صفر	صفر	صفر	كميات الحل
ص1 صفر	2	1	1	صفر	صفر	900
ص2 صفر	4	2	صفر	1	صفر	1600
ص3 صفر	3	5	صفر	صفر	1	2500
ر ن	صفر	صفر	صفر	صفر	صفر	صفر
م ن - ر ن	8	10	صفر	صفر	صفر	

نهاية الجدولة الأولى

		س1	س2	ص1	ص2	ص3	
القاعدة	م ن	8	10	صفر	صفر	صفر	كميات الحل
ص1	صفر	$\frac{7}{5}$	صفر	1	صفر	$-\frac{1}{5}$	400
ص2	صفر	$\frac{14}{5}$	صفر	صفر	1	$-\frac{2}{5}$	600
س2	10	$\frac{3}{5}$	1	صفر	صفر	$\frac{1}{5}$	500
ر ن		6	10	صفر	صفر	$\frac{10}{5}$	5000
م ن - ر ن		2	صفر	صفر	صفر	$-\frac{10}{5}$	

		س1	س2	ص1	ص2	ص3	
القاعدة	م ن	8	10	صفر	صفر	صفر	كميات الحل
ص1	صفر	صفر	صفر	1	$-\frac{1}{2}$	صفر	100.5
س1	8	1	صفر	صفر	$\frac{5}{14}$	$-\frac{1}{7}$	214
س2	10	صفر	1	صفر	$-\frac{3}{14}$	$\frac{2}{7}$	371.6
ر ن		8	10	صفر	$\frac{37}{14}$	$\frac{12}{7}$	5428
م ن - ر ن		صفر	صفر	صفر	$-\frac{37}{14}$	$-\frac{12}{7}$	

نلاحظ أن القيم في صف التقييم (م ن – ر ن) أصبحت جميعها أصفار أو سالب، وهذا يعني بأن الربح المتحقق في نهاية الجدولة والبالغ (5428) دينار يمثل الحل الأمثل،

والمزيج الإنتاجي هو س1 = 214، وحدة، س2= 371.6وحدة، وهناك فائض من ص1= 100.5 وحدة وهذا يمثل المورد الأول.

كيفية وضع الجدولة الأولية للمشكلة التي تهدف إلى الوصول لأقل حل ممكن

هناك بعض الاختلافات التي يجب مراعاتها عند اعتماد طريقة السمبلكس لإيجاد أقل حل ممكن (اقل كلفة ممكنة)، وهي:

1- عند تحويل النموذج إلى معادلات علما بأن نماذج هذه المشاكل تحتوي على العلاقة (≤) والتي تعني اكبر من أو يساوي، يستلزم طرح متغير فائض (Surplus Variable) وهذا يجعل جانبي المعادلة متساويان.

2- يستلزم إضافة متغير اصطناعي (Artificial Variable) مما يحقق إمكانية البدء في حل ممكن (Feasible) موجب، وهذا بدوره يلبي متطلبات طريقة السمبلكس والتي ترفض إطلاقا البدء بحل سالب.

3- أظهار المتغيرات الفائضة وبمعامل صفر والمتغيرات الاصطناعية وبمعامل كبير ونرمز إلى هذه القيمة الكبيرة بالرمز (م)، في دالة الهدف.

4- تُعتمد المتغيرات الاصطناعية في الحل الأساسي حيث أنها تدخل إلى القاعدة ويبدأ التوصل إلى الحل الأمثل من خلال دخول المتغيرات الأخرى إلى القاعدة وإحلالها محل المتغيرات الاصطناعية حيث أن إخراج هذه المتغيرات سيدفع الحل باتجاه تقليص أو تخفيض الحل إلى أقل ما يمكن.

5- يتم تحديد عمود الارتكاز (Pivot Column) على أساس المقارنة بين معاملات (م) السالبة في صف (م ن – ر ن) واختيار أكبرها مطلق.

6- الحل الأمثل يتحقق عندما تصبح معاملات (م) والقيم المستقلة الأخرى في صف التقييم (م ن – ر ن) موجبة او صفر ويمكن توضيح الخطوات أعلاه من خلال تناول المثال التالي:

مثال (4):

أوجد الحل الأمثل للنموذج أدناه باعتماد طريقة السمبلكس

س1 + س2 ← يحقق أقل كلفة ممكنة.

القيود:

س1 ≤ 30

س2 ≤ 20

س1 + س2 ≤ 80

س1، س2 ≤ صفر

الحل:

1- تحويل النموذج من متباينات إلى معادلات بطرح متغير فائض وتعديل دالة الهدف.

س1 + س2 + صفر ص1 + صفر ص2 + صفر ص3 ← يحقق أقل كلفة ممكنة.

القيود:

س1 + صفر س2 – ص1 = 30

صفر س1+س2 – ص2 = 20

س1 + 2س2 – ص3 = 80

س1، س2، ص1، ص2، ص3 ≤ صفر

2- إضافة متغير اصطناعي (ع) إلى القيود ومن ثم تعديل دالة الهدف بإظهار هذه المتغيرات بأكبر كلفة يرمز لها بحرف (م).

س1+ س2+ صفر ص1+ صفر ص2+ صفر ص3+ م ع 1 + م ع 2 + م ع3 ←
يحقق اقل كلفة مم

القيود:

س1 + صفر س2 – ص1 + ع1 = 30

صفر س1+ س2 – ص2 + ع2 = 20

س1 + 2س2 - ص3 + ع3 = 80

س1، س2، ص1، ص2، ص3، ع1، ع2، ع3 $\geq$ صفر

3- وضع الجدولة الأولية:

	س1	س2	ص1	ص2	ص3	ع1	ع2	ع3	
القاعـدة م ن	1	1	صفر	صفر	صفر	م	م	م	كميات الحل
ع1 م	1	صفر	1-	صفر	صفر	1	صفر	صفر	30
ع2 م	صفر	1	صفر	1-	صفر	صفر	1	صفر	20
ع3 م	1	2	صفر	صفر	1-	صفر	صفر	1	80
ر ن	2م	3م	-م	-م	-م	م	م	م	130م حل اولي موجب
م ن- رن	**(1-2م)**	**(1-3م)**	م	م	م	صفر	صفر	صفر	

↑

	س1	س2	ص1	ص2	ص3	ع1	ع2	ع3	
القاعـدة م ن	1	1	صفر	صفر	صفر	م	م	م	كميات الحل
ع1 م	1	صفر	1-	صفر	صفر	1	صفر	صفر	30
س2 1	صفر	1	صفر	1-	صفر	صفر	1	صفر	20
ع3 م	1	صفر	1	2	1-	1	2-	1	40
ر ن	2م	1	-م	**(2م-2)**	-م	م	**(1-2م)**	م	70م+20 حل ممكن
م ن- رن	**(1-2م)**	**صفر**	م	**(1-2م)**	م	صفر	**(3م-1)**	صفر	

↑

نهاية الجدولة الأولى

	س1	س2	ص1	ص2	ص3	ع1	ع2	ع3	
القاعدة م ن	1	1	صفر	صفر	صفر	م	م	م	كميات الحل
س1 1	1	صفر	1-	صفر	صفر	1	صفر	صفر	30
س2 1	صفر	1	صفر	1-	صفر	صفر	1	صفر	20
ع3 م	صفر	صفر	1	2	1-	1-	2-	1	10
ر ن	1	1	(م-1)	(2م-1)	-م	(م-1)	(2م-1)	م	10م+50 حل ممكن
م ن - رن	صفر	صفر	(1-م)	(1-2م)	م	(1-3م)	(1-2م)	صفر	

نهاية الجدولة الثانية:

	س1	س2	ص1	ص2	ص3	ع1	ع2	ع3	
القاعدة م ن	1	1	صفر	صفر	صفر	م	م	م	كميات الحل
س1 1	1	صفر	1-	صفر	صفر	1	صفر	صفر	30
س2 1	صفر	1	$\frac{1}{2}$	صفر	$-\frac{1}{2}$	$-\frac{1}{2}$	صفر	$\frac{1}{2}$	25
ص2 صفر	صفر	صفر	$\frac{1}{2}$	1	$-\frac{1}{2}$	$-\frac{1}{2}$	1-	$\frac{1}{2}$	5
ر ن	1	1	$-\frac{1}{2}$	صفر	$-\frac{1}{2}$	$-\frac{1}{2}$	صفر	$\frac{1}{2}$	55 الحل الأمثل
م ن - رن	صفر	صفر	$\frac{1}{2}$	صفر	$\frac{1}{2}$	(م+$\frac{1}{2}$)	م	(م-$\frac{1}{2}$)	

الجدولة الثالثة:

يلاحظ من الجدولة أعلاه أن كافة قيم صف التقييم (م ن - ر ن) هي صفر أو اكبر من صفر (قيم موجبة) ويمكن وضع الحل الأمثل بالشكل التالي:

س_1		30
س_2	=	25
ص_2		5

مثال (5):

شركة الهلال للصناعات الكهربائية تصنع منتوجين قدرت كلفة الوحدة المنتجة منهما (25) دينار للسلعة الأولى (30) دينار للسلعة الثانية متطلبات الوحدة الواحدة من السلعة الأولى من المواد الأولية قدرت بحوالي (20) كغم، (15) كغم للسلعة الثانية، علما بأن المتاح من المواد الأولية قدر بمقدار (100) كغم كحد أدنى وممكن زيادته، كما كانت متطلبات الوحدة الواحدة من السلعة الأولى (2) ساعة عمل (3) ساعة عمل للوحدة من السلعة الثانية علما بأن ما متاح من ساعات العمل اليومية قدر بمقدار (15) ساعة المطلوب تحديد المزيج الانتاجي الذي يحقق اقل كلفة ممكنة لإنتاج هذين المنتوجين ومستغلا كافة الموارد المتاحة أعلاه، معتمدا طريقة السمبلكس.

الحل:

1- وضع النموذج الرياضي للمشكلة اعلاه وذلك بفرض ان كمية الانتاج من المنتوج الأول = س1، وكمية الانتاج من المنتوج الثاني = س2.

$25\text{س}_1 + 30\,\text{س}_2 \leftarrow$ يحقق اقل كلفة ممكنة.

القيود:

$$20\text{س}_1 + 15\text{س}_2 \geq 100$$

$$2\text{س}_1 + 3\text{س}_2 \geq 15$$

$$\text{س}_1 ،\ \text{س}_2 \geq \text{صفر}$$

2- تحويل النموذج إلى معادلات رياضية من خلال طرح متغير فائض وتعديل دالة الهدف كما يلي:

25س1 + 30س2 + صفر ص1 + صفر ص2 ← يحقق اقل كلفة ممكنة.

القيود:

20س1 + 15س2 – ص1 = 100

2س1 + 3س2 – ص2 = 15

س1، س2، ص1، ص2 ≤ صفر

3- أضافة متغير اصطناعي (ع) وتعديل دالة الهدف كما يلي:

25س1+ 30س2+ صفر ص1+ صفر ص2+ م ع1 + م ع2 ← يحقق اقل كلفة ممكنة.

القيود:

20س1 + 15س2 – ص1 + ع1 = 100

2س1 + 3س2 – ص2 + ع2 = 15

س1، س2، ص1، ص2، ع1، ع2 ≤ صفر

4- وضع الجدولة الأولية

		س1	س2	ص1	ص2	ع1	ع2	
القاعدة	م ن	25	30	صفر	صفر	م	م	كميات الحل
ع1	م	20	15	1-	صفر	1	صفر	100
ع2	م	2	3	صفر	1-	صفر	1	15
ر ن		22م	18م	-م	-م	م	م	115م
م ن - ر ن		(25-22م)	(30-18م)	م	م	صفر	صفر	

↑

القاعدة م ن	س1	س2	ص1	ص2	ع1	ع2	
القاعدة م ن	25	30	صفر	صفر	م	م	كميات الحل
س1 25	1	$\frac{15}{20}$	- $\frac{1}{2}$	صفر	$\frac{1}{20}$	صفر	5
ع2 م	صفر	$\frac{3}{2}$	$\frac{2}{20}$	-1	- $\frac{1}{10}$	1	5
ر ن	25	($\frac{75}{4}$ + $\frac{3}{2}$ م)	(- $\frac{5}{4}$ + $\frac{1}{10}$ م)	-م	($\frac{5}{4}$ - $\frac{1}{10}$ م)	م	125+5م
م ن-ر ن	صفر	($\frac{45}{4}$ - $\frac{3}{2}$ م)	($\frac{5}{4}$ - $\frac{1}{10}$ م)	م	(- $\frac{5}{4}$ + $\frac{11}{10}$ م)	صفر	

نهاية الجدولة الثانية

القاعدة م ن	س1	س2	ص1	ص2	ع1	ع2	
القاعدة م ن	25	30	صفر	صفر	م	م	كميات الحل
س1 25	1	صفر	- $\frac{1}{10}$	$\frac{1}{2}$	$\frac{1}{10}$	- $\frac{1}{2}$	2.5
س2 30	صفر	1	$\frac{1}{15}$	- $\frac{2}{3}$	- $\frac{1}{15}$	- $\frac{2}{3}$	3.3
ر ن	25	30	- $\frac{1}{2}$	- $\frac{15}{2}$	$\frac{1}{2}$	$\frac{15}{2}$	162.5 الكلفة المثلى
م ن-ر ن	صفر	صفر	$\frac{1}{2}$	$\frac{15}{2}$	(م - $\frac{1}{2}$)	(م - $\frac{15}{2}$)	

نهاية الجدولة النهائية

وهذا يحقق الحل الأمثل لأن قيم صف التقييم موجبه.

والحل الذي يحقق أقل كلفة ممكنة يمكن إظهاره بالشكل التالي:

$$\begin{bmatrix} \text{س}1 \\ \text{س}2 \end{bmatrix} = \begin{bmatrix} 2.5 \\ 3.3 \end{bmatrix}$$

علما بأن الموارد استغلت بالكامل ولا يوجد هناك أي فائض.

مثال (6):

أوجد الحل الأمثل للنموذج أدناه باعتماد طريقة السمبلكس:

3س1 + 5س2 ← تحقق أقل كلفة ممكنة.

القيود:

20س1 + 10س2 ≥ 200

س1 ≤ 20

س1 + س2 = 16

س1، س2 ≥ صفر

الحل:

1- تحويل النموذج إلى معادلات بإضافة متغير فائض وطرح متغير اصطناعي، ومن ثم تعديل دالة الهدف:-

3س1+5س2+ صفر ص1 + صفر ص2 + م ع1 + م ع2 ← تحقق أقل كلفة ممكنة.

القيود:

20س1+10س2- ص1 + ع1 = 200

س1 + ص2 = 20

س1 + س2 + ع2 = 16 [في حالة وجود المساواة اصلا كما هو الحال في المثال اعلاه فإننا نضيف متغير اصطناعي عندما يكون هدف المشكلة اقل حل ومتغير فائض في حالة كون هدف المشكلة اقصى حل].

2- وضع الجدولة الأولى:

	س1	س2	ص1	ص2	ع1	ع2	
القاعدة م ن	3	5	صفر	صفر	م	م	كميات الحل
ع1 م	20	10	1	صفر	1	صفر	200 ←
ص2 صفر	1	صفر	صفر	1	صفر	صفر	20
ع2 م	1	1	صفر	صفر	صفر	1	16
ر ن	21م	11م	-م	صفر	م	م	216م
م ن-رن	(3-21م)	(5-11م)	م	صفر	صفر	صفر	

↑

	س1	س2	ص1	ص2	ع1	ع2	
القاعدة م ن	3	5	صفر	صفر	م	م	كميات الحل
س1 3	1	$\frac{1}{2}$	$-\frac{1}{20}$	صفر	$\frac{1}{20}$	صفر	10
ص2 صفر	صفر	$-\frac{1}{2}$	$\frac{1}{20}$	1	$-\frac{1}{20}$	صفر	10
ع2 م	صفر	$\frac{1}{2}$	$\frac{1}{20}$	صفر	$-\frac{1}{20}$	1	6
ر ن	3	$(\frac{3}{2} + \frac{1}{2}م)$	$-(\frac{3}{20} + \frac{1}{20}م)$	صفر	$(\frac{3}{20} - \frac{1}{20}م)$	م	30+6م
م ن-رن	صفر	$(\frac{10}{3} - \frac{1}{2}م)$	$(\frac{3}{20} - \frac{1}{20}م)$	صفر	$(-\frac{3}{20} + \frac{21}{20}م)$	صفر	

↑ نهاية الجدولة الثانية

	س1	س2	ص1	ص2	ع1	ع2	
القاعدة م ن	3	5	صفر	صفر	م	م	كميات الحل
س1 3	1	صفر	$-\frac{1}{10}$	صفر	$-\frac{1}{10}$	1 -	4
ص2 صفر	صفر	صفر	$\frac{1}{10}$	1	$-\frac{1}{10}$	1	16
س2 5	صفر	1	$\frac{1}{10}$	صفر	$-\frac{1}{10}$	2	12
ر ن	3	5	$\frac{2}{10}$	صفر	$-\frac{2}{10}$	7	72
م ن-رن	صفر	صفر	$-\frac{2}{10}$	صفر	(م + $\frac{2}{10}$)	(م – 7)	

نهاية الجدولة الثالثة

	س1	س2	ص1	ص2	ع1	ع2	
القاعدة م ن	3	5	صفر	صفر	م	م	كميات الحل
س1 3	1	1	صفر	صفر	صفر	1	16
ص2 صفر	صفر	-1	صفر	1	صفر	-1	4
ص1 صفر	صفر	10	1	صفر	-1	20	120
ر ن	3	3	صفر	صفر	صفر	3	48
م ن-رن	صفر	2	صفر	صفر	م	(م - 3)	الحل الامثل

نهاية الجدولة الرابعة

تمارين

1- تصنع شركة صويلح للصناعات المنزلية سلعتين قدرت تكلفة الوحدة المنتجة منهما (25) دينار للسلعة الأولى و (30) دينار للسلعة الثانية. موارد الشركة والمتمثلة بالمواد الخام والتي تمتلك منها كحد أدنى (100) كغم، والطاقة الانتاجية المتمثلة بساعات العمل اليومية (15) ساعة كحد أدنى ايضا. مستلزمات تصنيع الوحدة من السلعة الأولى من المواد الولية قدرت بـ (20)كغم، و (15) كغم للوحدة من السلعة الثانية. كما كانت متطلبات الوحدة من المنتوج الاول (2) ساعة عمل، و (3) ساعة عمل للوحدة من السلعة الثانية.

المطلوب: اعتمد طريقة السمبلكس لتحديد المزيج الانتاجي الذي يحقق اقل كلفة ممكنة لإنتاج هاتين السلعتين.

2- الشركة العربية المساهمة لصناعة العقاقير الطبية تنتج سلعتين طبيتين، تصنيع اللتر الواحد منهما يكلف دينارا واحدا انتاج الوحدة من السلعة الأولى يحتاج إلى لتر واحد من المادة الاولية وتصنيع الوحدة من السلعة الثانية يستلزم (2) لتر وما متاح للشركة من هذه المادة الأولية (80) لتر كحد أدنى يمكن استخدامه. كم يتطلب من الشركة ان تصنع (30) لترا حد أدنى من السلعة الأولى و (20) لترا كحد أدنى من السلعة الثانية.

المطلوب: اعتمد طريقة السمبلكس لتحديد المزيج الانتاجي من السلعتين اعلاه الذي يحقق اقل كلفة ممكنة.

3- يحتوي قسم الأشعة في مستشفى البشير على جهازين لغسل وتحميض أفلام التصوير الصدري وهما الجهاز (أ) والجهاز (ب). الطاقة اليومية القصوى للجهاز (أ) (80) فلما في حين طاقة الجهاز (ب) اليومية القصوى (100) فلم. وبسبب عبء العمل الكبير يتطلب من قسم الأشعة هذا ان يغسل ويحمض (150) فلما يوميا كحد أدنى، علما بأن تكلفة غسل وتحميض الفلم الواحد على الجهاز (أ) (2) دينار، و (3) دينار على الجهاز (ب).

المطلوب: اعتمد طريقة السمبلكس لتحديد المزيج الانتاجي المطلوب

4- تصنع شركة النهضة العربية نوعين متخصصين من السلع الكهربائية الدقيقة، يستلزم تصنيع الوحدة الواحدة من المنتوج الأول (20) كغم من المادة الأولية الأولى، و (10) كغم لتصنيع الوحدة من المنتوج الثاني من نفس المادة، علما بأن المتاح من تلك المادة كحد أدنى (200) كغم. كما ان تصنيع الوحدة الواحدة من كلا المنتوجين يستلزم (1) كغم من المادة الأولية الثانية. وبما أن هذه المادة مكلفة وقابلة للتلف السريع لذا فإن المتاح منها (15) كغم فقط. كما يستلزم تصنيع (20) وحدة كحد اقصى من المنتوج الأول. كما قدرت تكلفة تصنيع الوحدة الواحدة من المنتوج الأول بمبلغ (3) دينار، و (5) دينار تكلفة تصنيع الوحدة من المنتوج الثاني.

المطلوب: تحديد المزيج الانتاجي الأمثل الذي يحقق أقل تكلفة ممكنة معتمدا طريقة السمبلكس.

5- شركة الخليج للصناعات الهندسية تنتج منتوجين قدرت مستلزمات تصنيع الوحدة الواحدة منهما وكذلك الموارد المتاحة كحد أدنى كما مبين في الجدول أدناه:

متطلبات تصنيع الوحدة

	المنتوج الأول	المنتوج الثاني	الموارد المتاحة
المواد الأولية (كغم)	20	15	100
ساعات العمل	2	3	15

كما أشارت سجلات محاسبة التكاليف في الشركة بأن كلفة تصنيع الوحدة الواحدة من السلعة الأولى تقدر بـ (25) دينار كما تقدر تكلفة تصنيع الوحدة الواحدة من السلعة الثانية (30) دينار.

المطلوب:

1- تحديد المزيج الانتاجي الذي يحقق أقل تكلفة ممكنة معتمدا طريقة السمبلكس.

2- حدد درجة استغلال الموارد المتاحة للشركة أعلاه.

130

الفصل السادس:

حالات خاصة بنموذج البرمجة الخطية وأسعار الظل

مقدمة

في الفصلين السابقين تناولنا كيفية إيجاد الحل لمشكلة البرمجة الخطية باعتماد الطريقة البيانية او طريقة السمبلكس وفي هذا الفصل نحاول أن نقدم بعض الأمور والتي تعتبر حالات خاصة وصعبة تحدث عندما نحاول حل بعض نماذج البرمجة الخطية وبالإضافة إلى ذلك فإننا سنستعرض تحليل الحساسية والنموذج الثنائي (المزدوج) للمشكلة قيد الحل.

عدم إمكانية التوصل إلى الحل الأمثل:

تحدث هذه الحالة عندما يصبح من المتعذر التوصل إلى حل للنموذج الخطي للمشكلة بحيث يرضي كافة القيود المفروضة على تلك المشكلة ومن ضمنها شرط الإيجابية.

س1، س2، .... س ن ≥ صفر

بالنسبة للحل البياني، عدم إمكانية التوصل إلى الحل تحدث عندما يصبح من المتعذر تحديد منطقة الحلول الممكنة، وهذا يعني عدم إمكانية تحديد الحلول الممكنة التي ترضي كافة القيود الموضوعة على النموذج بما فيها إيجابية الحل. ولتوضيح ذلك لنفرض ان الشركة العامة لصناعة الملابس الرجالية المثال السابق رقم (1) قررت أن تنتج كحد أدنى من السلعة رقم (1) مقدار (500) وحدة، ومقدار (350) وحدة من السلعة رقم (2). لذا فإن الشكل البياني لحل المشكلة أعلاه من الممكن ان نرسمه بالشكل التالي:

12س1 + 10س2 ← يحقق اقصى ربح

القيود:

$\frac{1}{4}$س1 + $\frac{1}{2}$س2 ≤ 200

$\frac{1}{4}$س1 + $\frac{1}{6}$س2 ≤ 150

$\frac{1}{2}$س1 + $\frac{3}{4}$س2 ≤ 500

س1 ≥ 500

س2 ≥ 350

س1، س2 ≥ صفر

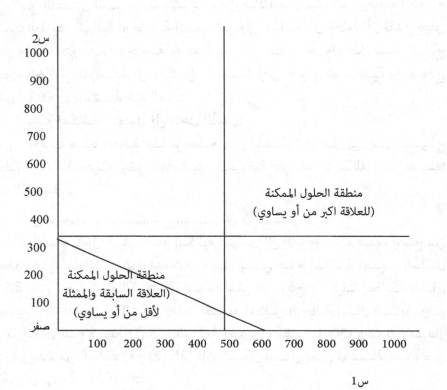

والآن كيف تفسر عدم إمكانية التوصل إلى حل ممكن في مثالنا هـذا، أولا يجب علينا أن نخبر الإدارة بأنه من غـير الممكـن أن تنتـج الكميـات المطلوبـة مـن س1، س2، والتي على التوالي (500، 350) وحدة ضمن الإمكانيات المتاحـة، ويمكن أن يبين للإدارة مقدار الموارد الإضافية التي يستلزم توافرها من اجل انتاج الكميات أعلاه وحسب ما مبين أدناه:

134

القسم	الحد الأدنى من الموارد المطلوبة (بالساعة)	المتاح من الموارد (بالساعة)	المقدار الإضافي المطلوب
القسم الاول	$300=(\frac{1}{2}\times350)+(\frac{1}{4}\times500)$	200	100
القسم الثاني	$183.3=(\frac{1}{6}\times350)+(\frac{1}{4}\times500)$	150	33
القسم الثالث	$512.5=(\frac{3}{4}\times350)+(\frac{1}{2}\times500)$	500	12.5

لذا فإننا نحتاج (100) ساعة إضافية في القسم الأول تقريبا (33) ساعة في القسم الثاني، وكذلك (12.5) ساعة في القسم الثالث من أجل تحقيق الكميات المحددة من (س1، س2) أصبح واضحا الآن مضمون عملية عدم التوصل إلى الحل الممكن لمشكلة البرمجة الخطية باعتماد الطريقة البيانية، كما هو الحال بالنسبة لطريقة السمبلكس فإن صف تقييم الحلول يؤشر الوصول إلى الحل الأمثل ولكن ما زال هناك متغير اصطناعي في القيمة المقابلة لـ (ر ن) (هناك إمكانية لتحسين الحل)، فهذا يعني عدم إمكانية التوصل إلى الحل الأمثل المطلوب وفقا للإمكانيات المتاحة.

عدم محدودية دالة الهدف (unboundedness):

تحدث هذه الحالة عندما يكون الحل لتلك المشكلة آخذا قيمة ما لا نهاية من الكبر (infinitely large) بدون التأثير على أي من محددات ذلك النموذج، وهذه الحالة يطلق عليها أحيانا بالخيالية الإدارية (Managerial utopia).

حدوث عدم محدودية الحل في النماذج الواقعية (الفعلية) للبرمجة الخطية تشير إلى أن تلك النماذج تمت صياغتها بشكل غير دقيق (غير ملائم). حيث أننا نعلم من خلال الخبرة والملاحظة بأنه من غير الممكن زيادة الربح إلى ما لا نهاية أو تقليص الكلفة إلى حد مطلق، ولهذا السبب يجب علينا أن نخلص إلى انه في حالة حدوث مثل هذه الحالة نفهم بأن الصياغة الرياضية للنموذج كانت غير دقيقة التعبير للمشكلة الفعلية.

وعموما فإن مثل هذه الحالات تجعل منطقة الحلول الممكنة تمتد إلى ما لا نهاية في اتجاه معين، والمثال الآتي يوضح ذلك.

2س1 + س2 ← يحقق اقصى ربح ممكن.

القيود:

س1 ≤ 3

س2 ≥ 4

س1، س2 ≤ صفر

الحل:

1) س1 = 3

س2 = 4

س1، س2 ≤ صفر

2) رسم خطوط الدوال:

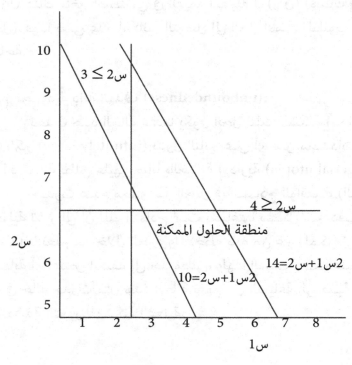

أما إذا استخدمنا طريقة السمبلكس لحل مثل هذا النموذج الـذي يتصـف بعدم محدودية الحل فإننا سنكتشف عدم محدودية الحل تلـك قبـل الوصـول إلى الجدولة الثانية، وهذا يحدث عندما يبطل مفعول القواعد التي تحدد المتغير الذي سيخرج من القاعدة (Base) في الجدولة، ونوضح ذلك بحل المثال التالي:

2س1 + س2 ← يحقق أقصى ربح ممكن

القيود:

س1 ≤ 3

س2 ≥4

س1، س2 ≤ صفر.

الحل:

2س1 + س2+ صـفر ص1+ صـفر ص2 + م ع1 ← يحقـق اقصى ربـح ممكن

س1 - ص1 + ع1 = 3

س2 + ص2 = 4

س1، س2، ص1، ص2، ع1 ≤ صفر

	س1	س2	ص1	ص2	ع1	
القاعدة م ن	2	1	صفر	صفر	م	كميات الحل
ع1 م	1	صفر	1-	صفر	1	3
ص2 صفر	صفر	1	صفر	1	صفر	4
ر ن	م	صفر	-م	صفر	م	3م
م ن-رن	(2- م)	1	م	صفر	صفر	
	↑					

الجدولة الاولى:

	س1	س2	ص1	ص2	ع1	
القاعدة م ن	2	1	صفر	صفر	م	كميات الحل
س1 2	1	صفر	- 1	صفر	1	3
ص2 صفر	صفر	1	صفر	1	صفر	4
ر ن	2	صفر	- 2	صفر	2	6
م ن-رن	صفر	1	2	صفر	م - 2	

↑

الجدولة الثانية

لكي نستمر في الحل علينا ان نختار أكبر قيمة موجبة في صف التقييم وعندما ننظر إلى الصف فإننا نلاحظ بأن القيمة (2) هي أكبر قيمة موجودة في ذلك الصف، لذا علينا أن نحدد مكان حلول المتغير (ص1) في القاعدة وهذا يتم من خلال قسمة الأرقام الموجودة في يسار الجدولة على القيم الموجودة في عمود الارتكاز (عمود القيمة 2) وبالشكل الآتي:

القيمة الاولى = - $\frac{2}{1}$ = -2

القيمة الثانية = $\frac{4}{\text{صفر}}$ = مالا نهاية

حيث أن القاعدة تنص على ان نختار أصغر قيمة موجبة وتلك القيمة هي التي تحدد مكان حلول المتغير في القاعدة ومن الملاحظ أنه لا توجد قيمة موجبة في القيم اعلاه وهذا بدوره يؤشر عدم سريان تطبيق قاعدة تحديد نقطة الارتكاز، وهذا ايضا دليلا واضحا على عدم محدودية النموذج السابق.

وجود اكثر من حل امثل (Alternate Optimal Solutions)

تحدث مشكلة وجود اكثر من حل أمثل لنموذج البرمجة الخطية عندما يأخذ ذلك النموذج اكثر من حل امثل، وكل واحدة من هذه الحلول المثلى يعطي نفس القيمة لدالة الهدف. تحدث هذه الحالة في الحل التالي عندما يكون خط الربح (خط دالة الهدف) موازيا إلى خط دالة أحد القيود في تلك المشكلة والمثال أدناه يوضح ذلك.

7س1 + 10س2 ← تحقق اقصى ربح ممكن

القيود:

$\frac{7}{10}$س1 + س2 ≤ 630

$\frac{1}{2}$س1 + $\frac{5}{6}$س2 ≤ 600

س1 + $\frac{2}{3}$س2 ≤ 708

$\frac{1}{10}$س1 + $\frac{1}{4}$س2 ≤ 135

س1، س2 ≥ صفر

الحل:

7س1 + 10س2 ← تحقق أقصى ربح

1) **القيود:**

$\frac{7}{10}$س1 + س2 = 630

$\frac{1}{2}$س1 + $\frac{5}{6}$س2 = 600

س1 + $\frac{2}{3}$س2 = 708

$\frac{1}{10}$س1 + $\frac{1}{4}$س2 = 135

س1، س2 ≥ صفر

2) إيجاد قيم المتغيرات بإفتراض إحداها يساوي صفر

1- القيد ألاول

$\frac{7}{10}$س1 = 630 بافتراض س2 = صفر

س1= $\frac{6300}{7}$ = 900

س2 = 630 بافتراض س1 = صفر

2- القيد الثاني

$\frac{1}{2}$س1 = 600، بافتراض س2 = صفر

س1 = 1200

$\frac{5}{6}$س2 = 600، بافتراض س1 = صفر

س2 = $\frac{3600}{5}$ = 720

3- القيد الثالث

س1 = 708، بافتراض س2 = صفر

$\frac{2}{3}$س2 = 708، بافتراض س1 = صفر

س2 = $\frac{2124}{2}$ = 1062

4- القيد الرابع

$\frac{1}{10}$س1 = 135، بافتراض س2 = صفر

س1 = 1350

$\frac{1}{4}$س2 = 135، بافتراض س1 = صفر

س2 = 540 .

140

3) تمثل خطوط الدوال أعلاه في رسم بياني واحد كما مبين أدناه:

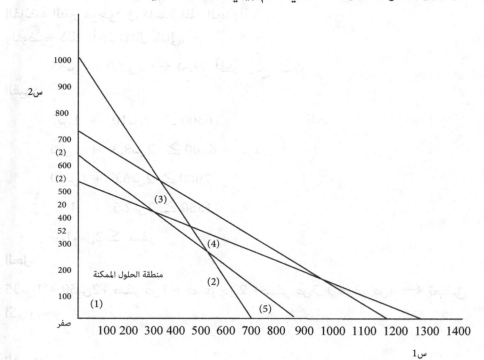

وعند تقييم الربح المتحقق في النقطتين وهما (3، 4) في الشكل البياني اعلاه يلاحظ بأن الربح المتحقق هو متساوي وكما مبين أدناه:

الربح عند النقطة (3) =

$(420 \times 10) + (300 \times 7)$

$= 2100 + 4200 = 6300$دينار

الربح عند النقطة (4) =

$(252 \times 10) + (540 \times 7)$

$= 3780 + 2520 = 6300$ دينار.

يتضح من الحل أعلاه بأن المشكلة لها حلول مثلى متعددة حيث أن هذه الحلول تحقق نفس الربح ولكن كميات المزيج الإنتاجي تختلف من حل إلى آخر.

141

ويمكن التعرف على حدوث حالة تعدد الحلول المثلى في جدول السمبلكس النهائي عندما يظهر في صف التقييم (م ن - رن) صفر تحت أحد المتغيرات الفائضة الغير موجود في قاعدة تلك الجدولة.

ولتوضيح ذلك نأخذ المثال التالي:

35س1 + 50س2 ← تحقق أقصى ربح ممكن

القيود:

7س1 + 10س2 ≥ 6300

5س1 + 8.3س2 ≥ 6000

10س1 + 6.6س2 ≥ 7080

س1 + 2.5س2 ≥ 1350

س1، س2 ≤ صفر

الحل:

35س1 + 50س2+ صفر ص1 + صفر ص2 +صفر ص3 + صفر ص4 ← تحقق اكبر ربح

القيود:

7س1 + 10س2 + ص1 = 6300

5س1 + 8.3س2 + ص2 = 6000

10س1 + 6.6س2 + ص3 = 7080

س1 + 2.5س2 + ص4 = 1350

س1، س2، ص1، ص2، ص3، ص4 ≤ صفر

وعند حل المشكلة أعلاه بطريقة السمبلكس نصل إلى الحل الأمثل في جدول السمبلكس النهائي الآتي:

	س1	س2	ص1	ص2	ص3	ص4	
القاعدة م ن	35	50	صفر	صفر	صفر	صفر	كميات الحل
س1 35	1	صفر	$\frac{1}{3}$	صفر	صفر	$-\frac{40}{3}$	300
ص2 صفر	صفر	صفر	$-\frac{5}{9}$	1	صفر	$-\frac{20}{18}$	1000
ص3 صفر	صفر	صفر	$-\frac{22}{9}$	صفر	1	$\frac{64}{9}$	1280
س2 50	صفر	1	$-\frac{2}{15}$	صفر	صفر	$\frac{14}{15}$	420
ر ن	35	50	5	صفر	صفر	صفر	31500
م ن-رن	صفر	صفر	- 5	صفر	صفر	صفر	

↑

وعندما ننظر إلى الجدول أعلاه نلاحظ ظهور صفر تحت عمود المتغير (ص4) في حين أن هذا المتغير لم يظهر مع المتغيرات الأساسية في الحل (القاعدة) أي ان هذا يدلل على إمكانية وجود حل أمثل آخر، فمثلا إذا قررنا إدخال المتغير (ص4) مع المتغيرات الأساسية فإننا نحصل على جدول السمبلكس التالي الذي يعطي حلا أمثل آخر للمشكلة كما مبين أدناه:

	$س_1$	$س_2$	$ص_1$	$ص_2$	$ص_3$	$ص_4$	
القاعدة م ن	35	50	صفر	صفر	صفر	صفر	كميات الحل
$س_1$ 35	1	صفر	$-\frac{1}{8}$	صفر	$\frac{3}{16}$	صفر	540
$ص_2$ صفر	صفر	صفر	$-\frac{25}{144}$	1	$\frac{5}{32}$	صفر	120
$ص_4$ صفر	صفر	صفر	$\frac{42}{64}$	صفر	$\frac{9}{64}$	1	180
$س_2$ 50	صفر	1	$-\frac{3}{16}$	صفر	$-\frac{21}{160}$	صفر	252
ر ن	35	50	5	صفر	صفر	صفر	31500
م ن-رن	صفر	صفر	5 -	صفر	صفر	صفر	

↑

نلاحظ ان الحل الأمثل أعلاه يتضمن إنتاج (540) وحدة من (س1)، (252) وحدة من س2، ويتحقق ربح أمثل مقداره (31500) دينار إلا أنه ليس الحل الأمثل الوحيد، والدليل على ذلك ان المتغير (ص3) ظهر له صفر في صف التقييم بالرغم من عدم ظهوره مع المتغيرات الأساسية وخلاصة القول بأنه هناك حلول متعددة للمشكلة أعلاه ولكنها تعطي نفس القيمة.

مشكلة الحل المنتكس (دورانية الحل) Degeneracy:

تحدث هذه الحالة عندما تكون هناك قيمتان متساويتان لنقطة الارتكاز، في مثل هذه الحالة يمكن اختيار أي رقم منهما يمثل نقطة الارتكاز حيث يتم اختيار ذلك بشكل اجتهادي، وينتج عن ذلك في جدول السمبلكس التالي وجود رقم صفر ضمن كميات الحل لأحد المتغيرات الأساسية (أي لأحد المتغيرات في القاعدة) ولتوضيح ذلك نأخذ المثال الآتي:

9س1 + 5س2 ← تحقق أقصى ربح ممكن.

القيود:

3س1 + 2س2 ≤ 4600

2س1 + 4س2 ≤ 5200

4س1 ≤ 4000

س1، س2 ≥ صفر

الحل:

وبإضافة المتغيرات الفائضة ص1، ص2، ص3 للموارد الثلاثة المتاحة على التوالي وحل المشكلة بطريقة السمبلكس يكون جدول السمبلكس الثاني كالآتي:

	س1	س2	ص1	ص2	ص3	
القاعدة م ن	9	5	صفر	صفر	صفر	كميات الحل
ص1 صفر	صفر	2	1	صفر	$-\frac{3}{4}$	1600
ص2 صفر	صفر	4	صفر	1	$-\frac{1}{2}$	3200
س1 9	1	صفر	صفر	صفر	$\frac{1}{4}$	1000
ر ن	9	صفر	صفر	صفر	$\frac{9}{4}$	9000
م ن-رن	صفر	5	صفر	صفر	$-\frac{9}{4}$	
	↑					

نلاحظ من الجدول أعلاه بأن هناك إمكانية لتحسين الحل وذلك لوجود رقم موجب هو (5) في صف التقييم تحت عمود (س2) وعلى هذا الأساس عمود (س2) يعتبر عمود الارتكاز، وعند تحديد نقطة الارتكاز نلاحظ بأن هناك قيمتان متساويتان هما:

$$800 = \frac{1600}{2}$$

$$800 = \frac{3200}{4}$$

وهذا يعني بأننا نواجه حالة الحل المنتكس، وأننا نقوم باختيار أي منهما، ولنختار القيمة الأولى المقابلة إلى (ص1) وهذا يعني بأن المتغير (س2) يحل محل هذا المتغير الفائض، ويكون جدول السمبلكس الثالث كما يلي:

	س1	س2	ص1	ص2	ص3	
القاعدة م ن	9	5	صفر	صفر	صفر	كميات الحل
س2 5	صفر	1	$\frac{1}{2}$	صفر	$-\frac{3}{8}$	800
ص2 صفر	صفر	صفر	-2	1	1	صفر
س1 9	1	صفر	صفر	صفر	$\frac{1}{4}$	1000
ر ن	9	5	$\frac{5}{2}$	صفر	$\frac{3}{8}$	13000
م ن-رن	صفر	صفر	$-\frac{5}{2}$	صفر	$-\frac{3}{8}$	

أما إذا تم اختيار القيمة الثانية المقابلة للمتغير (ص2) فهذا يعني بأن المتغير (س2) سيحل محل هذا المتغير، ويكون جدول السمبلكس الثالث في هذه الحالة كما يلي:

القاعدة م ن	س1 9	س2 5	ص1 صفر	ص2 صفر	ص3 صفر	كميات الحل
ص1 صفر	صفر	صفر	1	$-\frac{1}{2}$	$-\frac{1}{2}$	صفر
س2 5	صفر	1	صفر	$\frac{1}{4}$	$-\frac{1}{8}$	800
س1 9	1	صفر	صفر	$-\frac{1}{2}$	$\frac{1}{4}$	1000
ر ن	9	5	صفر	$\frac{5}{4}$	$\frac{3}{8}$	13000
م ن-رن	صفر	صفر	صفر	$-\frac{5}{4}$	$-\frac{13}{8}$	

واضحا من الحل اعلاه أن أي الجدولين السابقين يعطي الحل الأمثل وذلك لأن جميع القيم في صف التقييم أصفار أو ارقام سالبة.

أسعار الظل والنموذج الثنائي:

تناولنا في الفصلين السابقين مفهوم البرمجة الخطية وكيفية صياغة نموذجها رياضيا ومن ثم كيفية حلها باعتماد الطريقة البيانية او طريقة السمبلكس؛ الحل الأمثل لنموذج البرمجة الخطية يعني تحقيق أقصى ربح ممكن أو أقل كلفة ممكنة للنموذج المعطى وهذا يتم من خلال تخصيص الموارد المتاحة على المنتجات المختلفة وفي الواقع لا تقتصر البيانات التي يعطيها حل نموذج البرمجة الخطية على مجرد أقصى ربح أو اقل كلفة ممكن تحقيقها بل يتضمن الحل ايضا ما يسمى بأسعار الظل (Shadow prices) وكذلك ايضا معدلات الإحلال الحدية (Marginal rates of substitution) بين المنتجات المختلفة، وسيتم تناول أسعار الظل في الفقرة التالية:

أسعار الظل (Shadow Prices):

إن سعر الظل لمورد نادر يعني مقدار الزيادة (او النقص) في دالـة الهـدف التي تحدث نتيجة زيادة (أو انقاص) الكمية المتاحة من ذلك المورد النادر بمقدار وحدة واحدة. عند زيادة الكمية المتاحـة مـن مـورد معـين بمقدار وحدة واحدة سوف يترتب على ذلك زيادة الربح المتحقق بمقدار معين، ويطلق على هذه الزيادة في الربح والحاصلة نتيجة الحصول عـلى وحدة إضافية مـن تلـك المـورد اصطلاح (سعر الظل).

يتم الحصول على أسعار الظل للموارد النادرة بإحـدى الطريقتين التاليتين وهما:

1- الحصول على أسعار الظل مباشرة مـن صف التقيـيم (م ن – رن) في جـدول السمبلكس النهائي تحت الأعمدة التي تتضـمن المتغيرات الراكـدة وذلـك مـن واقع الحل الأصلي للمشكلة.

2- يمكن الحصول على أسعار الظل مـن خـلال تحويـل المشكلة الأصلية لنموذج البرمجة الخطية (Primal Problem) إلى نموذج يعطي أسعار الظل مباشرة يطلق عليه اصطلاح النموذج الثنائي او المزدوج (Dual Model).

من اجل فهم الطريقتين اعلاه، سوف نتناول المثال رقم (3) الـذي ورد في الفصل الخامس عند شرح نموذج البرمجة الخطيـة، طريقـة السـمبلكس في تحقيـق أقصى ربح ممكن. وينص هذا المثال على:

10س$1 + 9$س2 ⟵ تحقق أقصى ربح ممكن.

القيود:

$$\frac{7}{10}س1 + س2 \geq 630$$

$$\frac{1}{2}س1 + \frac{5}{6}س2 \geq 600$$

$$س1 + \frac{2}{3}س2 \geq 708$$

$$\frac{1}{10}س1 + \frac{1}{4}س2 \geq 135$$

$$س1 ، س2 \leq صفر$$

148

ويكون جدول السمبلكس النهائي والمتضمن الحل الأمثل للمشكلة السابقة كما مبين ادناه، علما بأن المتغيرات المكملة (الفائضة)، ص1، ص2، ص3، ص4 قد استخدمت لتحويل متباينات قيود الموارد أعلاه إلى معادلات.

	س1	س2	ص1	ص2	ص3	ص4	
القاعدة م ن	10	9	صفر	صفر	صفر	صفر	كميات الحل
س2 9	صفر	1	$\frac{30}{16}$	صفر	$-\frac{210}{160}$	صفر	252
ص2 صفر	صفر	صفر	$-\frac{15}{16}$	1	$\frac{25}{160}$	صفر	120
س1 10	1	صفر	$-\frac{20}{16}$	صفر	$\frac{300}{160}$	صفر	540
ص4 صفر	صفر	صفر	$-\frac{11}{32}$	صفر	$\frac{45}{320}$	1	18
ر ن	10	9	$\frac{70}{16}$	صفر	$\frac{111}{16}$	صفر	7668
م ن-رن	صفر	صفر	$-\frac{70}{16}$	صفر	$-\frac{111}{16}$	صفر	

نستنتج من الحل أعلاه ما يلي:

1- المزيج الانتاجي الأمثل يتكون من انتاج (540) وحدة من المنتوج الأول (س1)، وانتاج (252) وحدة من المنتوج الثاني (س2).

2- التخصيص الأمثل للموارد المتاحة من أجل تحقيق المزيج الإنتاجي أعلاه ويشمل:

بالنسبة للمورد الأول: (ص1).

خصص على أساس 378 ساعة (540 وحدة × $\frac{7}{1}$ ساعة) للمنتج الأول، 252 ساعة (252 وحدة × 1 ساعة) بالنسبة للمنتوج الثاني، استغل هذا المورد بالكامل.

بالنسبة للمورد الثاني: (ص2)

خصص على أساس 270 ساعة (540 وحدة × $\frac{1}{2}$ ساعة). للمنتج الأول،

210 ساعة (252وحدة × $\frac{5}{6}$) بالنسبة للمنتج الثاني، وهناك فائض قدره 120

ساعة.

بالنسبة للمورد الثالث: (ص3)

خصص على أساس 540 ساعة (540 وحدة × ساعة)

بالنسبة للمنتج الأول، 168 ساعة (252 وحدة × $\frac{2}{3}$ ساعة).

وبالنسبة للمنتج الثاني، أستغل هذا المورد بالكامل.

بالنسبة للمورد الرابع: (ص4)

خصص على أساس 54 ساعة (540 وحدة × $\frac{1}{10}$ ساعة).

بالنسبة للمنتج الأول، 63 ساعة (252 وحدة × $\frac{2}{3}$ ساعة).

بالنسبة للمنتج الثاني، وهناك فائض قدره 18 ساعة

3- الموارد التي استغلت طاقتها بالكامل والمتمثلة بالمتغيرات (ص1، ص3) لم تظهـر مع المتغيرات الأساسية في عمود (القاعـدة) وهـذا يعني قيـم هـذه المتغيرات صفر. في حين الموارد التي لم تستغل طاقتها بالكامل والمتمثلة بالمتغيرات (ص2، ص4) فإنها ظاهرة مع المتغيرات الأساسية في الجدول أعلاه ونستطيع أن نقرأ المبالغ الفائضة منها من خلال الجدول (ص2 = 120ساعة)، (ص4=18 ساعة).

4- أسعار ظل الموارد المتاحة ممكن ان نحصل عليها مباشرة مـن صـف التقيـيم (م ن – رن) فإذا نظرنا إلى جدول الحل أعلاه نلاحـظ المبلـغ (- $\frac{70}{16}$) تحـت العمـود الذي يخص المتغير (ص1) والذي يعني مقدار النقص الذي يلحق الربح المتحقق إذا نقصنا مقدار هذا المورد الذي يمثله المتغير الفـائض (ص1) بمقدار وحـدة واحـدة. وبالمقابل من الممكن أن يزداد الربح بمقدار ($\frac{70}{16}$) إذا زدنا هذا المورد ساعة واحدة، وبالمثل إذا زدنا المورد الذي يمثله المتغير المكمل (ص3) بمقدار سـاعة واحـدة فـإن

150

الربح سيزداد بمقدار ($\frac{111}{16}$)، وفي كلتا الحالتين نلاحظ أن سعر ظل الوحدة الواحدة في هذين الموردين هو على التوالي ($\frac{70}{16}$)، ($\frac{111}{16}$).

ويمكن تفسير سعر الظل في المورد الأول وقدره ($\frac{70}{16}$) من خلال دراسة العمود (ص1) في جدول السمبلكس النهائي السابق، حيث يتبين لنا أن زيادة هذا المورد وحدة واحدة سوف يترتب عليها زيادة الكمية المنتجة من (س2) بمقدار ($\frac{30}{16}$) وحدة وإنقاص الكمية المنتجة من (س1) بمقدار ($\frac{20}{16}$) وحدة، وتأثير تلك التعديلات على الربح يكون كما يلي:

الزيادة في الربح الناتج عن إنتاج ($\frac{30}{16}$) وحدة إضافية من س2 تساوي 16.875 دينار وتقابل ($9 \times \frac{30}{16}$).

النقص في الربح الناتج من إنقاص إنتاج س1 بمقدار ($\frac{20}{16}$) وحدة تساوي - 12.5 ($10 \times \frac{20}{16}$).

الزيادة الصافية في الربح الناتجة عن استخدام ساعة اضافية في المورد الأول (ص1) هي + 4.375 دينار. وتعادل تلك الزيادة الصافية سعر الظل/ ساعة من المورد الأول والتي تساوي ($\frac{70}{16}$).

وبالمثل فإن سعر ظل الساعة في القسم الثالث والتي يمكن قراءتها تحت عمود المتغير الفائض (ص3) وقدرها $\frac{111}{16}$ دينار يمكن تفسيرها من خلال دراسة هذا العمود في جدول السمبلكس النهائي، حيث نستطيع أن نفهم من ذلك نقصان وحدة واحدة من المورد اعلاه يتوقف عليها نقصان الربح المتحقق بمقدار $\frac{111}{16}$، وبالمقابل زيادة هذا المورد وحدة واحدة يترتب عليها زيادة الربح الكلي بمقدار($\frac{111}{16}$) دينار وبالمقابل يترتب

151

عليه إنقاص س2 بمقدار ($\frac{210}{160}$) وحدة، وزيادة س1 بمقدار ($\frac{300}{160}$) وحدة وتوثر تلك التعديلات على الربح كالآتي:

الزيادة في الربح عن زيادة س1 بمقدار ($\frac{300}{160}$) تساوي + 18.75 دينار وتقابل ($10\times \frac{300}{160}$).

النقص في الربح الناتج عن إنقاص س2 بمقدار $\frac{210}{160}$ وحدة – 11.12 دينار وتقابل ($9\times \frac{210}{160}$) .

الزيادة الصافية في الربح الناتجة عن استخدام وحدة إضافية من المورد الثالث هي + 6.937 دينار وتعادل تلك الزيادة الصافية سعر ظل الساعة من المورد الثالث والتي تساوي $\frac{111}{16}$ دينار.

وهكذا يتضح لنا إمكانية التعرف على أسعار الظل من واقع صف التقييم (م ن – رن) في جدول السمبلكس النهائي للمشكلة الأصلية.

2- النموذج الثنائي Dual Model:

أسعار الظل ممكن الحصول عليها بطريقة مباشرة تتمثل في تحويل النموذج الأصلي للبرمجة الخطية إلى النموذج الثنائي أو النموذج (Dual) وحل هذا النموذج (النموذج الثنائي) بطريقة السمبلكس ويمكن تلخيص خطوات تحويل النموذج الأصلي إلى نموذج ثنائي أو مزدوج بالشكل التالي:

1- عندما يكون النموذج الأصلي يعبر عن مشكلة الوصول إلى أقصى قيمة (Maximization) فإنه يتحول إلى الوصول إلى أدنى قيمة (Minimization) عند إعداد النموذج الثنائي أو العكس صحيح.

2- الموارد المتاحة والمذكورة في الجانب الأيسر لقيود النموذج الأصلي تصبح معاملات دالة الهدف في النموذج الثنائي.

3- معاملات (Coefficients) متغيرات دالة الهدف في النموذج الأصلي تصبح قيم الجانب الأيسر في النموذج الثنائي.

4- تحول أعمدة النموذج الأصلي إلى صفوف في النموذج الثنائي.

5- كلا النموذجين متحرران من مبدأ السلبية لكافة المتغيرات.

من أجل توضيح الخطوات أعلاه نطبقها على مثالنا السابق.

النموذج الأصلي

دالة الهدف: 10س$1 + 9$س2 ← تحقق اقصى ربح ممكن

القيود:

$$\frac{7}{10}\text{س}1 + \text{س}2 \quad \geq \quad 630$$

$$\frac{1}{2}\text{س}1 + \frac{5}{6}\text{س}2 \quad \geq 600$$

$$\text{س}1 + \frac{2}{3}\text{س}2 \quad \geq 708$$

$$\frac{1}{10}\text{س}1 + \frac{1}{4}\text{س}2 \quad \geq 135$$

س1، س$2 \leq$ صفر

النموذج الثنائي (المزدوج)

دالة الهدف: 630ل$1 + 600$ل$2 + 708$ل$3 + 135$ل4 ← اقل ما يمكن

القيود:

$$\frac{7}{10}\text{ل}1 + \frac{1}{2}\text{ل}2 + \text{ل}3 + \frac{1}{10}\text{ل}4 \leq 10$$

$$\text{ل}1 + \frac{5}{6}\text{ل}2 + \frac{2}{3}\text{ل}3 + \frac{1}{4}\text{ل}4 \leq 9$$

ل1، ل2، ل3، ل$4 \leq$ صفر

153

ولحل النموذج الثنائي أعلاه بطريقة السمبلكس نستلزم تطبيق الخطوات المعتادة التي سبق تطبيقها في الفصل السابق. والتي تتلخص في تحويل المتباينات إلى معادلات من خلال استخدام المتغيرات الفائضة بالسالب وإضافة متغيرات اصطناعية لأن العلاقة من نوع (أكبر من أو يساوي ≤). وبتطبيق ذلك يكون النموذج الثنائي كالآتي:

630ل1 + 600ل2 + 708ل3 + 135ل4 + صفر ص1 + صفر ص2 +م ع1 + م ع2 ← يحقق أقل تكلفة.

القيود:

$\frac{7}{10}$ل1 + $\frac{1}{2}$ل2 + ل3 + $\frac{1}{10}$ل4 - ص1 + ع1 = 10

ل1 + $\frac{5}{6}$ل2 + $\frac{2}{3}$ل3 + $\frac{1}{4}$ل4 - ص2 + ع2 =9

ل1، ل2، ل3، ل4، ص1، ص2، ع1، ع2 ≤ صفر

	ل1	ل2	ل3	ل4	ص1	ص2	ع1	ع2	
القاعدة م ن	630	600	708	135	صفر	صفر	م	م	كميات الحل
ع1 م	$\frac{7}{10}$	$\frac{1}{2}$	1	$\frac{1}{10}$	-1	صفر	1	صفر	10
ع2 م	1	$\frac{5}{6}$	$\frac{2}{3}$	$\frac{1}{4}$	صفر	-1	صفر	1	9
ر ن	$\frac{17}{10}$م	$\frac{4}{3}$م	$\frac{5}{3}$م	$\frac{7}{20}$م	-م	-م	م	م	19م
م ن-ر ن	(630- $\frac{17}{10}$م)	(600- $\frac{4}{3}$م)	(708- $\frac{5}{3}$م)	(135- $\frac{7}{20}$م)	م	م	صفر	صفر	

الجدولة الأولى

وعند الاستمرار في حل الجدولة أعلاه سنحصل على جدولة الحل النهائي الآتية:

	ل1	ل2	ل3	ل4	ص1	ص2	ع1	ع2	
القاعدة م ن	630	600	708	135	صفر	صفر	م	م	كميات الحل
ل3 708	صفر	$-\frac{5}{32}$	1	$-\frac{9}{64}$	$-\frac{15}{8}$	$\frac{21}{16}$	$\frac{15}{8}$	$-\frac{21}{16}$	6.94
ل1 630	1	$\frac{15}{16}$	صفر	$\frac{11}{32}$	$\frac{5}{4}$	$-\frac{15}{8}$	$-\frac{5}{4}$	$\frac{15}{8}$	4.38
ر ن	630	480	708	117	540-	252-	540	252	7668
م ن-رن	صفر	120	صفر	18	540	252	م-540	م-252	

الجدولة النهائية

إن الجدول أعلاه يبين الحل الأمثل وذلك لأن كافة القيم الموجودة في صف التقييم (م ن – رن) هي صفرا أو اكبر من صفر، ويمكن قراءة الحل الأمثل من الجدول أعلاه بالشكل الاتي:

ل3 = سعر ظل الوحدة من المورد الثالث = $\frac{111}{16}$ دينار.

ل1 = سعر ظل الوحدة من المورد الأول = $\frac{70}{16}$ دينار.

نلاحظ بأن النتائج تتطابق تماما مع النتائج التي حصلنا عليها من جدول السمبلكس النهائي للنموذج الاصلي لنفس المشكلة مع ملاحظة أن أسعار الظل تظهر في عمود الكميات في حالة النموذج الثنائي في حين تظهر في صف التقييم (م ن – ر ن) في جدول السمبلكس النهائي بالنسبة للنموذج الأصلي المشار إليه سابقا بينما يظهر المزيج الانتاجي من المنتوجين (س1، س2) في عمود الكميات في حالة النموذج الأصلي، بينما تظهر تلك الكميات في صف التقييم في جدول السمبلكس النهائي الخاص بالنموذج الثنائي.

وعند مقارنة دالة الهدف للنموذج الأصلي مع دالة الهدف للنموذج الثنائي فتجدهما متطابقتان من حيث القيمة ويمكن توضيح ذلك.

قيمة دالة الهدف للنموذج الأصلي:

$(10 \times 540) + (9 \times 252) = 7668$ دينار.

قيمة دالة الهدف للنموذج الثنائي $= (630 \times \frac{70}{16}) + (708 \times \frac{111}{16})$

$= 7668$ دينار.

وهذا يبين أن الأرباح المتحققة تتعادل مع الموارد النادرة مقومة بأسعار ظلها وبناء على ذلك يمكن اعتبار أسعار الظل بمثابة وسيلة يتم استخدامها لتخصيص الأرباح الناتجة من كل نشاط على الموارد التي استخدمت في أداء ذلك النشاط، فالأرباح الإجمالية وقدرها (7668) دينار يمكن توزيعها بين الموارد المختلفة وعلى المنتجات كما تم توضيحه أعلاه.

من أجل إعطاء صورة أوضح حول أسعار الظل نتناول المثال التالي:

مثال:

شركة العروبة تنتج ثلاثة أنواع من المنتجات هي (أ، ب، ج) والبيانات التي تخص مستلزمات الإنتاج للوحدة الواحدة من المنتجات الثلاثة مبين في الجدول أدناه:

المنتجات

	أ	ب	ج	المتاح من الموارد
المادة الاولية رقم (1) (كغم)	5	3	7	2100
المادة الاولية رقم (2) (كغم)	4	2	5	1600
ساعات عمل في مركز الانتاج رقم (3)	3	2	4	1700

علماً بأن تكلفة الكيلو غرام الواحد من المادة الاولية رقم (1) 4 دينار وتكلفة الكيلو غرام الواحد من المادة الأولية الثانية 3 دينار، كما ان معدل أجر الساعة الواحدة في مركز الانتاج رقم (3) هي دينار واحد. كما أن التكاليف المتغيرة الأخرى للوحدة من المنتوج أ (5) دينار، وللوحدة من المنتوج ب (6) دينار، وللوحدة من المنتوج ج (3) دينار، كما قدرت التكاليف الثابتة للشركة عن تلك الفترة بمبلغ (2500) دينار، وأخيرا تتوقع الشركة أن تكون أسعار بيع الوحدة الواحدة من المنتجات أ، ب، ج (51) دينار، (32) دينار، (52) دينار على التوالي.

المطلوب:

1- حدد المزيج الانتاجي الذي يحقق أقصى ربح ممكن معتمدا طريقة السمبلكس.

2- تحديد أسعار ظل الموارد المختلفة باستخدام كلا من النموذج الأصلي والنموذج الثنائي للبرمجة الخطية.

الحل:

1- احتساب مساهمة الوحدة بالربح من المنتجات الثلاثة، ويحسب بالشكل التالي:

المنتوج (ج)	المنتوج (ب)	المنتوج (أ)	
52	32	51	1. سعر بيع الوحدة
			التكاليف المتغيرة للوحدة:
28	12	20	المادة الاولية رقم (1)
15	6	12	المادة الاولية رقم (2)
4	2	3	أجور عمل مباشرة
3	6	5	التكاليف المتغيرة الاخرى
50	26	40	2. مجموع التكاليف المتغيرة للوحدة
2	6	11	3. مساهمة الوحدة بالربح = (الصف رقم 1 - الصف رقم 2)

نفرض أن:

س1 = عدد الوحدات المنتجة من المنتج الأول (أ).

س2 = عدد الوحدات المنتجة من المنتج الثاني (ب).

س3 = عدد الوحدات المنتجة من المنتج الثالث (ج).

1- نموذج المشكلة الأصلي يكون:

11س1 + 6س2 + 2س3 ← يحقق أقصى عائد ممكن.

القيود:

5س1 + 3س2 + 7س3 ≥ 2100 (قيد المادة الأولية الاولى).

4س1 + 2س2 + 5س3 ≥ 1600 (قيد المادة الثانية).

3س1 + 2س2 + 4س3 ≥ 1700 (قيد ساعات الانتاج).

س1، س2، س3 ≤ صفر.

2- تحويل المتباينات إلى معادلات وبالشكل التالي:

11س1 + 6س2 + 2س3 + صفر ص1 + صفر ص2 + صفر ص3 ← يحقق اقصى ربح.

القيود:

5س1 + 3س2 + 7س3 + ص1 = 2100

4س1 + 2س2 + 5س3 + ص2 = 1600

3س1 + 2س2 + 4س3 + ص3 = 1700

س1، س2، س3 ، ص1، ص2، ص3 ≤ صفر.

158

3- وضع الجدولة الاولى:

القاعدة م ن	س1	س2	س3	ص1	ص2	ص3	كميات الحل
	11	6	2	صفر	صفر	صفر	
ص1 صفر	5	3	7	1	صفر	صفر	2100
ص2 صفر	4	2	5	صفر	1	صفر	1600
ص3 صفر	3	2	4	صفر	صفر	1	1700
ر ن	صفر	صفر	صفر	صفر	صفر	صفر	صفر
م ن-رن	11	6	2	صفر	صفر	صفر	

4- تحسين الحل:

القاعدة م ن	س1	س2	س3	ص1	ص2	ص3	كميات الحل
	11	6	2	صفر	صفر	صفر	
ص1 صفر	صفر	$\frac{1}{2}$	$\frac{3}{4}$	1	$-\frac{5}{4}$	صفر	100
س1 11	1	$\frac{1}{2}$	$\frac{5}{4}$	صفر	$\frac{1}{4}$	صفر	400
ص3 صفر	صفر	$\frac{1}{2}$	$\frac{1}{4}$	صفر	$-\frac{3}{4}$	1	500
ر ن	11	$\frac{11}{2}$	$\frac{55}{4}$	صفر	$\frac{11}{4}$	صفر	4400
م ن-رن	صفر	$\frac{1}{2}$	$\frac{47}{4}-$	صفر	$\frac{11}{4}-$	صفر	

القاعدة م ن	س1	س2	س3	ص1	ص2	ص3	كميات الحل
	11	6	2	صفر	صفر	صفر	
س2 6	صفر	1	$\frac{3}{2}$	2	$-\frac{5}{2}$	صفر	200
س1 11	1	صفر	$\frac{1}{2}$	1-	$\frac{3}{2}$	صفر	300
ص3 صفر	صفر	صفر	$-\frac{1}{2}$	1-	$\frac{1}{2}$	1	400
ر ن	11	6	$\frac{29}{2}$	1	1.5	صفر	4500
م ن-رن	صفر	صفر	12.5-	1-	1.5-	صفر	**الحل الأمثل لها**

نهاية الجدولة الثالثة.

والجدولة الثالثة تمثل الحل الأمثل حيث أن أرقام صف التقييم جميعها أصبحت أصفار وأرقام سالبة. وبذلك يكون الحل الأمثل للمشكلة كالآتي:

س1 = 300 وحدة، س2 = 200وحدة، س3 = صفر، ص1، ص2= صفر، ص3= 400 ساعة فائضة.

الربح الأمثل= (11× 300) = (6×200) + (2× صفر) = 330 + 1200= 4500دينار.

سعر الظل للكيلو غرام الواحدة من المادة الخام الأولى = 1 دينار.

سعر الظل للكيلو غرام الواحد من المادة الخام الثانية = 1.5 دينار.

سعر ظل الساعة الواحدة في قسم الانتاج رقم (3) = صفر.

يتبين من الحل الأمثل أن المنتوج ج (س3) لن ينتج منه إطلاقا.

وتفسير ذلك يتم من خلال استخدام أسعار ظل الموارد المختلفة حيث أنه إذا قومنا الموارد اللازمة لتصنيع الوحدة من س3، بأسعار الظل وتقارن النتيجة مع عائد المساهمة للوحدة من المنتوج الثالث، يتضح أن قيمة الموارد اللازمة مقومة بأسعار الظل أكبر من عائد المساهمة للوحدة من المنتج (س3) ويمكن بيان ذلك بالشكل الآتي:

7 دينار تمثل (7كيلو غرام من المادة الاولية الأولى × 1 دينار سعر الظل).
7.5 دينار تمثل (5 كيلو غرام من المادة الاولية الثانية × 1.5 دينار سعر الظل).
صفر تمثل (4 ساعات عمل في قسم الانتاج × صفر سعر الظل).
14.5 دينار قيمة الموارد اللازمة لتصنيع الوحدة من المنتوج س3 مقومة بأسعار الظل.
2 دينار عائد المساهمة للوحدة من المنتوج س3
12.5 دينار الفرق بين الموارد بسعر الظل وعائد المساهمة (خسارة الفرصة البديلة).

النموذج الثنائي للمشكلة السابقة

يتم الآن تحويل نموذج المشكلة الأصلي الذي سبق صياغته إلى صيغة النموذج الثنائي من خلال اعتماد القواعد التي سبق شرحها، ويكون النموذج الثنائي للمشكلة كما يلي:

دالة الهدف

2100ل1 + 1600ل2 + 1700 ل3 ← يحقق أقل ما يمكن

القيود:

5ل1 + 4ل2 + 3ل3 ≤ 11

3ل1 + 2ل2 + 2ل3 ≤ 6

7ل1 + 5ل2 + 4ل3 ≤ 2

ل1، ل2، ل3 ≤ صفر

يتم تحويل متباينات النموذج الثنائي اعلاه إلى معادلات من خلال إضافة متغير فائض وطرح متغير اصطناعي وبالشكل الآتي:

دالة الهدف:

2100ل1 + 1600ل2 + 1700ل3 + صفر ص1+ صفر ص2 + صفر ص3 + م ع1 +

م ع2 + م ع 3 ⟵ يحقق أقل ما يمكن

القيود:

5ل1 + 4ل2 + 3ل3 - ص1 + ع1 = 11

3ل1 + 2ل2 + 2ل3 - ص2 + ع2 = 6

7ل1 + 5ل2 + 4ل3 - ص3 + ع3 = 2

ل1، ل2، ل3، ص1، ص2، ص3، ع1، ع2، ع3 ≤ صفر

- إعداد جدولة السمبلكس الاولى

	ل1	ل2	ل3	ص1	ص2	ص3	ع1	ع2	ع3	
القاعدة م ن	2100	1600	1700	صفر	صفر	صفر	م	م	م	كميات الحل
ع1 م	5	4	3	1-	صفر	صفر	1	صفر	صفر	11
ع2 م	3	2	2	صفر	1-	صفر	صفر	1	صفر	6
ع3 م	7	5	4	صفر	صفر	1-	صفر	صفر	1	2
ر ن	15م	11م	9م	-م	-م	-م	م	م	م	19م
م ن-رن	(2100- 15م)	(1600- 11م)	(1700- 9م)	م	م	م	صفر	صفر	صفر	

	ل1	ل2	ل3	ص1	ص2	ص3	ع1	ع2	ع3	
القاعدة م ن	2100	1600	1700	صفر	صفر	صفر	م	م	م	كميات الحل
ع1 م	صفر	$\frac{3}{7}$	$\frac{1}{7}$	1-	صفر	$\frac{5}{7}$	1	صفر	-$\frac{5}{7}$	9.57
ع2 م	صفر	-$\frac{1}{7}$	$\frac{2}{7}$	صفر	1-	$\frac{3}{7}$	صفر	1	$\frac{3}{7}$	5.44
ل1 2100	1	$\frac{5}{7}$	$\frac{4}{7}$	صفر	صفر	-$\frac{4}{7}$	صفر	صفر	$\frac{1}{7}$	$\frac{2}{7}$
ر ن	2100	($\frac{2}{7}$م+1500)	($\frac{3}{7}$م+1200)	-م	-م	($\frac{8}{7}$م+300)	م	م	($\frac{8}{7}$م+300)	15م+600
م ن-رن	صفر	(100- $\frac{2}{7}$م)	(500- $\frac{2}{7}$م)	م	م	(300- $\frac{8}{7}$م)	صفر	صفر	(300- $\frac{15}{7}$م)	

نهاية الجدولة الثانية

القاعدة	ل1	ل2	ل3	ص1	ص2	ص3	ع1	ع2	ع3	
م ن	2100	1600	1700	صفر	صفر	صفر	م	م	م	كميات الحل
ع1 م	صفر	$\frac{1}{3}$	$-\frac{1}{3}$	-1	$\frac{5}{3}$	صفر	1	$-\frac{5}{3}$	صفر	1
ص3 صفر	صفر	$-\frac{2}{3}$	$\frac{2}{3}$	صفر	$-\frac{7}{3}$	1	صفر	$\frac{7}{3}$	-1	12
ل1 2100	1	$\frac{2}{3}$	$\frac{2}{3}$	صفر	$-\frac{1}{3}$	صفر	صفر	$\frac{1}{3}$	صفر	2
ر ن	2100	1400+ $\frac{1}{3}$ م	1400- $\frac{1}{3}$ م	-م	- 700+ $\frac{5}{3}$ م	صفر	م	700- $\frac{5}{3}$ م	صفر	م+ 4200
م ن-ر ن	صفر	200- $\frac{1}{3}$ م	300+ $\frac{1}{3}$ م	م	700- $\frac{5}{3}$ م	صفر	صفر	$\frac{8}{3}$ م-700	صفر	

القاعدة	ل1	ل2	ل3	ص1	ص2	ص3	ع1	ع2	ع3	
م ن	2100	1600	1700	صفر	صفر	صفر	م	م	م	كميات الحل
ص2 صفر	صفر	$\frac{2}{5}$	$-\frac{1}{5}$	$-\frac{3}{5}$	1	صفر	$\frac{3}{5}$	-1	صفر	$\frac{3}{5}$
ص3 صفر	صفر	$-\frac{3}{5}$	$-\frac{1}{5}$	$\frac{7}{5}$	صفر	1	$\frac{7}{5}$	صفر	-1	13.4
ل1 2100	1	$\frac{4}{5}$	$\frac{3}{5}$	$-\frac{1}{5}$	صفر	صفر	$\frac{1}{5}$	صفر	صفر	2.2
ر ن	2100	1680	1260	-420	صفر	صفر	420	صفر	صفر	4620
م ن-ر ن	صفر	-80	440	420	صفر	صفر	م-420	م	م	

القاعدة	ل1	ل2	ل3	ص1	ص2	ص3	ع1	ع2	ع3	
م ن	2100	1600	1700	صفر	صفر	صفر	م	م	م	كميات الحل
ل2 1600	صفر	1	$-\frac{1}{2}$	$\frac{3}{2}$	$\frac{5}{2}$	صفر	$\frac{3}{2}$	$-\frac{5}{2}$	صفر	1.5
ص3 صفر	صفر	صفر	$\frac{2}{5}$	$-\frac{1}{2}$	$\frac{7}{5}$	1	$\frac{1}{2}$	2	1-	12.5
ل1 2100	1	صفر	1	1	2-	صفر	1-	$\frac{3}{2}$	صفر	1
ر ن	2100	1600	1300	300-	200-	صفر	300	850-	صفر	4500
م ن-رن	صفر	صفر	400	300	200	صفر	م-300	م+ 850	م	

وأخيرا أن القيمة المحسوبة لدالة الهدف للنموذج الأصلي تتطابق مع القيمة المحسوبة لدالة الهدف للنموذج الثنائي وبتعبير أوضح أن قيمة الارباح القصوى تتعادل مع كمية الموارد المتاحة مقومة بأسعار ظلها كالآتي:

الأرباح القصوى = (11× 300) + (6×200)+ (2×صفر) = 4500 دينار.

كميات الموارد مقومة بأسعار ظلها =

(1×2100) + (1.5×1600) + (1700× صفر) = 4500 دينار.

ومن خلال التوضيح أعلاه نستنتج النقاط المهمة التالية:

1- يمثل سعر ظل المورد مقدار الزيادة في الربح (في دالة الهدف) نتيجة إضافة وحدة إضافية من الموارد النادرة.
2- الموارد النادرة تكون أسعار ظلها قيمة موجبة دائما (أكبر من صفر).
3- يكون سعر الظل للوحدة من أي مورد توجد منه كميات فائضة تعادل صفر وهذا يشير إلى ان زيادة الوحدات المتاحة من ذلك المورد لن تتحقق عنه زيادة في قيمة دالة الهدف أو زيادة في الربح.

نلاحظ ان كافة القيم في صف التقييم (م ن – رن) في الجدول الرابع أصبحت جميعها قيم موجبة، وفقا إلى ذلك فإن الجدول الرابع يمثل الحل الأمثل، وطبقـا لذلك يكون الحل الأمثل كالآتي:

ل1 = سعر الظل للكيلو غرام الواحد من المادة الخام الأولى = 1دينار.

ل2 = سعر الظل للكيلو غرام الواحد من المادة الخام الثانية = 1.5دينار.

ل3 = سعر الظل للساعة الواحدة في مركز الإنتاج ص1 = صفر.

عند مقارنة النتائج التي حصلنا عليها في الجدول النهائي لنموذج الأصلي مع النتائج التي حصلنا عليها من الجدول النهائي للنموذج الثنائي نلاحظ أنهما متطابقان.

ونتائج النموذجين يمكن عرضهما بالشكل التوضيحي الآتي:

	النموذج الأصلي	النموذج الثنائي
الموارد المتاحة (عمود كميات الحل)	تمثـل كميـات المتغـيرات الاساسـية وتشـمل عـدد الوحـدات التـي يسـتلزم انتاجهـا مـن المنتجـات المختلفـة وكـذلك عـدد الوحـدات الفائضـة مـن بعض الموارد.	يمثل اسعار الظل
ص (م ن – ر ن) (صف التقييم)	يشير إلى اسعار الظل	يعبر عـن كميـات الحـل للمتغيرات الاساسية وتمثل الكميـات التـي يسـتلزم انتاجهـا مـن المنتجـات المختلفـة والكميـات الفائضة لبعض الموارد.

165

الاستخدامات المختلفة لأسعار الظل

تناولنا في الفقرات السابقة مفهوم أسعار الظل وكيفية الحصول عليها، ونحاول الآن أن نستعرض وبشكل مختصر بعض الاستخدامات لأسعار الظل تحت العناوين التالية بالتطبيق على مثالنا السابق:

1- اسعار الظل واتخاذ القرارات.

2- أسعار الظل وتكلفة الفرصة البديلة.

والآن نناقش الاستخدامات أعلاه:

1- أسعار الظل واتخاذ القرارات:

فهم إدارة المنشأة لأسعار الظل يحقق لها فائدة كبيرة في عملية اتخاذ القرارات. وتتجلى هذه الفائدة في التمييز بين المورد النادر والمورد الغير نادر. حيث أن المورد النادر هو ذلك المورد الذي يظهر له سعر ظل في صف التقييم (م ن – ر ن) في جدول السمبلكس النهائي. أما المورد الغير نادر هو المورد الذي يكون سعر ظله صفرا. من خلال هذا التمييز تستطيع إدارة المنشأة التعرف على الموارد التي تؤدي زيادتها إلى زيادة الربح والموارد الأخرى التي إذا زيدت فإن تلك الزيادة لا تؤثر على مستوى الربحية.

بالإضافة إلى ذلك فإن إدارة المنشأة تستطيع التمييز بين الموارد النادرة ذاتها على أساس حجم أرقام أسعار الظل، ومن هنا يجب ان تركز إدارة المنشأة على زيادة المورد النادر الذي له سعر ظل أكبر بالإضافة إلى ذلك التوجيه باستخدام الكميات المتاحة من ذلك المورد بفاعلية. وعند الرجوع إلى مثالنا السابق نلاحظ أن كل كيلو غرام إضافي من المادة الأولية الأولى تنتج عنه زيادة في الربح بمقدار (1) دينار في حين أن كل كيلو غرام إضافي من المادة الخام الثانية ينتج عنه زيادة في الربح بمقدار (1.5) دينار. لذلك فإن من صالح المنشأة أن تعطي الإدارة أولوية واهتمام اكثر لزيادة الكمية المتاحة من المادة الخام الثانية بالمقارنة مع المادة الخام الأولى.

أما في حالة الموارد الغير نادرة (سعر ظلها يكون صفرا) كما هو الحال في ساعات قسم الانتاج (ص3) في مثالنا السابق وهذا يعني أن ساعات العمل المتاحة في هذا القسم لم تستغل بالكامل (وجود ساعات عمل فائضة) ومن هنا تستطيع الإدارة مسترشدة بأسعار ظل هذا المورد في اتخاذ القرار الملائم الذي يمكنها من الاستفادة من الساعات الغير مستغلة في هذا القسم ببعض الاستخدامات البديلة.

2- أسعار الظل وتكلفة الفرصة البديلة:

تفسر كلفة الفرصة البديلة لمورد معين من خلال:

أ- تكلفة الفرصة البديلة الداخلية:

تتمثل تكلفة الفرصة البديلة الداخلية لمورد معين بسعر ظل الوحدة من ذلك المورد والتي تتجسد بزيادة الربح إذا زيدت الكمية المتاحة من ذلك المورد وحدة واحدة.

ب- تكلفة الفرصة البديلة الخارجية:

تمثل تكلفة الفرصة البديلة الخارجية بما يدفع كسعر شراء مقابل الحصول على الوحدة الواحدة من عناصر الانتاج.

والتوضيح أعلاه للعلاقة بين تكلفة الفرصة البديلة وأسعار الظل يمكننا التميز بين الحالات التالية:

1- إن تكلفة الفرصة البديلة الكلية لمورد نادر تعادل تكلفة الفرصة البديلة الداخلية (المقابلة لسعر الظل) لذلك المورد مضافا إليها تكلفة الفرصة البديلة الخارجية له.

2- ان تكلفة الفرصة البديلة الكلية لمورد غير نادر تعادل تكلفة الفرصة البديلة الخارجية لذلك المورد فقط.

ومن أجل توضيح مكونات تكلفة الفرصة البديلة دعنا نتناول مثالنا السابق ونستعرض كيفية حساب مكونات الفرصة البديلة لكيلو غرام إضافي من المادة الأولية رقم (1) (راجع (ص1) في جدول السمبلكس النهائي للنموذج الأصلي).

وبالشكل الآتي إيرادات المبيعات عن إنتاج وحدتين من المنتوج س2 64دينار

($32×2$ دينار)

تطرح التكاليف المتغيرة الأخرى (2×6دينار) 12دينار

يطرح النقص في الربح نتيجة إنقاص س1بمقدار وحدة 11

تكلفة الفرصة البديلة الكلية ⟵ 41

وهذه تعادل:

1- تكلفة الفرصة البديلة الخارجية للمادة الأولية رقم (1) لإنتاج وحدتين من س2 = (2×3×4) 24 دينار

2- تكلفة الفرصة البديلة الخارجية للمادة الأولية رقم (2) لإنتاج وحدتين من س2 = 2×2×3 12 دينار

3- تكلفة الفرصة البديلة الخارجية لساعات العمل في قسم الإنتاج رقم (3) لإنتاج وحدتين من س2

= 2×2×1 4 دينار

تضاف تكلفة الفرصة البديلة الداخلية (سعر ظل الكيلو غرام الواحد من المادة الأولية رقم 1) $\frac{1}{41}$

وبنفس الطريقة نستطيع حساب مكونات تكلفة الفرصة البديلة لكيلو غرام إضافي من المادة الأولية رقم (2) انظر عمود ص2 في جدول السمبلكس النهائي للنموذج الأصلي للمثال السابق.

إيرادات المبيعات الناتجة عن 1.5 وحدة إضافية من س1 (1.5 × 51) 76.5 دينار

تطرح التكاليف المتغيرة الأخرى لإنتاج 1.5 من س1 (1.5 × 5) 7.5 دينار

تطرح الربح المفقود نتيجة إنقاص إنتاج س2 بمقدار 2.5 وحدة ويساوي (2.5 × 6) 15 دينار

تكلفة الفرصة البديلة الكلية ⟵ 54

وهذه تعادل:

1- تكلفة الفرصة البديلة الخارجية للمادة الأولية رقم (1) اللازمة لإنتاج 1.5 وحدة من س1 تساوي

(1.5 × 5 × 4) 30 دينار

2- تكلفة الفرصة البديلة الخارجية للمادة الأولية رقم (2) اللازمة لانتاج 1.5 وحدة من المنتوج س1 تساوي

(1.5 × 3×1) 18 دينار

3- تكلفة الفرصة البديلة الخارجية لساعات العمل في القسم الإنتاجي رقم (3) اللازمة لإنتاج 1.5 وحدة من س1 تساوي

(1.5 × 3 × 1) <u>4.5 دينار</u>

52.5

4- تضاف تكلفة الفرصة البديلة الداخلية (سعر الظل) للكيلو غرام من المادة الأولية رقم (2) <u>1.5</u>

54

وبعد تناول مفهوم ومكونات تكلفة الفرصة البديلة نستطيع الآن بيان تكلفة الفرصة البديلة لكل مورد من الموارد الثلاثة في مثالنا السابق وبالشكل الآتي:

	المادة الاولية رقم (1)	المادة الأولية رقم (2)	ساعات العمل في مركز انتاج رقم (3)
تكلفة الفرصة البديلة الخارجية	4 دينار	3 دينار	1 دينار
تكلفة الفرصة البديلة الداخلية (سعر الظل للوحدة)	1	1.5	صفر
تكلفة الفرصة البديلة الكلية	5	4.5	1

إن تكلفة الفرصة البديلة الكلية المحسوبة للموارد الثلاثة أعلاه تمثل الحد الأقصى الذي تستطيع المنشأة دفعه مقابل الحصول على الوحدة الواحدة من هذه الموارد.

حدود صلاحية أسعار الظل وتحليل الحساسية

ناقشنا في الفقرات السابقة مفهوم أسعار الظل واستخداماتها لأغراض إدارية مختلفة وعلينا الآن أن نعرف الحدود التي تظل فيها أسعار الظل سارية المفعول.

وعندما تبقى التغيرات (بالزيادة أو النقص) في مدخلات نموذج البرمجة الخطية في حدود معينة لا تتعداها، حينئذ تبقى أسعار الظل سارية المفعول ولا تتغير.

أما إذا حدث تغير في متغير (متغيرات) نموذج البرمجة الخطية خارج إطار الحدين الأدنى والأعلى للتغير فإن المتغيرات الأساسية للحل الأمثل الحالي سوف تتغير وعندئذ أسعار الظل تتغير بالتبعية.

يعتمد تحليل الحساسية Sensitivity Analysis في تحديد الحد الأعلى Upper Limit والحد الأدنى (Lower Limit) للتغير لكل متغير من متغيرات البرمجة الخطية والتي تظل أسعار الظل نافذة المفعول (لا تتغير) في إطارها.

سبق أن ذكرنا في الفصل الثاني أن العناصر الأساسية التي يتكون منها نموذج البرمجة الخطية هي:

1- دالة الهدف.

2- القيود (المعاملات الفنية).

3- الموارد المتاحة.

ومن أجل تسهيل طريقة عرض الموضوع وتبسيط وتيسير فهمه سوف ينصب توضيحنا على المثال الأخير والنموذج الأصلي له هو:

$$11\text{س}1 + 6\text{س}2 + 2\text{س}3 \longleftarrow \text{أقصى ربح}$$

القيود:

$$5\text{س}1 + 3\text{س}2 + 7\text{س}3 \geq 2100$$

$$4\text{س}1 + 2\text{س}2 + 5\text{س}3 \geq 1600$$

$$3\text{س}1 + 2\text{س}2 + 4\text{س}3 \geq 1700$$

$$\text{س}1، \text{س}2، \text{س}3 \leq \text{صفر}$$

النموذج الثنائي:

2100 ل1 + 1600ل2 + 1700ل3 ← يحقق أقل كلفة

القيود:

5ل1 + 4ل2 + 3ل3 $\geq$ 11

3ل1 + 2ل2 + 2ل3 $\geq$ 6

7ل1 + 5ل2 + 4ل3 $\geq$ 2

ل1، ل2، ل3 $\geq$ صفر

أ- التغيرات في دالة الهدف:

إن دالة الهدف كما بينا سابقا تحتوي على المتغيرات التي تمثل المنتجات وعائد المساهمة للوحدة الواحدة من هذه المنتجات. ومن أجل تحديد مقدار التغير في عائد المساهمة للوحدة الذي يمكن حدوثه دون أن يؤثر في المتغيرات الأساسية للحل الأمثل الحالي وأسعار الظل يستلزم منا أن نفرق بين المتغيرات الأساسية والمتغيرات غير الأساسية وذلك حسب ظهورها في الجدولة النهائية للسمبلكس.

1- التغيرات في دالة الهدف للمتغيرات غير الأساسية:

عندما يكون هناك متغير غير أساسي في دالة الهدف فإن هذا المتغير يؤثر على مثالية الحل الحالي إذا ازدادت ربحيته.

كان الحل الأمثل للنموذج الأصلي. كما توصلنا له سابقا وهو:

س1 = 300 وحدة.

س2 = 200 وحدة.

س3 = صفر

كما كان الحل الأمثل للنموذج الثنائي هو:

ل1 = 1

ل2 = 1.5

ل3 = صفر

ومن خلال هذا المثال سوف نشرح التغيرات في دالة الهدف وفي المعاملات الفنية وفي الموارد المتاحة ايضا.

171

ولغرض تحديد أقصى مبلغ يمكن إضافته لمعامل الربح الخاص بالمتغير غير الأساسي فإننا نستخدم القيد الخاص بالمتغير غير الأساسي في النموذج الثنائي والذي يتضمن مساهمة الوحدة من هذا المتغير في جانبه الأيسر. فإذا نظرنا إلى حل النموذج السابق نلاحظ في النموذج الأصلي أن س3 = صفر، أي أنه متغير غير أساسي وأن القيد الخاص بهذا المتغير في النموذج الثنائي هو:

7ل1 + 5ل2 + 4ل3 $\leq$ 2

ولنفرض ان الزيادة التي يمكن أن تحصل على ربحية الوحدة من س3 هي Δس3 فإن القيد السابق يصبح:

7ل1 + 5ل2 + 4ل3 $\leq$ 2 + Δس3

يصبح:

Δس3 = (7ل1 + 5ل2 + 4ل2) – 2

والآن نعوض عن قيم ل1، ل2، ل3 في المعادلة أعلاه من اجل تحديد قيمة Δس3 كالآتي:

Δس3 = (7×1) + (5×1.5) + (ل3× صفر) -2 = 12.5

أي أنه يمكن زيادة ربحية الوحدة من المنتوج س3 بحد أقصى قدره 12.5 دينار دون أن يتغير الحل الأمثل الحالي. وبعبارة أخرى فإن الحد الأقصى لربحية الوحدة من المتغير س3 يعادل (2+12.5) = 14.5 دينار أي أنه طالما ان ربح الوحدة من المنتج س3 يعادل او يقل عن (14.5) دينار فإن الحل الأمثل الحالي سيظل كما هو.

أما إذا ازدادت ربحية الوحدة من المنتج س3 عن (14.5) دينار فإن س3 سوف يدخل ضمن المتغيرات الأساسية ويتغير الحل الأمثل الحالي وأسعار الظل الحالية.

ويلاحظ أن الرقم (12.5) يمكن الحصول عليه مباشرة من صف التقييم تحت عمود س3 في جدول السمبلكس النهائي للنموذج الأصلي او يمكن الحصول عليه من جدول السمبلكس للنموذج الثنائي باعتباره قيمة المتغير الراكد للقيد المتصل بالمتغير س3.

ولذلك يمكننا القول بأن الحد الأقصى للزيادة في مقدار الربح للمتغير غير الأساسي يعادل القيمة المذكورة في صف اختبار المثالية تحت عمود المتغير غير

الأساسي في جدول السمبلكس النهائي للمشكلة الأصلية مضافا له مساهمة الوحدة من ذلك المتغير.

أما الحد الادنى للنقص في معامل الربح للمتغير غير الأساسي يكون (∝) أي (ما لا نهاية)، أي أنه يمكن إنقاص معامل الربح للمتغير غير الأساسي إلى ما لا نهاية دون أن يؤدي ذلك إلى تغير الحل الأمثل الحالي وذلك لأن المنتج موقف عن الانتاج.

وبناء على ما تقدم يمكن كتابة الحدين الأدنى والأعلى للتغير في معامل الربح للمتغير غير الأساسي س3 كالاتي:

$\propto \geq$ معامل الربح للمتغير س3 ≥ 14.5

أي أنه طالما أن ربحية الوحدة من المنتج س3 تنحصر بين ما لا نهاية و 14.5 دينار فإن الحل الأمثل الحالي سيظل كما هو ولن تندرج س3 ضمن المتغيرات الأساسية.

2- التغيرات في دالة الهدف للمتغيرات الأساسية

لتحديد مقدار الزيادة أو النقص التي يمكن أن تحدث في مقدار ربحية الوحدة لأحد المتغيرات الأساسية دون أن يؤدي ذلك إلى تغير المتغيرات الأساسية الأخرى أو أسعار الظل فإننا نقسم قيم صف التقييم في جدول السمبلكس النهائي للنموذج الأصلي على القيم الموجودة في صف المتغير الأساسي الذي نرغب في معرفة التغيرات في ربحيته ويعبر أصغر خارج قسمة موجب عن أقصى زيادة يمكن إضافتها لربحية المتغير الأساسي. كما أن أصغر رقم سالب (مطلق) يمثل أقصى نقص يمكن أن يحدث لربحية المتغير الأساسي.

ويلاحظ أنه إذا لم توجد نسب موجبة فإن اقصى زيادة تكون (∝) أي (ما لا نهاية)، وكذلك إذا لم توجد نسب سالبة فإن أقصى نقص يكون (∝) أي (ما لا نهاية) ويراعى تجاهل جميع النسب التي تتضمن صفر.

ولتوضيح ما تقدم بالتطبيق على مثالنا نعيد كتابة جدول السمبلكس النهائي للنموذج الأصلي.

	س1	س2	س3	ص1	ص2	ص3	
القاعدة م ن	11	6	2	صفر	صفر	صفر	كميات الحل
س2 6	صفر	1	$\frac{3}{2}$	2	$-\frac{5}{2}$	صفر	200
س1 11	1	صفر	$\frac{1}{2}$	1-	$\frac{3}{2}$	صفر	300
ص3 صفر	صفر	صفر	$\frac{1}{2}$	1-	$\frac{1}{2}$	1	400
ر ن	11	6	$\frac{29}{2}$	1	1.5	صفر	4500
م ن-رن	صفر	صفر	12.5-	1-	1.5-	صفر	

ويتم تحديد أقصى زيادة وأقصى نقص في ربحية المتغير الأساسي س2 كالآتي:

$$-\frac{12.5}{\frac{3}{2}} = -8\frac{1}{3}$$

$$\frac{-1}{2} = -\frac{1}{2}$$

$$\frac{-1.5}{-\frac{5}{2}} = \frac{3}{5}$$

وبذلك يكون اقصى مبلغ يمكن إضافته لربحية المتغير س2 هو ($\frac{3}{5}$) كما أن أقصى مبلغ يمكن خصمه من ربحية المتغير س2 هو $\frac{1}{2}$)، وبذلك يكون الحدين الأدنى

والأعلى لربحية المنتوج س2 والتي لن يتغير الحل الأمثل الحالي طالما أن التغير في إطار الحدين الأدنى والأعلى كالآتي:

$$6\frac{3}{5} \geq \text{ربحية س2} \geq 5\ \frac{1}{2}$$

وبنفس الطريقة يتم تحديد أقصى زيادة وأقصى نقص في ربحية المتغير الأساسي س1 كالآتي:

$$\frac{-12.5}{\frac{1}{2}} = -25$$

$$\frac{-1}{-1} = 1$$

$$\frac{-1.5}{\frac{3}{2}} = -1$$

إذن أقصى مبلغ يمكن إضافته لربحية الوحدة من المتغير الأساسي س1 هو (1) كما أن أقصى نقص يمكن أستبعاده هو (1) وبذلك يكون الحدين الأدنى والأعلى لربحية س1 كالآتي:

$$12 \geq \text{ربحية س1} \geq 10$$

أي أنه طالما أن ربحية الوحدة من المنتوج س1 تتراوح بين (10و 12) فإن الحل الأمثل الحالي وأسعار الظل لن تتغير (ولكن بالطبع يتغير الربح الكلي كلما تغيرت ربحية الوحدة من س1 بين 10، 12 دينار).

ثالثا: التغيرات في المعاملات الفنية:

سبق أن ذكرنا بأن قيد المورد في نموذج البرمجة الخطية يبين الاحتياجات الفنية لكل وحدة من المنتجات التي تستخدم ذلك المورد بالإضافة إلى بيان الكمية المتاحة منه، إن التغير في كمية ما تحتاجه وحدة منتوج معين من مورد معين قد تؤثر على الإمكانية والمثالية. ويمكن حساب التغييرات في المعاملات الفنية والتي تظل أسعار الظل صالحة في حدودها وفقا للقواعد الاتية:

في حالة وجود مورد غير نادر:

تقسم كمية الفائض من ذلك المورد على عدد الوحدات المنتجة ويمثل خارج القسمة أعلى زيادة يمكن إضافتها للمعامل الحالي للمنتوج المعني ويتم تكرار تلك العملية بالنسبة لكل منتوج ويجب مراعاة إذا كان المنتوج لم يدرج ضمن الحل الأمثل فإنه يمكن زيادة المعامل الفني لذلك المنتوج إلى ما لا نهاية حيث أن ذلك لا يؤثر على إمكانية ومثالية الحل.

وبالتطبيق على مثالنا نجد أن القيد الثالث في النموذج الأصلي يتضمن متغير راكد في الحل الأساسي، والقيد المذكور بعد إضافة متغير فائض ص3 كالآتي:

3س1 + 2س2 + 4س3 + ص3 = 1700

وطبقا للحل الأمثل فإن س1 = 300، س2 = 200، س3 = صفر، ص3 = 400

اقصى زيادة لمعامل س1 = 400 ÷ 300 = 1.3

أقصى زيادة لمعامل س2 = 400 ÷ 200 = 2

اقصى زيادة لمعامل س3 = 400 ÷ صفر = ما لا نهاية.

2- **حالة المورد النادر:**

في حالة وجود مورد نادر إن كمية الفائض الخاص به تكون صفر، فإن أقصى نقص في المعامل الفني يحسب وفقا للمعادلة التالية:

أقصى نقص في المعامل الفني لمنتج معين من مورد نادر = معامل المنتوج في صف التقييم / سعر ظل المورد

وفي الحقيقة تنطبق المعادلة السابقة على المنتجات التي لم ترد ضمن المتغيرات الأساسية، أما المنتجات التي وردت ضمن المتغيرات الأساسية فسوف يكون بسط معادلتها صفر وبالتالي لا يوجد نقص.

ويلاحظ أن اقصى زيادة بالنسبة للمعامل الفني لمنتوج غير مدرج ضمن المتغيرات الأساسية هي ما لا نهاية حيث لا تؤدي أية زيادة إلى تغير الحل المثل الحالي، أما بالنسبة للمنتجات الواردة ضمن المتغيرات الأساسية فإن أي زيادة في معاملاتها الفنية سوف تجعل الحل غير نافذ المفعول (ملغى) وعلى ذلك تكون أقصى زيادة في هذه الحالة هي صفر.

وبالتطبيق على مثالنا نجد أن القيدين الأول والثاني يشيران إلى موردين نادرين ويقضي القيدين المذكورين بما يلي:

5س1 + 3س2 + 7س3 ≤ 2100

4س1 + 2س2 + 5س3 ≤ 1600

وطبقا للحل الأمثل والذي سبق ذكره فإن س1، س2 متغيرات أساسية في حين أن س3 متغير غير أساسي، وتبلغ أسعار ظل الوحدة من الموردين المذكورين (+1)، (+1.5) على التوالي.

وبناء على ذلك نجد أن اقصى نقص وأقصى زيادة بالنسبة للمعاملات الفنية للمنتوجين س1، س2 هي صفر.

أما أقصى نقص لمعامل المتغير س3 من المورد الأول فيحسب وفقا للمعادلة السابقة:

$$\frac{-12.5}{1} = -12.5$$

وبذلك يكون الحد الأدنى لمعامل س3 من المورد الأول هو:

$$7-12.5 = -5.5$$

وعلى نفس المنوال فإن أقصى نقص لمعامل المتغير س3 من المورد الثاني هو:

$$\frac{-12.5}{1.5} = -8.3$$

وبذلك يكون الحد الأدنى لمعامل س3 من المورد الثاني هو:

$$5 - 8.3 = -3.3\ .$$

أما أقصى زيادة لمعامل المتغير س3 من الموردين الأول والثاني فهي ($+\infty$) أي زائد ما لا نهاية.

وبناء على ما تقدم تكون الحدود الدنيا والعليا للمعاملات الفنية للمتغير س3 من الموردين الأول والثاني كالآتي:

$\geq 5\frac{1}{2}$ معامل س3 من المورد الأول $\leq \infty$

$3\frac{1}{3} \geq$ معامل س3 من المورد الثاني $\leq$

ج- التغييرات في كميات الموارد المتاحة:

يتم تحديد أقصى زيادة وكذلك اقصى نقص في الكمية المتاحة من المورد دون أن تؤدي تلك التعديلات إلى تغير المتغيرات الأساسية للحل الأمثل الحالي ودون أن تؤثر على أسعار الظل وفقا لما يلي:

1- أن اقصى كمية لإنقاص المورد غير النادر هي مقدار الكمية الفائضة للمتغير الفائض لذلك المورد، كما أن اقصى كمية يزاد بها ذلك المورد هي ما لا نهاية.

2- بالنسبة للمورد النادر يتم تحديد أقصى كمية يمكن إنقاص أو زيادة الكمية المتاحة بها من ذلك المورد عن طريق ضرب عمود المتغير الفائض الخاص بذلك المورد في (1-)، ثم قسمة أرقام عمود الكميات على أرقام عمود المتغير الراكد بعد ضربها في (1-) ويمثل أصغر خارج قسمة موجب أقصى كمية يمكن ان يزداد بها المورد النادر، كما يمثل أصغر خارج قسمة سالب مطلق أقصى كمية يمكن أنقاص المتاح بها.

وبتطبيق تلك القواعد على مثالنا السابق نجد أن:

أقصى كمية لإنقاص المورد الثالث = 400

أقصى كمية لزيادة المورد الثالث = ∞

أما أقصى كمية لانقاص وزيادة المورد الأول تحسب كالآتي:

خارج القسمة لعمود (3÷2)	عمود كميات الحل (3)	عمود ص1 × 1- (2)	عمود ص1 (1)
100-	200	2-	2
300	300	1	1-
400	400	1	1-

وبذلك تكون أقصى كمية لإنقاص المورد الأول هي (100) وحدة وأقصى كمية لزيادته هي (300) وحدة.

179

وبنفس الطريقة تحتسب أقصى كمية لإنقاص وزيادة المورد الثاني كالآتي:

خارج القسمة لعمود (2÷3)	عمود كميات الحل (3)	عمود ص2 × 1- (2)	عمود ص2 (1)
80	200	$\dfrac{5}{2}$	$-\dfrac{5}{2}$
200-	300	$-\dfrac{3}{2}$	$\dfrac{3}{2}$
800-	400	$-\dfrac{1}{2}$	$\dfrac{1}{2}$

وبذلك تكون أقصى كمية لإنقاص المتاح من المورد الثاني هـي 200 وحـدة وأقصى كمية لزيادته هي (80) وحدة.

180

تمارين:

1- أعطيت لك الجدولة النهائية التي تمثل الحل الأمثل لنموذج مشكلة شركة صويلح للصناعات الكهربائية وبالشكل الآتي:

4س1 + 6س2 + 3س3 + س4 ← يحقق أقصى ربح

القيود:

$\frac{3}{2}$س1 + 2س2 + 4س3 + 3س4 ≥ 550

4س1 + س2 + 2س3 + س4 ≥ 700

2س1 + 3س2 + س3 + 2س4 ≥ 200

س1، س2، س3، س4 ≤ صفر

القاعدة م ن	س1	س2	س3	س4	ص1	ص2	ص3	كميات الحل
	4	6	3	1	صفر	صفر	صفر	
س3 3	$\frac{3}{60}$	صفر	1	$\frac{1}{2}$	$\frac{3}{10}$	صفر	$-\frac{2}{10}$	125
ص2 صفر	$\frac{29}{12}$	صفر	صفر	$-\frac{1}{2}$	$-\frac{5}{10}$	1	1-	425
س2 6	$\frac{39}{60}$	1	صفر	$\frac{1}{2}$	$-\frac{1}{10}$	صفر	$\frac{12}{30}$	25
م ن-رن	$-\frac{1}{2}$	صفر	صفر	$-\frac{7}{2}$	$-\frac{3}{10}$	صفر	$-\frac{54}{30}$	525

المطلوب:

1- إلى أي حد يبقى الحل الأمثل أعلاه نافذ المفعول في حالة حدوث تغيير في مساهمة الوحدة للمتغيرات س2، س4 معتمدا القيد المزدوج.

2- احسب حدود التذبذب المسموح بها للمعاملات الفنية للمتغيرات س1، س4 للمورد ص1.

3- احسب حدود التذبذب المسموح بها للكميات المتاحة من الموارد ص2، ص3.

2- أعطيت لك الجدولة النهائية التالية التي تمثل الحل الأمثل للنموذج أدناه:

8س1 + 10س2 ← أقصى ربح

القيود:

2س1+ س2 ≥ 900

4س1 + 2س2 ≥ 1600

3س1 + 5س2 ≥ 2500

س1، س2 ≤ صفر

	س1	س2	ص1	ص2	ص3	
القاعدة م ن	8	10	صفر	صفر	صفر	كميات الحل
ص1 صفر	صفر	صفر	1	$-\frac{1}{2}$	صفر	100
س1 8	1	صفر	صفر	$\frac{5}{14}$	$-\frac{1}{7}$	$214\frac{2}{7}$
س2 10	صفر	1	صفر	$-\frac{3}{14}$	$\frac{2}{7}$	$371\frac{3}{7}$
ر ن	8	12	صفر	$\frac{5}{7}$	$\frac{12}{7}$	$5428\frac{4}{7}$
م ن-رن	صفر	صفر	صفر	$-\frac{5}{7}$	$-\frac{12}{7}$	

المطلوب:

1- إلى أي حد يبقى الحل الأمثل أعلاه نافذ المفعول في حالة حدوث تغيير في مساهمة الوحدة لمتغيرات دالة الهدف للنموذج الحالي.

2- احسب حدود التذبذب المسموح بها للمعاملات الفنية للنموذج اعلاه.

3- احسب حدود التذبذب المسموح بها لكميات الموارد المتاحة في النموذج الحالي.

3- أعطيت لك الجدولة النهائية التي تمثل الحل الأمثل للنموذج أدناه والذي يمثل مشكلة شركة معان للصناعات الغذائية:

10س1 + 30س2 ← يحقق أقصى ربح

القيود:

4س1 + 6س2 $\geq$ 12

8س1 + 4س2 $\geq$ 16

س1، س2 $\leq$ صفر

	س1	س2	ص1	ص2	
القاعدة م ن	10	30	صفر	صفر	كميات الحل
س2 30	$\frac{2}{3}$	1	$\frac{1}{6}$	صفر	2
ص2 صفر	$\frac{16}{3}$	صفر	$-\frac{2}{3}$	1	8
ر ن	20	30	5	صفر	60
م ن – ر ن	10 -	صفر	5 -	صفر	

المطلوب:

حلل المعطيات أعلاه بما يتعلق في:

1- دالة الهدف.

2- القيود الفنية (المعاملات الفنية).

3- المتاح من الموارد في النموذج أعلاه.

الفصل السابع:

نمـوذج النقل

Transportation Model

186

مقدمة

يتناول هذا الفصل تقديم مجموعة من الإجراءات التي ستعتمد في معالجة مشاكل النقل أو التوزيع للسلع التي سيتم نقلها من مصادر تجهيز متعددة إلى مراكز طلب متعددة أيضا.

الطاقة الإنتاجية أو الكمية المتاحة من السلع عند كل مركز تجهيز تكون ثابتة، كما أن مصادر الطلب لها قدرة محدودة على الاستيعاب في حين توجد مسالك (طرق) نقل متعددة وبتكلفة نقل للوحدة متباينة، لذا فإننا سنحاول في هذا الفصل تحديد مقدار الكميات التي يجب أن تشحن (تنقل) من كل مصدر تجهيز إلى أي مصدر طلب من أجل اشباع حاجة الطلب تلك، بشرط تحقيق أدنى تكاليف نقل ممكنة. هذا ويجب ملاحظة ثبات تكلفة نقل الوحدة من مصدر التجهيز (الشحن) إلى مكان وصولها (مركز الطلب) ولا تتأثر بمقدار الكمية المنقولة، فإذا كانت تكلفة نقل الوحدة من سلعة معينة من مصنع (أ) إلى منطقة التوزيع (ب) دينار واحد فإن تكلفة نقل (150) وحدة تبلغ (150) دينار وتكلفة نقل (300) وحدة تبلغ (300) دينار.. وهكذا، وذلك لتحقيق شرط (صفة) الخطية (Linearity).

أولا: الحل الأولي لمشكلة النقل:

يمكن التوصل إلى الحل الأولي (المبدئي)، لمشكلة النقل باتباع أي من الطرق التالية:

1- طريقة الركن الشمالي الشرقي North East Corner Method
2- طريقة التكلفة الدنيا Minimum Cost method
3- طريقة فوجل التقريبية Vogel's approximation method (VAM)

مثال:

الشركة الأردنية للصناعات الكهربائية تصنع منتوج معين في مصانعها الثلاثة الموزعة في المفرق، جرش، عجلون، ومن ثم تسلمه إلى مخازنها الموزعة في عمان، صويلح، والسلط لكي يتم توزيعه من هناك. طاقات المصانع الانتاجية خلال الأشهر الأربعة القادمة مبينة في الجدول التالي:

المصانع	الطاقة الانتاجية خلال الأشهر الأربعة القادمة (وحدة)
المفرق	800
جرش	600
عجلون	1000
المجموع	2400 وحدة

كما تبلغ احتياجات مخازنها الثلاثة عن نفس الفترة كما يلي:

المخازن	الطلب المتوقع خلال الأشهر الأربعة القادمة (وحدة)
عمان	1200
صويلح	500
السلط	700
المجموع	2400 وحدة

وتقدر تكلفة النقل للوحدة من المصانع المختلفة إلى المخازن كالآتي:

المخازن / المصانع	عمان	صويلح	السلط
المفرق	8	2	5
جرش	6	4	3
عجلون	2	3	1

المطلوب:

تحديد خطة النقل للشركة الاردنية بحيث تحقق أقل تكاليف نقل كلية:

الحل:

إعداد جدول النقل الأولي:

من أجل حل المثال أعلاه يتم إعداد جدول النقل الأولي حيث أنه يتضمن ملامح مشتركة تتمثل في تخصيص عمود لكل مركز أو مخزن بالإضافة على عمود للمجموع، وصف لكل مصنع بالإضافة إلى صف المجموع، وبعد إتمام هذه الجدولة سنحصل على مجموعة من المربعات الكبيرة والتي تسمى كل واحدة منها خلية، حيث تعبر الخلية عن تقاطع صف معين مع عمود معين، وكل خلية تحتوي على مربع صغير يكتب بداخله تكلفة النقل للوحدة من المصنع إلى المخزن أو مركز الطلب الذي تعبر عنه تلك الخلية ويمكن أن يصور جدول النقل للمثال أعلاه وبشكله المجرد كما يلي:

المصانع \ المخازن	عمان	صويلح	السلط	المجموع
المفرق	8	2	5	800
جرش	6	4	3	600
عجلون	3	2	1	1000
المجموع	1200	500	700	2400

تشير هذه الخلية إلى الكمية
التي ستنتقل من مصنع جرش
إلى مركز الطلب عمان

تشير هذه الخلية إلى الكمية
التي ستنتقل من مصنع المفرق
إلى مركز الطلب صويلح

يجب أن نلاحظ بأن الخلايا التسعة في الجدول أعلاه تتماثل مع طرق النقل التسعة المتاحة لمشكلة الشركة الأردنية للصناعات الكهربائية كما مبين في الشكل أدناه.

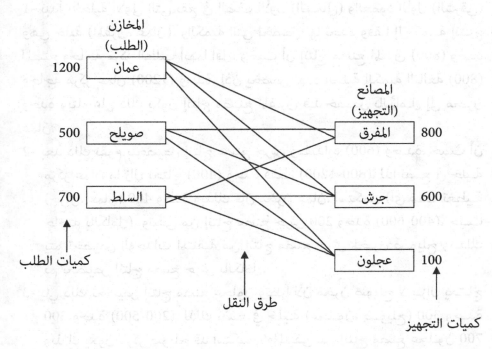

كميات التجهيز

أولا: طرق الحل الأولي

طريقة الركن الشمالي الشرقي North East Corner

تسمى هـذه الطريقـة باللغـة الانجليزيـة بطريقـة الـركن الشـمالي الغربـي
(North West Corner) وذلـك لأن جـدول النقـل باللغـة الانجليزيـة يبـدأ مـن
اليسار إلى اليمين في حين في اللغة العربية جدول النقل يتجه من اليمين إلى اليسار
وعلى هذا الأسـاس فإن هـذه الطريقـة تسـمى بالعربيـة بطريقـة الـركن الشـمالي
الشرقي.

ووفقـا إلى طريقـة الـركن الشـمالي الشرقي أن جـدول النقـل يعـد طبقـا
للخطوات التالية:

1- نبدأ بالخلية الأولى التي تقع في الصف الأول (الشمالي) والعمود الأول (الشرقي) وهي خلية (المفرق، عمان)، والكمية التي تخصص لها تحدد وفقا إلى كمية إنتاج المصنع وحاجة مركز الطلب أيهما أقل، وحيث أن إنتاج مصنع المفرق (800) وحدة وحاجة مركز عمان (1200) وحدة، إذن يخصص لهذه الخلية الكمية البالغة (800) وحدة وبناء على ذلك يكون إنتاج مصنع المفرق قد خصص بالكامل إلى مخزن عمان.

2- بعد ذلك نقوم بتخصيص إنتاج مصنع جرش ومقداره (600) وحدة، حيث أن مركز عمان ما زال يحتاج (400) وحدة فقط، (1200-800)، لذا نضع في خلية (جرش، عمان) 400 وحدة وبذلك فإن مخزن عمان، استكمل (أي تمت تغطية حاجته بالكامل)، وتبقى من إنتاج مصنع جرش 200 وحدة (600-400)، حيث يتم تخصيص الوحدات المتبقية من إنتاج مصنع جرش لمخزن صويلح وبذلك تم تخصيص إنتاج مصنع جرش بالكامل.

3- يلي ذلك تخصيص إنتاج مصنع عجلون ونظرا لأن مخزن صويلح لا يزال يحتاج 300 وحدة (500-200)، لذلك نضع في خلية (عجلون، صويلح) 300 وحدة وبذلك يكون مركز صويلح قد استكمل، والمتبقي من إنتاج مصنع عجلون 700 وحدة (1000-300) وبعد ذلك ننتقل إلى مخزن السلط وبما أن إنتاج المصانع الأخرى قد خصص بالكمال إلى المخازن الأخرى، لذا نضع الإنتاج المتبقي من مصنع عجلون في خلية (عجلون، السلط) ومقدارها 700 وحدة وبناء على ذلك تكون عملية التخصيص قد تمت بالكامل.

وبناء على التوزيع أعلاه يكون جدول النقل الأولي طبقا لطريقة الركن الشمالي الشرقي كما مبين أدناه.

المجموع	السلط	صويلح	عمان	المخازن \ المصانع
800	5	2	8 800	المفرق
600	3	4 200	6 400	جرش
1000	1 700	3 300	2	عجلون
2400	700	500	1200	المجموع

وتكون تكلفة النقل الأولية وفقا إلى هذه الطريقة:

$(800×8) + (400×6) + (200×4) + (300×3) + (700×1) = 11200$ دينار.

2- طريقة التكلفة الدنيا Minimum Cost Method

يتم تخصيص الكميات المنتجة في المصانع المختلفة إلى المخازن (مراكز الطلب) المختلفة وفقا لطريقة التكلفة الدنيا عن طريق البحث عن أدنى تكلفة في جدول النقل مجتمعا وتخصيص الكمية المناسبة وفقا إلى انتاج المصنع وحاجة المخزن أيهما أقل، وهكذا نستمر إلى حين تتم عملية التخصيص بالكامل.

ووفقا إلى طريقة التكلفة الدنيا، يعد جدول النقل الأولي طبقا للخطوات التالية:

1- أقل تعريفة نقل هي (1) في الخلية (عجلون، السلط)، والكمية التي تخصص لهذه الخلية تتحدد وفقا إلى كمية إنتاج مصنع عجلون وحاجة مخزن السلط أيهما أقل، وبناء على ذلك يخصص لها الكمية (700) وحدة وهذا يستكمل حاجة مخزن السلط.

2- هناك خليتان لهما نفس تعريفة النقل (2) وهما خلية (عجلون، عمان)، وخلية (المفرق، صويلح) وبما أن المتبقي من إنتاج مصنع عجلون (300) وحدة فإنها تخصص لهذه الخلية وبناء على ذلك تم تخصيص إنتاج مصنع عجلون بالكامل، أما الخلية الأخرى فهي خلية (المفرق، صويلح)، ويخصص لها الكمية (500) وحدة لاستكمال حاجة مخزن صويلح.

3- أما تعاريف النقل (3)، (4)، (5) تتصف بها الخلايا (جرش، السلط) ولا يمكن استخدامها لأن حاجة مخزن السلط استكمل، والخلية الأخرى (عجلون، صويلح) ولا يمكن الاستفادة منها لأن حاجة مخزن صويلح استكملت وإنتاج مصنع عجلون خصص بالكامل، والخلية الأخرى (جرش، صويلح) ولا يمكن الاستفادة منها ايضا لأن حاجة مخزن صويلح استكملت، وأخيرا الخلية (المفرق، السلط) لا يمكن الاستفادة منها لأن مخزن السلط استكمل.

4- الكلفة الدنيا الأخرى (6) تتصف بها الخلية (جرش، عمان) حيث أنه لم يخصص شيئا لحد الآن من مصنع جرش ومقداره (600) وحدة، علما بأن مخزن عمان استكمل منه فقط (300) وحدة ولا يزال يحتاج (900) وحدة (1200-300) لذا يتم تخصيص إنتاج مصنع جرش بكامله لمخزن عمان.

5- الخلية المرشحة الآن هي خلية (المفرق، عمان) حيث تم تخصيص كمية مقدارها (900) وحدة لمخزن عمان ولا يزال يحتاج (300) وحدة (1200-900) والمتبقي من إنتاج مصنع المفرق (300) وحدة (80 0-500) لذا يتم تخصيص هذه الكمية إلى مخزن عمان، وبناء على ذلك يستكمل مخزن عمان، وتم ايضا تخصيص كمية إنتاج مصنع المفرق بكاملها.

وبناء على التخصيص السابق فإن جدول النقل حسب هذه الطريقة يكون كالاتي:

المخازن / المصانع	عمان	صويلح	السلط	المجموع
المفرق	[8] 300	[2] 500	[5]	800
جرش	[6] 600	[4]	[3]	600
عجلون	[2] 300	[3]	[1] 700	1000
المجموع	1200	500	700	2400

وبناء على هذا التوزيع تكون تكلفة النقل الأوليه كما يلي:

(300×8) + (600×6) + (300×2) + (2×500)+(1×700) = 8300دينار

عندما نقارن تكاليف النقل الأولية التي توصلنا إليها حسب هذه الطريقة (طريقة التكلفة الدنيا) مع تكاليف النقل الأولية حسب الطريقة السابقة (طريقة الركن الشمالي الشرقي) نلاحظ بأنها تكون أقل وفق هذه الطريقة، (ولو أن الحل الأمثل لمشكلة النقل سيكون واحدا في النهاية أيا كانت الطريقة التي ستتبع في الحل الاولي)، وذلك يعود إلى أن طريقة التكلفة الدنيا تعتمد اسلوب إعطاء الأولوية للخلايا ذات تكاليف النقل الأقل في حين أن طريقة الركن الشمالي الشرقي لا تعتمد هذا الاسلوب في تخصيص كميات النقل، وبناء على هذا الاعتبار وبالمقارنة بين الطريقتين نلاحظ أن طريقة التكلفة الدنيا، في أغلب الاحيان تعطينا أقل تكلفة نقل اوليه.

3- طريقة فوجل التقريبية Vogel's Approximation Method (VAM)

تعمل هذه الطريقة على إيجاد الحل الأولي لمشكلة النقل من خلال دراسة كلف النقل المرتبطة بالطرق البديلة لنقل السلع أو المنتجات من المصانع إلى المخازن أو مراكز التوزيع الأخرى.

والان يتم تطبيق طريقة VAM على مشكلة الشركة الاردنية وفق الخطوات الاتية:

1- يتم احتساب مقدار الفروق/الجزاء (Penalty) لكل صف ولكل عمود، وهو عبارة عن الفرق بين ادنى تكلفة والتكلفة التي تعلوها في القيمة مباشرة وتكتب فروق الاعمدة في صف يخصص لذلك بعد صف المجموع، كما تكتب فروق الصفوف في عمود خاص بعد عمود المجموع والآن نضع الجدول المبدئي الأول لمثالنا الحالي وطبقا لهذه الطريقة يكون كالآتي:

المخازن / المصانع	عمان	صويلح	السلط	المجموع	فروق الصفوف
المفرق	8	2	5	800	3 (2-5)
جرش	6	4	3	600	1 (3-4)
عجلون	2 1000	3	1	1000	1 (1-2)
المجموع	1200	500	700	2400	
فروق الاعمدة	4 (2-6)	1 (2-3)	2 (1-3)		

2- نختيار الصف أو العمود صاحب أكبر فرق (Penalty) ونختار في ذلك الصف أو العمود الخلية صاحبة اقل تعريفة نقل وبعد ذلك تتم عملية التخصيص بنفس الأسلوب السابق (أي طاقة المصنع او حاجة المخزن أيهما أقل). وحيث أن اكبر فرق في جدول الفروقات أعلاه هو (4) وذلك في عمود المخزن (عمان) وأقل تكلفة نقل في ذلك العمود (2) وهي خلية (عجلون، عمان) ويخصص لها الكمية المناسبة وفقا إلى إنتاج مصنع عجلون أو حاجة مخزن عمان أيهما أقل ووفقا إلى ذلك يتم تخصيص كامل إنتاج مصنع عجلون إلى تلك الخلية ويبقى مخزن عمان يحتاج (200) وحدة (1200-1000) وبعد ذلك يتم شطب صف المصنع عجلون ويكون جدول النقل الجديد/المعدل بعد إلغاء صف مصنع عجلون وإعادة إحتساب فروق الصفوف والأعمدة وإتمام عملية التخصيص كما يلي:

المخازن / المصانع	عمان	صويلح	السلط	المجموع	فروق الصفوف
المفرق	8	2 500	5	800	3 (2-5)
جرش	6	4	3	600	1 (3-4)
المجموع	200	500	700	1400	
فروق الاعمدة	2 (6-8)	2 (2-4)	2 (3-5)		

3- يتم إيعادة ما سبق عمله في الخطوة السابقة من حيث تحديد أكبر الفروق في الجدول أعلاه وتحديد الخلية صاحبة أقل كلفة نقل في ذلك الصف أو العمود. وحيث أن اكبر الفروق في الجدول أعلاه (3) وتقع في صف مصنع (المفرق) وأقل تكلفة نقل في ذلك الصف هي خلية (المفرق ، صويلح) لذلك تخصص الكمية المناسبة لهذه الخلية ، (حاجة

مخزن صويلح وكمية إنتاج مصنع المفرق أيهما أقل)، وبناء على ذلك تخصص الكمية ومقدارها (500) وحده لذا تستكمل حاجة مخزن صويلح ويشطب من الجدولة، وتبقى (300) وحدة (800-500)، من كمية إنتاج مصنع المفرق.

ويكون جدول النقل المعدل بعد عملية شطب مصنع المفرق وإعادة إحتساب فروق الصفوف والأعمدة كما يلي:

المخازن / المصانع	عمان	السلط	المجموع	فروق الصفوف
المفرق	8 200	5 100	300	3 (5-8)
جرش	6	3 600	600	3 (3-6)
المجموع	200	700	900	
فروق الاعمدة	2 (6-8)	2 (3-5)		

وبدراسة جدول النقل أعلاه نلاحظ بأن أكبر الفروق يعود إلى صفي المصنعين هما المفرق وجرش، وأقل تكلفة نقل في صف مصنع المفرق هي خلية (المفرق، السلط) علما بأنه لم يخصص أي كمية لمخزن السلط سابقا والمتبقي من إنتاج مصنع المفرق (300) وحدة لذا يتم تخصيص هذه الكمية لمخزن السلط، أما صف مصنع جرش فأقل تكلفة نقل فيه هي خلية (جرش، السلط) ويخصص لها كمية (400) وحدة من أجل استكمال حاجة مخزن السلط، والكمية المتبقية من إنتاج مصنع جرش والبالغة (200) وحدة تخصص إلى الخلية (جرش، عمان) من اجل استكمال حاجة مخزن عمان.

ويكون جدول النقل في وضعه النهائي وفق طريقة فوجل التقريبية كما يلي:

المجموع	السلط	صويلح	عمان	المخازن / المصانع
800	5 / 100	2 / 500	8 / 200	المفرق
600	3 / 600	4	6	جرش
1000	1	3	2 / 1000	عجلون
2400	700	500	1200	المجموع

وبناء على هذا التوزيع تكون تكلفة النقل الكلية وفقا إلى طريقة فوجل التقريبية كما يلي:

$(200×8) + (1000×2) + (500×2) + (100×5) + (600×3) = 6900$ دينار

ثانيا: طرق الوصول للحل الأمثل:

بعد التوصل إلى الحل الأولي بموجب الطرق الثلاثة ، طريقة الركن الشمالي الشرقي، وطريقة التكلفة الدنيا، وطريقة فوجل التقريبية، تكون الخطوة التالية هي اختبار مثالية الحل الاولي والانتقال إلى حل أفضل يعطي تكاليف نقل كلية أقل.

هناك طريقتان يمكن اختبار مثالية الحل الأولي بواسطتهما وهما:
1- طريقة الوطئ على الحجر Stepping stone Method
2- طريقة التوزيع المعدلة Modified Distribution Method

199

1- طريقة الوطئ على الحجر Stepping stone Method

تقوم طريقـة الـوطئ عـلى الحجـر بتقيـيم جميـع الخلايـا الغـير مشـغولة (الفارغة) في جدول النقل للتأكد إذا كان النقل إليها يؤدي إلى تخفيض التكاليف، فإذا وجدنا أن ملء خلية غير مشغولة يؤدي إلى خفض تكاليف النقل فإن جدول النقل الأولي يتم تعديله للاستفادة من ذلك، وهكذا تستمر عملية تقييم كل جدول نقل إلى أن يتضح أن شغل أي خلية فارغة لن يؤدي إلى تخفيض تكاليف النقل بل سيؤدي إلى العكس (أي زيادتها).

يتم استخدام طريقة الوطئ على الحجر لاختبار مثالية جدول النقل بعد التأكد من أن عدد الخلايا المشغولة يساوي ((عدد الأعمدة + عدد الصفوف) – 1) وهذا ينطبق على مثالنا السابق (مشكلة النقل للشركة الأردنية للصناعات الكهربائية). حيث لدينا ثلاثة صفوف (المفرق، جرش، عجلون) وثلاثة أعمدة (عمان، صويلح، السلط) والخلايا المشغولة في جدول النقل الأولي، طبقا لأي طريقة من طرق الحل الثلاثة السابقة خمسة خلايا أي إن شرط الخلايا المشغوله متحقق.

ويتم اعتماد طريقة الوطئ على الحجر في اختيار مثالية جدول النقل الأولي من خلال رسم خط سير ذو أركان عمودية وتمثل الخلايا المشغولة أركان هذا الخط، وينتهي بالخلية الفارغة الغير مشغولة المطلوب تقييمها. ويستلزم مراعاة النقاط التالية عند تحديد خط السير وهي:

1- خط السير دائما يأخذ شكل خطوط أفقية وعمودية (رأسية) متصله، وليس شكل الخطوط المتقطعة.

2- يجب أن ينطلق خط السير من خلية مشغولة بمستوى الخلية الفارغة ويقف على خلية مشغولة بنفس عمود الخلية التي تم الانطلاق منها ويواصل السير أفقيا وأحياناً ياخذ خط السير إتجاه أخر إلى أن يصل إلى خلية مشغوله في عمود الخلية الفارغة ألتي نرغب الوصول لها. ومن أجل الحفاظ على توازن الصفوف والأعمدة في مصفوفة النقل مرور خط السير بخلية مشغولة أو خلية غير مشغولة لا يؤثر عليها.

كما يستلزم مراعاة تغير تكلفة النقل عندما نقوم بتحويل وحدة واحدة من خلية إلى اخرى، زيادة تكلفة النقل بمقدار تكلفة نقل الوحدة إلى الخلية المنقول إليها وانخفاض تكلفة النقل بمقدار تكلفة نقل الوحدة من الخلية المنقول منها، وبناء على ذلك يتم تقييم كافة الخلايا الغير مشغولة عن طريق حساب الزيادة والنقص في تكاليف النقل الحاصلة نتيجة رسم خط سير شغل الخلية الفارغه ، فإذا كانت نتيجة أشغال الخلية الفارغة بمقدار وحدة واحدة رقم سالب فهذا يعني أشغال تلك الخلية سينتج عنه انخفاض في تكاليف النقل الكلية أما إذا كانت نتيجة أشغال الخلية الفارغة بمقدار وحدة واحدة رقم موجب فإن ذلك يعني ملء تلك الخلية سيزيد من تكاليف النقل الكلية، وغالبا ما يصادف هناك أكثر من خلية غير مشغولة ذات رقم تقييم سالب في هذه الحالة تعطى أولوية البدء للخلية صاحبة أكبر رقم تقييم سالب مطلق حيث أن أشغال تلك الخلية يساعد على تخفيض التكاليف الكلية بنسبة أكبر.

ولتوضيح تطبيق طريقة الوطئ على الحجر نورد الحل الأولي الذي تم التوصل إليه بطريقة الركن الشمالي الشرقي ونناقش كيفية اختبار مثالية هذا الحل:

المصانع \ المخازن	عمان	صويلح	السلط	المجموع
المفرق	[8] 800	[2]	[5]	800
جرش	[6] 400	[4] 200	[3]	600
عجلون	[2]	[3] 300	[1] 700	1000
المجموع	1200	500	700	2400

يتضح من الجدول أعلاه، وجود أربعة خلايا غير مشغولة (فارغة) هي الخلايا (المفرق، صويلح)، (المفرق، السلط)، (جرش، السلط)، وخلية (عجلون، عمان)، ويتم تقييم هذه الخلايا وفق الاتي:

الخلية (المفرق، صويلح):

يكون خط السير: من خلية (المفرق، عمان) إلى خلية (جرش، عمان)، ومن خلية (جرش، صويلح) إلى خلية (المفرق، صويلح).

التغير في التكلفة يحسب كما يلي:

التغير في النقل	الاثر على التكلفة
تخفيض وحدة واحدة من خلية (المفرق، عمان)	8-
إضافة وحدة واحدة إلى خلية (جرش، عمان)	6+
تخفيض وحدة واحدة من خلية (جرش، صويلح)	4-
إضافة وحدة واحدة إلى خلية (المفرق، صويلح)	2+
التغير الصافي	4-

حيث يتضح أن نقل وحدة واحدة إلى خلية (المفرق، صويلح) يؤدي إلى خفض تكاليف النقل لكل وحدة بمقدار (4) دينار.

الخلية (عجلون، عمان):

يكون خط السير: من خلية (عجلون، صويلح) إلى خلية (جرش، صويلح) ومن الخلية (جرش، عمان) إلى الخلية (عجلون، عمان).

التغير في التكلفة يحسب كما يلي:

الاثر على التكلفة	التغير في النقل
3-	تخفيض وحدة واحدة من خلية (عجلون، صويلح)
4+	إضافة وحدة واحدة إلى خلية (جرش، صويلح)
6-	تخفيض وحدة واحدة من خلية (جرش، عمان)
2+	إضافة وحدة واحدة إلى خلية (عجلون، عمان)
3-	التغير الصافي

وهذا يعني أن نقل وحدة واحدة إلى الخلية (عجلون، عمان) سيترتب عليه انخفاض تكلفة النقل لكل وحدة بمقدار (3) دينار.

الخلية (جرش، السلط)

يكون خط السير: من الخلية (جرش، صويلح) إلى الخلية (عجلون، صويلح)، ومن الخلية (عجلون، السلط) إلى الخلية (جرش، السلط).

التغير في التكلفة يحسب كما يلي:

الاثر على التكلفة	التغير في النقل
4-	تخفيض وحدة واحدة من خلية (جرش، صويلح)
3+	إضافة وحدة واحدة إلى خلية (عجلون، صويلح)
1-	تخفيض وحدة واحدة من خلية (عجلون، السلط)
3+	إضافة وحدة واحدة إلى خلية (جرش، السلط)
1+	التغير الصافي

يتضح أن نقل وحدة واحدة إلى الخلية (جرش، السلط) يترتب عليه زيادة تكلفة النقل لكل وحدة بمقدار دينار واحد.

الخلية (المفرق، السلط):

يكون خط السير: من الخلية (المفرق، عمان) إلى الخلية (جرش، عمان) ومن الخلية (جرش، صويلح) إلى الخلية (عجلون، صويلح) ومن الخلية (عجلون، السلط) إلى الخلية (المفرق، السلط):

التغير في التكلفة يحسب كما يلي:

الاثر على التكلفة	التغير في النقل
8-	تخفيض وحدة واحدة من الخلية (المفرق، عمان)
6+	إضافة وحدة واحدة إلى الخلية (جرش، عمان)
4-	تخفيض وحدة واحدة من الخلية (جرش، صويلح)
3+	إضافة وحدة واحدة إلى الخلية (عجلون، صويلح)
1-	تخفيض وحـدة واحـدة مـن الخليـة (عجلـون، السلط)
5+	إضافة وحدة واحدة إلى الخلية (المفرق، السلط)
1+	التغير الصافي

وهذا يعني أن نقـل وحـدة واحـدة إلى الخليـة (المفرق، السـلط) سينتج عنه زيادة في تكلفة النقل لكل وحدة بمقدار دينار واحد، والجـدول أدناه يبين التغير الصافي على تكلفة النقل للوحدة إلى الخلايا الغير مشغولة حسب خط السير المرسوم لها (أرقام التقييم).

المخازن / المصانع	عمان	صويلح	السلط	المجموع
المفرق	[8] 800	[2] (4-)	[5] (1+)	800
جرش	[6] 400	[4] 200	[3] (1+)	600
عجلون	[2] (3-)	[3] 300	[1] 700	1000
المجموع	1200	500	700	2400

ومن خلال إستعراض نتائج تقييم الخلايا الفارغة يتضح لنا أن تكاليف النقل الكلية يمكن تخفيضها من خلال إشغال الخلية (المفرق، صويلح) أو الخلية (عجلون، عمان)، حيث ان النقل إلى الخلية (المفرق، صويلح) سيترتب عليه خفض التكلفة بمقدار (4) دينار للوحدة الواحدة، كما أن النقل إلى الخلية (عجلون، عمان) سينتج عنه تخفيض تكاليف النقل بمقدار (3) دينار للوحدة الواحدة. وبناء على ذلك يتم شغل الخلية (المفرق، صويلح) وذلك لأن النقل إليها يترتب عليه تخفيض تكاليف النقل الكلية بمقدار أكبر.

ويتم تحديد الكمية التي ستنقل إلى الخلية (المفرق، صويلح) على أساس أقل كمية مرافقة للخلايا المصاحبة لكلمة "من" في خط سير الخلية تلك. ومن خلال الاطلاع على الخلايا التي يمكن النقل منها إلى الخلية (المفرق، صويلح) نجد أنه يمكن نقل الكمية (800) وحدة من الخلية (المفرق، عمان) وإمكانية نقل (200) وحدة من الخلية (جرش، صويلح)، وحفاظاً على توازن الأعمدة والصفوف في جدول النقل يتم أخذ أقل الكميتين أعلاه وهي (200) وحدة. ووفقا لذلك نجد أن الخلية (المفرق، عمان) سوف تخفض بمقدار (200) وحدة في حين الخلية (جرش، عمان) تزداد بمقدار (200) وحدة. كما ان الخلية (جرش، صويلح) تخفض بمقدار (200) وحدة وتزداد الخلية (المفرق، صويلح) بمقدار (200) وحدة.

ويكون عدد الوحدات في الخلايا التي تأثرت بعملية النقل إلى الخلية (المفرق، صويلح)، وفقا لخط السير السابق تحديده لهذه الخلية كما يلي:

من الخلية (المفرق، عمان) = 800 - 200 = 600 وحدة

إلى الخلية (جرش، عمان) = 400 + 200 = 600 وحدة.

من الخلية (جرش، صويلح) = 200 - 200 = صفر (فارغة).

إلى الخلية (المفرق، صويلح) = صفر + 200 = 200 وحدة

وبما أن كل وحدة تنقل إلى الخلية (المفرق، صويلح) يترتب عليها تخفيض التكلفة بمقدار (4) دينار، والوحدات التي سيتم نقلها إلى تلك الخلية (200) وحدة فإن تكاليف النقل الكلية سوف تنخفض بمقدار (800) دينار (200×4).

وبناء على عملية التعديل أعلاه يكون جدول النقل المعدل كالآتي:

المخازن / المصانع	عمان	صويلح	السلط	المجموع
المفرق	8 600	2 200	5	800
جرش	6 600	4	3	600
عجلون	2	3 300	1 700	1000
المجموع	1200	500	700	2400

والآن نحسب تكاليف النقل الكلية لجدول النقل أعلاه كما يلي:

(8×600) + (6×600) + (2×200) + (3×300) + (1×700) = 10400 دينار.

أو ممكن أن نحسب الكلفة الكلية للنقل بالشكل التالي:

كلفة النقل الكلية المعدلة = 11200 - (4×200) = 10400دينار.

اختبار مثالية جدول المعدل أعلاه:

يتم الآن اختبار مثالية جدول النقل الثاني أعلاه بتطبيق نفس القواعد السابق شرحها والتي تبين أثر إشغال الخلايا الفارغة على تكاليف النقل الكلية وفقا لما يلي:

الخلية (جرش، صويلح):

ويكون خط السير: من الخلية (جرش، عمان) إلى الخلية (المفرق، عمان)، ومن الخلية (المفرق، صويلح) إلى الخلية (جرش، صويلح).

التغير في التكلفة يحسب كما يلي:

التغير في النقل	الاثر على التكلفة
تخفيض وحدة واحدة من الخلية (جرش، عمان)	6-
إضافة وحدة واحدة إلى الخلية (المفرق، عمان)	8+
تخفيض وحدة واحدة من الخلية (المفرق، صويلح)	2-
إضافة وحدة واحدة إلى الخلية (جرش، السلط)	4+
التغير الصافي	4+

يتبين من التحليل أعلاه أن نقل وحدة واحدة إلى الخلية (جرش، صويلح يترتب عليه زيادة تكاليف النقل للوحدة الواحدة بمقدار (4) دينار.

الخلية (عجلون، عمان):

ويكون خط السير: من الخلية (عجلون، صويلح) إلى الخلية (المفرق، صويلح) ومن الخلية (المفرق، عمان) إلى الخلية (عجلون، عمان).

التغير في التكلفة يحسب كما يلي:

الاثر على التكلفة	التغير في النقل
3-	تخفيض وحدة واحدة من الخلية (عجلون، صويلح)
2+	إضافة وحدة واحدة إلى الخلية (المفرق، صويلح)
8-	تخفيض وحدة واحدة من الخلية (المفرق، عمان)
2+	إضافة وحدة واحدة إلى الخلية (عجلون، صويلح)
7-	التغير الصافي

وهذا يعني أن نقل وحدة إلى الخلية (عجلون، عمان) ينـتج عنـه تخفـيض تكاليف النقل للوحدة الواحدة بمقدار (7) دينار.

الخلية (المفرق، السلط):

يكـون خـط السـير: مـن الخليـة (المفرق، صويلح) إلى الخليـة (عجلـون، صويلح) من الخلية (عجلون، السلط) إلى الخلية (المفرق، السلط).

التغير في التكلفة يحسب كما يلي:

الاثر على التكلفة	التغير في النقل
2-	تخفيض وحدة واحدة من الخلية (المفرق، صويلح)
3+	إضافة وحدة واحدة إلى الخلية (عجلون، صويلح)
1-	تخفيض وحدة واحدة من الخلية (عجلون، السلط)
5+	إضافة وحدة واحدة إلى الخلية (المفرق، السلط)
5+	التغير الصافي

208

يتضح من التحليل أعلاه نقل وحدة واحدة إلى الخلية (المفرق، السلط) يترتب عليه زيادة تكلفة النقل للوحدة الواحدة بمبلغ (5) دينار.

الخلية (جرش، السلط):

يكون خط السير: من الخلية (جرش، عمان) إلى الخلية (المفرق، عمان) ومن الخلية (المفرق، صويلح) إلى الخلية (عجلون، صويلح)، ومن الخلية (عجلون، السلط) إلى الخلية (جرش، السلط).

التغير في التكلفة يحسب كما يلي:

التغير في النقل	الاثر على التكلفة
تخفيض وحدة واحدة من الخلية (جرش، عمان)	6-
إضافة وحدة واحدة إلى الخلية (المفرق، عمان)	8+
تخفيض وحدة واحدة من الخلية (المفرق، صويلح)	2-
إضافة وحدة واحدة إلى الخلية (عجلون، صويلح)	3+
تخفيض وحدة واحدة من الخلية (عجلون، السلط)	1-
إضافة وحدة واحدة إلى الخلية (جرش، السلط)	3+
التغير الصافي	5+

وهذا يعني نقل وحدة واحدة إلى الخلية (جرش، السلط) يترتب عليه زيادة تكلفة نقل الوحدة الواحدة بمبلغ (5) دينار، والجدول أدناه يبين التغير الصافي على تكلفة نقل الوحدة واحدة إلى الخلايا الغير مشغولة حسب خط السير المرسوم لها.

المجموع	السلط	صويلح	عمان	المخازن / المصانع
800	5 (5+)	2 · 200	8 · 600	المفرق
600	3 (5+)	4 (4+)	6 · 600	جرش
1000	1 · 700	3 · 300	2 (7-)	عجلون
2400	700	500	1200	المجموع

استعراض شغل الخلايا الفارغة أعلاه يبين لنا تكاليف النقل الكلية ممكن تخفيضها من خلال شغل الخلية (عجلون، عمان)، حيث أن النقل إلى هذه الخلية يترتب عليه خفض تكاليف النقل للوحدة الواحدة بمبلغ (7) دينار.

تحديد الكمية التي ستنقل إلى الخلية (عجلون، عمان) يتم على أساس أقل مقدار في الخلايا التي ينقل منها في خط السير الخاص بتلك الخلية وهي الخلايا التي تكون علاماتها سالبة في خط السير المرسوم. ومن خلال الاطلاع على الخلايا التي يمكن النقل منها إلى الخلية (عجلون، عمان) نجد أنه يمكن نقل من الخلية (عجلون، عمان) بمقدار (300) وحدة، ومن الخلية (المفرق، عمان) بمقدار (600) وحدة، وحفاظا على توازن الاعمدة والصفوف في جدول النقل نأخذ أقل الكميتين وهي (300) وحدة.

ووفقا لذلك نجد أن الخلية (عجلون، صويلح) ستخفض بمقدار (300) وحدة، والخلية (المفرق، صويلح) تزداد بمقدار (300) وحدة، والخلية (المفرق، عمان) تنخفض بمقدار (300) وحدة، والخلية (عجلون، عمان) تزداد بمقدار (300) وحدة.

ويكون عدد الوحدات في الخلايا التي تأثرت بعملية النقل إلى الخلية (عجلون، عمان)، وفقا لخط السير السابق تحديده لهذه الخلية كما يلي:

من الخلية (عجلون، صويلح) = 300 – 300 = صفر (فارغة).

إلى الخلية (المفرق، صويلح) = 200 + 300 = 500 وحدة.
من الخلية (المفرق،عمان) = 600 - 300 = 300 وحدة
إلى الخلية (عجلون، عمان) = صفر + 300 = 300 وحدة.

وبما أن كل وحدة تنقل إلى الخلية (عجلون، عمان) يترتب عليها تخفيض التكلفة بمقدار (7) دينار، والوحدات التي سيتم نقلها إلى تلك الخلية (300) وحدة فإن تكاليف النقل الكلية سوف تنخفض بمقدار (2100) دينار (7×300).

وبناء على عملية التعديل أعلاه يكون جدول النقل المعدل الثالث كما يلي:

المخازن / المصانع	عمان	صويلح	السلط	المجموع
المفرق	8 300	2 500	5	800
جرش	6 600	4	3	600
عجلون	2 300	3	1 700	1000
المجموع	1200	500	700	2400

والآن نحسب تكلفة النقل الكلية المعدلة لجدول النقل أعلاه كما يلي:
(8×300) + (6×600) + (2× 300) + (2×500) + (1×700) = 8300 دينار.

أو يمكن أن نحسب الكلفة الكلية المعدلة بالشكل التالي:
كلفة النقل الكلية المعدلة = 10400 - (7×300) = 8300دينار.

اختبار مثالية جدول النقل المعدل الثالث:

يتم اختبار مثاليـة جـدول النقل الثالـث السـابق بتطبيـق نفس القواعـد السابقة والتي ستبين أثر أشغال الخلايا الفارغة على تكاليف النقل الكلية وفقـا لمـا يلي:

الخلية (جرش، صويلح):

خط السير: من الخلية (جـرش، عـمان) إلى الخليـة (المفـرق، عـمان) ومـن الخلية (المفرق، صويلح) إلى الخلية (جرش، صويلح).

التغير في التكلفة تحسب كما يلي:

الأثر على التكلفة	التغير في النقل
6-	تخفيض وحدة واحدة من الخلية (جرش، عمان)
8+	إضافة وحدة واحدة إلى الخلية (المفرق، عمان)
2-	تخفيض وحدة واحدة من الخلية (المفرق، صويلح)
4+	إضافة وحدة واحدة إلى الخلية (جرش، صويلح)
4+	التغير الصافي

الخلية (عجلون، صويلح):

خط السير: من الخلية (عجلون، عمان) إلى الخليـة (المفـرق، عـمان)، ومـن الخلية (المفرق، صويلح) إلى الخلية (عجلون، صويلح).

التغير في التكلفة تحسب كما يلي:

الأثر على التكلفة	التغير في النقل
2-	تخفيض وحدة واحدة من الخلية (عجلون، عمان)
8+	إضافة وحدة واحدة إلى الخلية (المفرق، عمان)
2-	تخفيض وحدة واحدة من الخلية (المفرق، صويلح)
3+	إضافة وحدة واحدة إلى الخلية (عجلون، صويلح)
7+	التغير الصافي

الخلية (المفرق، السلط):

خط السير: من الخلية (المفرق، عمان) إلى الخليـة (عجلـون، عـمان)، ومـن الخلية (عجلون، السلط) إلى الخلية (المفرق، السلط).

التغير في التكلفة تحسب كما يلي:

الأثر على التكلفة	التغير في النقل
8-	تخفيض وحدة واحدة من الخلية (المفرق، عمان)
2+	إضافة وحدة واحدة إلى الخلية (عجلون، عمان)
1-	تخفيض وحدة واحدة من الخلية (عجلون، السلط)
5+	إضافة وحدة واحدة إلى الخلية (المفرق، السلط)
2-	التغير الصافي

الخلية (جرش، السلط):

خط السير: من الخلية (جرش، عـمان) إلى الخليـة (عجلـون، عـمان)، ومـن الخلية (عجلون، السلط) إلى الخلية (جرش، السلط).

التغير في التكلفة تحسب كما يلي:

الأثر على التكلفة	التغير في النقل
6-	تخفيض وحدة واحدة من الخلية (جرش، عمان)
2+	إضافة وحدة واحدة إلى الخلية (عجلون، عمان)
1-	تخفيض وحدة واحدة من الخلية (عجلون، السلط)
3+	إضافة وحدة واحدة إلى الخلية (جرش، السلط)
2-	التغير الصافي

والجدول أدناه يبين التغير الصافي على تكلفة النقل للوحدة الواحدة للخلايا الغير مشغولة حسب خط السير المرسوم لها.

المخازن / المصانع	عمان	صويلح	السلط	المجموع
المفرق	8 / 300	2 / 500	5 / (2-)	800
جرش	6 / 600	4 / (4+)	3 / (2-)	600
عجلون	2 / 300	3 / (7+)	1 / 700	1000
المجموع	1200	500	700	2400

ومن خلال استعراض إشغال الخلايا الفارغة بالجدول أعلاه يتبين أن هناك إمكانية لتخفيض تكاليف النقل الكلية من خلال إشغال أي من الخليتين (المفرق، السلط) أو (جرش، السلط)، حيث أن تكاليف النقل للوحدة الواحدة ستنخفض بمقدار (2) دينار. وفي هذه الحالة يتم اختيار الخلية التي تكون الكميات المرافقة للخلايا المصاحبة لكلمة (من) في خط سيرها كبيرة. وبناء على ذلك فإننا نختار الخلية (جرش، السلط) ويتم تحديد الكمية التي ستنقل إلى هذه الخلية على أساس أقل مقدار في الخلايا التي ينقل منها في خط السير الخاص بتلك الخلية وهي الخلايا التي تكون علاماتها سالبة في خط السير المرسوم. ومن خلال الاطلاع على الخلايا التي يمكن النقل منها إلى الخلية (جرش، السلط) يمكن نقل (600) وحدة من الخلية (جرش، عمان) و (700) وحدة من الخلية (عجلون، السلط)، وحفاظا على توازن الصفوف والأعمدة في جدول النقل نأخذ أقل الكميتين وهي (600) وحدة، ووفقا لذلك نجد أن الخلية (جرش، عمان) ستنخفض بمقدار (600) وحدة والخلية (عجلون عمان) ستزداد بمقدار (600) وحدة، والخلية (عجلون، السلط) ستنخفض بمقدار (600) وحدة والخلية (جرش، السلط) ستزداد بمقدار (600) وحدة.

ويكون عدد الوحدات في الخلايا التي تأثرت بعملية النقل إلى الخلية (جرش، السلط) وفقا إلى خط السير الذي تم تحديده إلى هذه الخلية كما يلي:

من الخلية (جرش، عمان) = 600 – 600 = صفر (فارغة)
إلى الخلية (عجلون، عمان) = 300 + 600 = 900 وحدة.
من الخلية (عجلون، السلط) = 700 – 600 = 100 وحدة
إلى الخلية (جرش، السلط) = صفر + 600 = 600 وحدة

وبما أن كل وحدة تنقل إلى الخلية (جرش، السلط) يترتب عليها خفض التكلفة بمقدار (2) دينار، والوحدات التي سيتم نقلها إلى تلك الخلية (600) وحدة فإن تكاليف النقل الكلية سوف تنخفض بمقدار (1200) دينار (600×2).

ووفقا إلى عملية التعديل أعلاه يكون جدول النقل المعدل الرابع كما يلي:

المخازن / المصانع	عمان	صويلح	السلط	المجموع
المفرق	[8] 300	[2] 500	[5]	800
جرش	[6]	[4]	[3] 600	600
عجلون	[2] 900	[3]	[1] 100	1000
المجموع	1200	500	700	2400

والآن نحسب تكلفة النقل الكلية المعدلة وفقا إلى أي من الطريقين التاليتين:

التكلفة الكلية للنقل =(8×300)+(2×900)+(2×500)+(1×100)+(3×600) = 7100دينار.

او تحسب تكلفة النقل الكلية المعدلة بالشكل التالي:

تكلفة النقل الكلية = 8300 – 1200 = 7100 دينار.

اختبار مثالية جدول النقل المعدل الرابع:

نقوم الان باختبار مثالية جدول النقل الرابع السابق من خلال تطبيق نفس القواعد السابقة والتي تبين أثر أشغال الخلايا الفارغة على تكاليف النقل الكلية وفقا لما يلي:

الخلية (جرش، عمان):

خط السير: من الخلية (جرش، السلط) إلى الخلية (عجلون، السلط)، ومن الخلية (عجلون، عمان) إلى الخلية (جرش، عمان).

التغير في التكلفة تحسب كما يلي:

الأثر على التكلفة	التغير في النقل
3-	تخفيض وحدة واحدة من الخلية (جرش، السلط)
1+	إضافة وحدة واحدة إلى الخلية (عجلون، السلط)
2-	تخفيض وحدة واحدة من الخلية (عجلون، عمان)
6+	إضافة وحدة واحدة إلى الخلية (جرش، عمان)
2+	التغير الصافي

الخلية (جرش، صويلح):

خط السير: من الخلية (جرش، السلط) إلى الخلية (عجلون، السلط)، ومن الخلية (عجلون، عمان) إلى الخلية (المفرق، عمان) ومن الخلية (المفرق، صويلح) إلى الخلية (جرش، صويلح).

التغير في التكلفة تحسب كما يلي:

الاثر على التكلفة	التغير في النقل
-3	تخفيض وحدة واحدة من الخلية (جرش، السلط)
+1	إضافة وحدة واحدة إلى الخلية (عجلون، السلط)
-2	تخفيض وحدة واحدة من الخلية (عجلون، عمان)
+8	إضافة وحدة واحدة إلى الخلية (المفرق، عمان)
-2	تخفيض وحدة واحدة من الخلية (المفرق، صويلح)
+4	إضافة وحدة واحدة إلى الخلية (جرش، صويلح)
+6	التغير الصافي

الخلية (عجلون، صويلح):

خط السير: من الخلية (عجلون، عمان) إلى الخلية (المفرق، عمان)، ومن الخلية (المفرق، صويلح) إلى الخلية (عجلون، صويلح).

التغير في التكلفة تحسب كما يلي:

الأثر على التكلفة	التغير في النقل
-2	تخفيض وحدة واحدة من الخلية (عجلون، عمان)
+8	إضافة وحدة واحدة إلى الخلية (المفرق، عمان)
-2	تخفيض وحدة واحدة من الخلية (المفرق، صويلح)
+3	إضافة وحدة واحدة إلى الخلية (عجلون صويلح)
+7	التغير الصافي

الخلية (المفرق، السلط):

خط السير من الخلية (المفرق، عمان) إلى الخلية (عجلون، عمان) ومن الخلية (عجلون، السلط) إلى الخلية (المفرق، السلط).

التغير في التكلفة تحسب كما يلي:

الأثر على التكلفة	التغير في النقل
-8	تخفيض وحدة واحدة من الخلية (المفرق، عمان)
2+	إضافة وحدة واحدة إلى الخلية (عجلون، عمان)
1-	تخفيض وحدة واحدة من الخلية (عجلون، السلط)
5+	إضافة وحدة واحدة إلى الخلية (المفرق، السلط)
2-	التغير الصافي

والجدول أدناه يبين التغير الصافي على تكلفة النقل للوحدة الواحدة إلى الخلايا الغير مشغولة حسب خط السير المرسوم لها.

المخازن / المصانع	عمان	صويلح	السلط	المجموع
المفرق	8 300	2 500	5 (2-)	800
جرش	6 (2+)	4 (6+)	3 600	600
عجلون	2 900	3 (7+)	1 100	1000
المجموع	1200	500	700	2400

ومن خلال استعراض شغل الخلايا الفارغة في الجدول أعلاه يتضح بأن هناك إمكانية لتقليص تكاليف النقل الكلية من خلال أشغال الخلية (المفرق، السلط) حيث أن تكاليف النقل للوحدة الواحدة ستنخفض بمقدار (2) دينار.

تحدد الكمية التي تنقل إلى هذه الخلية على أساس أقل مقدار في الخلايا التي ينقل منها في خط السير الخاص بتلك الخلية وهي الخلايا التي تكون علاماتها سالبة في خط السير المرسوم. ومن خلال الاطلاع على الخلايا التي يمكن النقل منها إلى الخلية (المفرق، السلط)، يمكن نقل (300) وحدة من الخلية (المفرق، عمان) و (100) وحدة من الخلية (عجلون، السلط). وحفاظا على توازن الأعمدة والصفوف في جدول النقل نأخذ أقل الكميتين وهي (100) وحدة. وبناء على ذلك نجد أن الخلية (المفرق، عمان) ستخفض بمقدار (100) وحدة والخلية (عجلون، عمان) ستزداد بمقدار (100) وحدة، والخلية (عجلون، السلط) ستخفض بمقدار (100) وحدة والخلية (المفرق، السلط) ستزداد بمقدار (100) وحدة.

ويكون عدد الوحدات في الخلايا التي تأثرت بعملية النقل إلى الخلية (المفرق، السلط) وفقا إلى خط السير الذي تم تحديده لهذه الخلية كما يلي:

من الخلية (المفرق، عمان) = 300 – 100 = 200 وحدة
إلى الخلية (عجلون، عمان) = 900 + 100 = 1000 وحدة.
من الخلية (عجلون، السلط) = 100 – 100 = صفر (فارغة)
إلى الخلية (المفرق، السلط) = صفر + 100 = 100 وحدة

وبما أن كل وحدة تنقل إلى الخلية (المفرق، السلط) يترتب عليها خفض التكلفة بمقدار (2) دينار والوحدات التي سيتم نقلها إلى تلك الخلية (100) وحدة فإن تكاليف النقل الكلية سوف تنخفض بمقدار (200) دينار (100×2).

ووفقا إلى عملية التعديل أعلاه يكون جدول النقل المعدل الخامس كما يلي:

المخازن / المصانع	عمان	صويلح	السلط	المجموع
المفرق	8 200	2 500	5 100	800
جرش	6	4	3 600	600
عجلون	2 1000	3	1 1	1000
المجموع	1200	500	700	2400

ويتم احتساب تكلفة النقل الكلية المعدلة وفقا إلى أي من الطريقتين التاليتين هما:

التكلفة الكلية المعدلة للنقل=(200×8)+(1000×2)+(500×2)+(100×5)+ (600×3)

= 6900 دينار

أو يمكن حساب تكلفة النقل الكلية بالطريقة التالية:

تكلفة النقل الكلية = 7100 − 200 = 6900 دينار

اختبار مثالية جدول النقل المعدل الخامس:

والآن يتم اختبار مثالية جدول النقل الخامس باعتماد نفس القواعد السابقة لأشغال الخلايا الفارغة والتعرف على إمكانية تخفيض تكاليف النقل الكلية.

الخلية (جرش، عمان):

خط السير: من الخلية (جرش، السلط) إلى الخلية (المفرق، السلط) ومن الخلية (المفرق، عمان) إلى الخلية (جرش، عمان).

التغير في التكلفة تحسب كما يلي:

التغير في النقل	الأثر على التكلفة
تخفيض وحدة واحدة من الخلية (جرش، السلط)	-3
إضافة وحدة واحدة إلى الخلية (المفرق، السلط)	5+
تخفيض وحدة واحدة من الخلية (المفرق، عمان)	-8
إضافة وحدة واحدة إلى الخلية (جرش، السلط)	6+
التغير الصافي	صفر

الخلية (جرش، صويلح):

خط السير: من الخلية (جرش، السلط) إلى الخلية (المفرق، السلط) ومن الخلية (المفرق، صويلح) إلى الخلية (جرش، صويلح).

التغير في التكلفة تحسب كما يلي:

التغير في النقل	الأثر على التكلفة
تخفيض وحدة واحدة من الخلية (جرش، السلط)	-3
إضافة وحدة واحدة إلى الخلية (المفرق، السلط)	5+
تخفيض وحدة واحدة من الخلية (المفرق، صويلح)	-2
إضافة وحدة واحدة إلى الخلية (جرش، صويلح)	4+
التغير الصافي	4+

الخلية (عجلون صويلح):

خط السير: من الخلية (عجلون، عمان) إلى الخلية (المفرق، عمان)، ومن الخلية (المفرق، صويلح) إلى الخلية (عجلون، صويلح).

التغير في التكلفة تحسب كما يلي:

الأثر على التكلفة	التغير في النقل
2-	تخفيض وحدة واحدة من الخلية (عجلون، عمان)
8+	إضافة وحدة واحدة إلى الخلية (المفرق، عمان)
2-	تخفيض وحدة واحدة من الخلية (المفرق، صويلح)
3+	إضافة وحدة واحدة إلى الخلية (عجلون، صويلح)
7+	التغير الصافي

الخلية (عجلون، السلط):

خط السير: من الخلية (عجلون، عمان) إلى الخلية (المفرق، عمان)، من الخلية (المفرق، السلط) إلى الخلية (عجلون، السلط).

التغير في التكلفة تحسب كما يلي:

الأثر على التكلفة	التغير في النقل
2-	تخفيض وحدة واحدة من الخلية (عجلون، عمان)
8+	إضافة وحدة واحدة إلى الخلية (المفرق، عمان)
5-	تخفيض وحدة واحدة من الخلية (المفرق، السلط)
1+	إضافة وحدة واحدة إلى الخلية (عجلون، السلط)
2+	التغير الصافي

ونلاحظ من خلال الاستعراض أعلاه لأثر أشغال الخلايا الفارغة عـلى تكـاليف النقل لا توجد إمكانية لتحسين الحل وذلك لأن أشغال أي خلية فارغـة سيترتب عليه زيادة تكاليف النقل الكلية وبناء على ذلك يكون جدول النقل الخـامس هـو جدول الحل الأمثل الذي يترتب عليه حساب تكاليف النقل الكلية الأقل مـا يمكن وهي (6900) دينار.

ثانيا: طريقة التوزيع المعدلة Modified Distribution Method

تعتمد طريقة التوزيع المعدلة لاختبار الحل الأولي الذي تـم التوصـل إليـه بإحدى طريق النقل (طريقة الركن الشمالي الشرقي، طريقة الكلفة الدنيا، وطريقـة فوجل التقريبية)، لغرض التوصل إلى الحل الأمثل.

وتتلخص خطوات طريقة التوزيع المعدلة لاختبار مثالية الحل الأولي كمـا يلي:

1- تحديد مفتاح خاص للصفوف والأعمدة في جـدول النقل ولنفرض أن مفتاح الصفوف هـو ع س، (حيـث أن س = 1، 2، 3 ..... ن) أمـا مفتـاح الأعمـدة فسيكون ك ص، (حيث أن ص = 1، 2، 3......ن)، وخلايا الأعمدة والصفوف تمثل بالأرقام مع المفتاح الخاص بها، ومن ثم يتم عمل معادلات بواقع معادلـة لكل خلية مشغولة في جدول النقل، تعد كل معادلة على اساس العلاقة التالية:

$$ع\ س + ك\ ص = ت\ ع\ ك$$

حيث أن:

ع س = المتغير الخاص بخلايا الصفوف (س)

ك ص = المتغير الخاص بخلايا الأعمدة (ص).

ت ع ك = تكلفة نقل الوحدة من المصنع (ع) إلى المخزن ك .

2- يتم حل المعادلات الخاصة بالخلايا المشغولة والتي سـبق ذكرهـا في الفقـرة (1) بافتراض أن أحد المتغيرات يساوي صفر، ثم يضاف عمود جديد لجـدول النقـل توضع فيه قيم المتغيرات (ع)، وصف جديد توضع به قيم المتغيرات (ك).

3- تقييم الخلايا الغير مشغولة في جدول النقل طبقا للمعادلة التالية:

223

رقم التقييم للخلية الفارغة = ت ع ك – ع س – ك ص.

4- بعد التعرف على آثار شغل الخلايا الفارغة على التكاليف نقوم بنقل الكميات من الخلايا المشغولة إلى الخلايا الفارغة التي تحتوي على أرقام تقييم سالبة طبقا لما هو متبع في طريقة الوطئ على الحجر.

5- بعد كل عملية تعديل (تحويل) على جدول النقل يجب إعادة احتساب قيم المفاتيح للأعمدة والصفوف، وعندما تصبح جميع أرقام التقييم موجبة حينذاك نكون قد توصلنا إلى الحل الأمثل.

ولغرض توضيح استخدام طريقة التوزيع المعدل نقوم بعمل اختبار المثالية لجدول النقل الأول (الحل المبدئي) الذي توصلنا إليه بطريقة الركن الشمالي الشرقي والذي تتخذ الشكل التالي:

المجموع	السلط	صويلح	عمان	المخازن \ المصانع
800	5	2	8 800	المفرق
600	3	4 200	6 400	جرش
1000	1 700	3 300	2	عجلون
2400	700	500	1200	المجموع

من جدول النقل أعلاه يتضح لنا بأن هناك خمسة خلايا مشغولة فقط هي الخلايـا (المفـرق، عـمان)، (جـرش، عـمان) (جـرش، صـويلح)، (عجلون، صـويلح)، (عجلون، السلط). لذلك تكون المعادلات التالية لتلك الخلايا على التوالي:

الخلية (المفرق، عمان) = $ع_1$ + $ك_1$ = 8 .... (1)

الخلية (جرش، عمان) = $ع_2$ + $ك_1$ = 6 .... (2)

الخلية (جرش، صويلح) = $ع_2$ + $ك_2$ = 4 .... (3)

الخلية (عجلون، صويلح) = $ع_3$ + $ك_2$ = 3 .... (4)

الخلية (عجلون، السلط) = $ع_3$ + $ك_3$ = 1 .... (5)

ولحل المعادلات أعلاه نفرض أن قيمة متغير متكرر وليكن ($ك_1$) تساوي صفر ووفقا لذلك نجد أن:

$ع_1$ + صفر = 8، إذن $ع_1$ = 8

$ع_2$ + صفر = 6، إذن $ع_2$ = 6

$ع_2$ + $ك_2$ = 4

6 + $ك_2$ = 4

إذن $ك_2$ = 2-

ع3 + ك2 = 3

ع3 + (-2) = 3

ع3 - 2 = 3

إذن ع3 = 3 + 2 = 5

ع3 + ك3 = 1

5 + ك3 = 1

إذن ك 3 = 1 - 5 = -4

وبعد ذلك نضع قيم (ع) في العمود الجديد وقيم (ك) في الصف الجديد ويكون شكل جدول النقل كما مبين أدناه:

		ك1=صفر	ك2=-2	ك3=-4	
	المخازن / المصانع	عمان	صويلح	السلط	المجموع
ع1=8	المفرق	8 800	2	5	800
ع2=6	جرش	6 400	4 200	3	600
ع3=5	عجلون	2	3 300	1 700	1000
	المجموع	1200	500	700	2400

والآن يتم تقييم الخلايا الغير مشغولة (الفارغة) في جدول النقل أعلاه وبالشكل التالي:

الخلية (المفرق، صويلح) = 2-8-(-2) = -4

الخلية (المفرق، السلط) = 5- 8 – (-4) = 1

الخلية (جرش، السلط) = 3-6-(-4) = 1

الخلية (عجلون، عمان) = 2-5- صفر = 3

يتضح من النتائج أعلاه بأنها مطابقة لنتائج تقييم جدول النقل الأولي باستخدام طريقة الوطئ على الحجر.

والآن نعمل جدول نقل جديد لأشغال الخلية (المفرق، صويلح) باعتبارها صاحبة أكبر رقم تقييم سالب مطلق حيث أن أشغالها ينتج عنه خفض التكاليف بشكل أكبر مقارنة مع الخلية ذات الرقم السالب وهي خلية (عجلون، عمان) ويتم أشغال الخلية (المفرق، صويلح) طبقا لما سبق شرحه في طريقة الوطئ على الحجر وبعدها نقوم باختبار المثالية للجدول الجديد بطريقة التوزيع المعدلة وبنفس الخطوات السابق ذكرها وكما مبين أدناه:

المخازن / المصانع	عمان	صويلح	السلط	المجموع
المفرق	8 600	2 200	5	800
جرش	6 600	4	3	600
عجلون	2	3 300	1 700	1000
المجموع	1200	500	700	2400

في هذه المرحلة نعيد احتساب قيم المتغيرات (ع) و (ك) من خلال معادلات الخلايا المشغولة والمبينة في الجدول أعلاه وهي:

الخلية (المفرق، عمان) = ع1 + ك1 = 8 .... (1)

الخلية (المفرق، صويلح) = ع1 + ك2 = 2 .... (2)

الخلية (جرش، عمان) = ع2 + ك1 = 6 .... (3)

الخلية (عجلون، صويلح) = ع3 + ك2 = 3 .... (4)

الخلية (عجلون، السلط) = ع3 + ك3 = 1 .... (5)

ولحل المعادلات أعلاه نفرض أن قيمة متغير متكرر وليكن (ع1) تساوي صفر، ووفقا لذلك نجد أن:

ع1 + ك1 = 8

صفر + ك1 = 8

إذن ك1 = 8

ع1 + ك2 = 2

صفر + ك2 = 2

إذن ك2 = 2

ع2 + ك1 = 6

ع2 + 8 = 6

إذن ع2 = 6 – 8 = -2

ع3 + ك2 = 3

ع3 + 2 = 3

إذن ع3 = 1

ع3 + ك3 = 1

1 + ك3 = 1

ك3 = صفر

وبعد ذلك نضع قيم (ع) في العمود الجديد وقيم (ك) في الصف الجديد ويكون شكل جدول النقل الجديد كما مبين أدناه:

228

	المخازن / المصانع	عمان	صويلح	السلط	المجموع
		ك1=8	ك2=2	ك3=صفر	
ع1=صفر	المفرق	[8] 600	[2] 200	[5]	800
ع2=-2	جرش	[6] 600	[4]	[3]	600
ع3=1	عجلون	[2]	[3] 300	[1] 700	1000
	المجموع	1200	500	700	2400

والآن يتم تقييم الخلايا الغير مشغولة في جدول النقل الثاني وبالشكل الآتي:

الخلية (المفرق، السلط) = 5 – صفر – صفر = 5

الخلية (جرش، صويلح) = 4 – (-2) – 2 = 4

الخلية (جرش، السلط) = 3 – (-2) – صفر = 5

الخلية (عجلون، عمان) = 2 – 1 – 8 = -7

والآن يتم عمل جدول نقل جديد لأشغال الخلية (عجلون، عمان) حيث أظهرت أثر سلبي في عملية الاحتساب أعلاه وهذا الأثر السلبي يترتب عليه تخفيض تكاليف النقل الكلية عند أشغال هذه الخلية ويكون جدول النقل الثالث كما يلي:

المخازن / المصانع	عمان	صويلح	السلط	المجموع
المفرق	8 / 300	2 / 500	5	800
جرش	6 / 600	4	3	600
عجلون	2 / 300	3	1 / 700	1000
المجموع	1200	500	700	2400

يعاد احتساب قيم المتغيرات (ع)، (ك) من خلال تكوين معـادلات الخلايا المشغولة والمبينة في الجدول السابق وهي:

الخلية (المفرق، عمان) = ع1 + ك1 = 8 .... (1)

الخلية (المفرق، صويلح) = ع1 + ك2 = 2 .... (2)

الخلية (جرش، عمان) = ع2 + ك1 = 6 .... (3)

الخلية (عجلون، عمان) = ع3 + ك1 = 2 .... (4)

الخلية (عجلون، السلط) = ع3 + ك3 = 1 .... (5)

ولحل المعادلات أعـلاه نفـرض بـأن احد المتغيـرات المتكـررة وليكـن (ع1) مساويا إلى الصفر وفقا لذلك نجد أن:

ع1 + ك1 = 8

صفر + ك1 = 8

إذن ك1 = 8

ع1 + ك2 = 2

صفر + ك2 = 2

إذن ك2 = 2

230

ع2 + ك1 = 6

ع2 + 8 = 6

إذن ع2 = 6 – 8 = -2

ع3 + ك1 = 2

ع3 + 8 = 2

إذن ع3 = 2 – 8 = -6

ع3 + ك3 = 1

-6 + ك3 = 1

إذن ك3 = 1 + 6 = 7

وبعد ذلك نضع قيم (ع) في العمود الجديد وقيم (ك) في الصف الجديد كما مبين في جدول النقل أدناه:

		ك1=8	ك2=2	ك3=7	
	المخازن / المصانع	عمان	صويلح	السلط	المجموع
ع1=صفر	المفرق	8 300	2 500	5	800
ع2=-2	جرش	6 600	4	3	600
ع3=-6	عجلون	2 300	3	1 700	1000
	المجموع	1200	500	700	2400

والآن يتم تقييم الخلايا الغير مشغولة في جدول النقل الثالث وبالشكل التالي:

الخلية (جرش، صويلح) = 4 – (-2) -2 = 4

الخلية (عجلون، صويلح) = 3-(-6)-2 = +7

الخلية (المفرق، السلط) = 5 – صفر – 7 = -2

الخلية (جرش، السلط) = 3 – (-2) – 7 = -2

والآن نقوم بعمل جدول نقل جديد وذلك لإشغال إحدى الخليتين، الخلية (المفرق، السلط) أو الخلية (جرش، السلط) حيث أنهما أظهرا رقما سالبا وهذا يدل على أن اشغال أي من هاتين الخليتين سيؤدي إلى انخفاض تكاليف نقل الوحدة بمقدار (2) دينار، ولكي تحقق اكبر تخفيض ممكن في تكاليف النقل الكلية يجب اختيار الخلية صاحبة أكبر كميات مرافقة للخلايا المصاحبة لكلمة (من) في خط سيرها. وبناء على ذلك نشغل الخلية (جرش، السلط) ويكون جدول النقل الرابع كما يلي:

المخازن / المصانع	عمان	صويلح	السلط	المجموع
المفرق	8 300	2 500	5 100	800
جرش	6	4	3 600	600
عجلون	2 900	3	1	1000
المجموع	1200	500	700	2400

نعيد احتساب قيم المتغيرات (ع)، (ك) من معادلات الخلايا المشغولة والمبينة في الجدول أعلاه وهي:

الخلية (المفرق، عمان) = ع1 + ك1 = 8 .... (1)

الخلية (عجلون، عمان) = ع3 + ك1 = 2 .... (2)

الخلية (المفرق، صويلح) = ع1 + ك1 = 2 .... (3)

الخلية (جرش، السلط) = ع2 + ك3 = 3 .... (4)

الخلية (عجلون، السلط) = ع3 + ك3 = 1 .... (5)

ومن أجل حل المعادلات أعلاه نفرض أحـد المتغـيرات المتكـررة مسـاويا إلى الصفر وليكن (ك1) وبالشكل الآتي:

ع1 + ك1 = 8

ع1 + صفر = 8

إذن ع1 = 8

ع3 + ك2 = 2

ع3 + صفر = 2

إذن ع3 = 2

ع1 + ك2 = 2

8 + ك2 = 2

إذن ك2 = 6-

ع2 + ك3 = 3

ع2 + (1-) = 3

إذن ع2 = 4

ع3 + ك3 = 1

2 + ك3 = 1

إذن ك3 = 1-

والآن نضع قيم المتغير (ع) في العمود الجديد وقيم المتغـير (ك) في الصـف الجديد كما مبين في جدول النقل الآتي:

		ك1=صفر	ك2=-6	ك3=-1	
	المخازن / المصانع	عمان	صويلح	السلط	المجموع
ع1=8	المفرق	8 300	2 500	5	800
ع2=4	جرش	6	4	3 600	600
ع3=2	عجلون	2 900	3	1 100	1000
	المجموع	1200	500	700	2400

والآن نقوم بتقييم الخلايا الغير مشغولة والمبينة في جدول النقل أعلاه وبالشكل التالي:

الخلية (جرش، عمان) = 6 - 4 - صفر = +2

الخلية (جرش، صويلح) = 4 -4 - (-6) = +6

الخلية (عجلون، صويلح) = 3 - 2 - (-6) = +7

الخلية (المفرق، السلط) = 5 - 8 - (-1) = -2

والآن نقوم بإعداد جدول نقل جديد لأشغال الخلية (المفرق، السلط) حيث يدلل رقمها السالب بأن كلفة نقل الوحدة لها ستنخفض بمقدار (2) دينار ويكون جدول النقل الخامس كما يلي:

المصانع \ المخازن	عمان	صويلح	السلط	المجموع
المفرق	[8] 200	[2] 500	[5] 100	800
جرش	[6]	[4]	[3] 600	600
عجلون	[2] 1000	[3]	[1]	1000
المجموع	1200	500	700	2400

نعيد احتساب قيم المتغيرات (ع)، (ك) من خلال معادلات الخلايا المشغولة والمبينة في جدول النقل أعلاه وبالشكل التالي:

الخلية (المفرق، عمان) = ع1 + ك1 = 8 .... (1)

الخلية (عجلون، عمان) = ع3 + ك1 = 2 .... (2)

الخلية (المفرق، صويلح) = ع1 + ك2 = 2 .... (3)

الخلية (المفرق، السلط) = ع1 + ك3 = 5 .... (4)

الخلية (جرش، السلط) = ع2 + ك3 = 3 .... (5)

لكي نحل المعادلات أعلاه نفترض أحد المتغيرات المتكررة مساويا إلى الصفر وليكن (ك1) ويكون الحل كما يلي:

ع1 + ك1 = 8

ع1 + صفر = 8

إذن ع1 = 8

ع3 + ك1 = 2

ع3 + صفر = 2

إذن ع3 = 2

ع1 + ك2 = 2

8 + ك2 = 2

إذن ك2 = -6

ع1 + ك3 = 5

8 + ك3 = 5

إذن ك3 = -3

ع2+ك3 = 3

ع2 + (-3) = 3

إذن ع2 = 6

والآن نضع قيم المتغير (ع) في العمود الجديد وقيم المتغير (ك) في الصف الجديد كما مبين في الجدول أدناه:

		ك1=صفر	ك2=-6	ك3=-3	
	المخازن / المصانع	عمان	صويلح	السلط	المجموع
ع1=8	المفرق	[8] 200	[2] 500	[5] 100	800
ع2=6	جرش	[6]	[4]	[3] 600	600
ع3=2	عجلون	[2] 1000	[3]	[1]	1000
	المجموع	1200	500	700	2400

والآن نقوم بتقييم الخلايا الغير مشغولة والمبينة في جدول النقل السابق وبالشكل التالي:

الخلية (جرش، عمان) = 6- 6 – صفر = صفر.

الخلية (جرش، صويلح) = 4 – 6 – (6-) = 4

الخلية (عجلون، صويلح) = 3 – 2 – (6-) = 7

الخلية (عجلون، السلط) = 1-2-(3-) = 2

نلاحظ من النتائج أعلاه أن جميع أرقام التقييم موجبة وهذا يعني عدم إمكانية تخفيض تكاليف نقل الوحدة الواحدة من خلال أشغال الخلايا الفارغة لذا فإن جدول النقل الخامس يعتبر التوزيع الأفضل للكميات المنقولة وتعيد رسمه أدناه من اجل احتساب تكلفة النقل الكلية والتي تمثل الحل الأمثل وبالشكل التالي:

المخازن / المصانع	عمان	صويلح	السلط	المجموع
المفرق	8 200	2 500	5 100	800
جرش	6	4	3 600	600
عجلون	2 1000	3	1	1000
المجموع	1200	500	700	2400

كلفة النقل الكلية = (8×200)+(2×1000)+(2×500)+(5×100)+(3×600)=6900دينار

ويمكن ملاحظة أن تكلفة النقل الكلية والبالغة (6900) دينار والتي توصلنا إليها أعلاه (وفق طريقة التوزيع المعدلة) تعتبر الحل الأمثل، وهي نفس الحل الذي توصلنا إليه بموجب طريقة الوطئ على الحجر السابقة الذكر.

وأخيرا يمكن القول أن طريقه الوطئ على الحجر وطريقة التوزيع المعدلة يمثلان وجهان لعملة واحدة حيث أن طريقة الوطئ على الحجر تمثل النموذج الأصلي في حين ان طريقة التوزيع المعدلة تمثل النموذج الثنائي لنفس المشكلة.

حالات خاصة بنموذج النقل:

والآن نناقش كيفية التعامل مع بعض الحالات الخاصة في مشكلة النقل ومنها:

1- حالات عدم تساوي الطلب الكلي مع العرض الكلي.

2- مشكلة الحل المنتكس (الدورانية) Degeneracy .

أولا: حالة عدم تساوي الطلب الكلي مع العرض الكلي:

تحدث هذه الحالة عندما تكون طاقة المخازن الإجمالية اكبر من اجمالي طاقة المصانع، وتستطيع معالجة هذه الحالة من خلال عمل مصنع وهي (Dummy Plant)، ويخصص له مقدار الزيادة في الطلب، وتكون تكلفة النقل من هذا المصنع الوهمي إلى المخازن المختلفة (صفر) وذلك باعتباره مصنعا وهميا لا وجود له في الواقع، فإذا افترضنا للإيضاح أن اجمالي طاقة المصانع 10000 وحدة وإجمالي طاقة المخازن (12000) وحدة تستلزم في هذه الحالة إنشاء مصنع وهمي طاقته (2000) وحدة، وتكون تكلفة نقل الوحدة في خلايا ذلك المصنع (صفر).

أما في حالة كون إجمالي طاقة المصانع اكبر من إجمالي احتياجات المخازن فحينئذ يستلزم إنشاء مخزن وهمي (Dummy Store) وبطاقة إستيعابية تعادل مقدار الزيادة في طاقة المصانع فإذا افترضنا بأن إجمالي طاقة المصانع (10000) وحدة وإن إجمالي طاقة المخازن (8000) وحدة عندئذ يستلزم عمل مخزن وهمي بطاقة (2000) وحدة، وتكون تكلفة النقل في خلايا ذلك المخزن الوهمي (صفر) ويتم بعد ذلك عمل جداول النقل وحلها بنفس الطريقة التي اعتمدت في حل التمرين السابق.

ثانيا: مشكلة الدورانية أو ما يسمى بالحل المنتكس:

تنشأ هذه الحالة عندما يحدث خروج عن القاعدة السابقة والتي تنص على أن عدد الخلايا المشغولة في جدول النقل يكون مساويا إلى [(عدد الاعمدة + عدد الصفوف)- 1]، فإذا كان عدد الأعمدة أربعة وعدد الصفوف ثلاثة فإن عدد الخلايا المشغولة يجب أن لا يقل عن ستة خلايا، وإلا فإننا سنواجه مشكلة تتعلق برسم خطوط السير من أجل اختبار مثالية الحل.

وتعالج هذه المشكلة من خلال اختلاق خلية مشغولة (مليئة) (Dummy Cell) (بصفر) وتعامل تلك الخلية وكأنها خلية عادية مملوءة، إن اختيار الخلية التي تملأ بالصفر يجب أن يسهل مهمة رسم خطوط السير والتي بدورها تسهل عملية اختبار مثالية الخلايا الغير مشغولة فيما بعد:

مثال:

الجدول الآتي يبين تعريفة نقل الوحدة من مصانع شركة العقبة إلى مراكز التوزيع الموزعة في المملكة وبالشكل التالي:

مراكز التوزيع / المصانع	صويلح	السلط	الكرك	الزرقاء
أ	7	5	8	5
ب	6	4	9	7
ج	3	6	10	8

علما بأن الطاقة الإنتاجية المتوقعة لمصانع الشركة خلال الأشهر الأربعة القادمة مبينة أدناه:

مصنع أ 728 وحدة.

مصنع ب 475 وحدة.

مصنع ج 775 وحدة.

كما أن احتياجات مراكز التوزيع أعلاه لنفس الفترة كما يلي:

مركز توزيع صويلح 226 وحدة.

مركز توزيع السلط 675 وحدة.

مركز توزيع الكرك 351 وحدة.

مركز توزيع الزرقاء 455 وحدة.

المطلوب:

1- اعتمد طريقة الركن الشمالي الشرقي لتحديد كلفة النقل الكلية الأولية.

2- اعتمد طريقة التوزيع المعدلة للوصول للحل الأمثل.

الحل:

1- الحل الأولي باعتماد طريقة الركن الشمالي الشرقي.

بما إن التجهيز اكثر من الطلب ففي هذه الحالة نستحدث مركز توزيع وهمي باسم مركز عمان يستوعب الفرق بين التجهيز والطلب، 271 وحدة، (1978 – 1707). وتكلفة النقل من المصانع الى هذا المركز (مركز عمان) تكون صفر وكما مبين بالشكل الاتي:

مراكز التوزيع / المصانع	صويلح	السلط	الكرك	الزرقاء	عمان	المجموع
أ	7 226	5 502	8	5	صفر	728
ب	6	4 173	9 302	7	صفر	475
ج	3	6	10 49	8 455	صفر 271	775
المجموع	226	675	351	455	271	1978

كلفة النقل الأولية: (226×7) + (502×5) + (173×4) + (302×9) + (49×10) +
(455×8) + (صفر × 271) =
= 3640 + 490 + 2718 + 692 + 2510 + 1582
11632 دينار

2- اعتماد طريقة التوزيع المعدل لاختبار مثالية الحل الأولي:

ك1=7   ك2=5   ك3=1-   ك4=8   ك5=صفر

المجموع	عمان	الزرقاء	الكرك	السلط	صويلح	مراكز التوزيع / المصانع
728	صفر (صفر)	5 (3-)	8 (2-)	5 502	7 226	أ ع1=صفر
475	صفر (1)	7 (صفر)	9 302	4 173	6 (صفر)	ب ع2= 1-
775	صفر 271	8 455	10 49	6 (1)	3 (4-)	ج ع3=صفر
1978	271	455	351	675	226	المجموع

أول خطوة نقوم باختبار عدد الخلايا المشغولة ويجب أن تكون مساوية
إلى ((عدد الأعمدة + عدد الصفوف)- 1) وهذا الشرط متحقق في الجدول أعلاه،
ثم نقوم بتحديد مفاتيح الصفوف والأعمدة حيث تكون مفاتيح الصفوف ع1، ع2،
ع3، ومفاتيح الأعمدة ك1، ك2، ك3، ك4، ك5 وكما مبين في الجدول أعلاه، وبعد
ذلك نقوم بإجراء الخطوات التالية:
1- تكوين معادلات للخلايا المشغولة وبالشكل التالي:
- خلية (أ، صويلح) = ع1 + ك1 = 7 .... (1)
- خلية (أ، السلط) = ع1 + ك2 = 5 .... (2)
- خلية (ب، السلط) = ع2 + ك2 = 4 .... (3)

241

- خلية (ب، الكرك) = ع2 + ك3 = 9 .... (4)
- خلية (ج، الكرك) = ع3 + ك3 = 10 .... (5)
- خلية (ج، الزرقاء) = ع3 + ك4 = 8 .... (6)
- خلية (ج، عمان) = ع3 + ك5 = صفر .... (7)

نفرض إحدى المتغيرات المتكررة صفر وليكن ع1 ونعوض بالمعادلات أعلاه وبالشكل التالي:

ك1 = 7

ك2 = 5

ع2 = -1

ك3 = 10

ع3 = صفر

ك4 = 8

ك5 = صفر

والآن نقيم الخلايا الغير مشغولة في الجدول السابق وفقا للمعادلة التالية (ت ع- ك-ع س – ك ص):

خلية (أ، الكرك) = 8 – صفر – 10 = -2

خلية (أ، الزرقاء) = 5 – صفر – 8 = -3

خلية (أ، عمان) = صفر – صفر – صفر = صفر

خلية (ب، صويلح) = 6- (-1) – 7 = صفر

خلية (ب، الزرقاء) = 7 – (-1) – 8 = صفر

خلية (ب، عمان) = صفر – (-1) – صفر = 1

خلية (ج، صويلح) = 3 – صفر – 7 = -4

خلية (ج، السلط) = 6 – صفر – 5 = 1

يتم اختيار الخلية صاحبة أكبر رقم تقييم سالب (مطلق) ونلاحظ أن الخلية (ج، صويلح) صاحبة أكبر رقم تقييم في الجدول أعلاه، لذا نحدد خط سيرها وهو من خلية (ج، الكرك) إلى الخلية (ب، الكرك)، ومن خلية (ب، السلط) إلى خلية (أ، السلط)، ومن خلية (أ، صويلح) إلى خلية (ج، صويلح)، ونلاحظ أن أقل كمية في الخلايا المنقول منها هو (49) وحدة لذا فإن الكمية المنقولة والتي ستعدل بها كميات الخلايا في الجدول أعلاه هي (49) وحدة ويكون الجدول المعدل كما يلي:

	مراكز التوزيع / المصانع	صويلح	السلط	الكرك	الزرقاء	عمان	المجموع
		ك1=7	ك2=5	ك3=10	ك4=12	ك5=4	
ع1=صفر	أ	7 177	5 551	8 (2-)	5 (7-)	صفر (4-)	728
ع2= -1	ب	6 (صفر)	4 124	9 351	7 (4-)	صفر (3-)	475
ع3=-4	ج	3 94	6 (5)	10 (4)	8 455	صفر 271	775
	المجموع	226	675	351	455	271	1978

الآن نقوم بتكوين معادلات للخلايا المشغولة وعلينا أن لا ننسى أن نتأكد من أن عدد الخلايا المشغولة يساوي [(عدد الاعمدة + عدد الصفوف) -1] وهذا الشرط يتحقق في الجدول المعدل أعلاه، لذا نستمر بتكوين المعادلات وبالشكل التالي:

- خلية (أ، صويلح) = ع1+ ك1 = 7 .... (1)
- خلية (أ، السلط) = ع1 + ك2 = 5 .... (2)
- خلية (ب، السلط) = ع2 + ك2 = 4............ (3)
- خلية (ب، الكرك) = ع2 + ك3 = 9........... (4)

- خلية (ج، الكرك) = ع3 + ك1 = 3 .... (5)
- خلية (ج، الزرقاء) = ع3 + ك4 = 8............ (6)
- خلية (ج، عمان) = ع3 + ك5 = صفر .... (7)

نفرض إحدى المتغيرات المتكررة صفر وليكن المتغير ع1 ونحسب قيم المتغيرات أعلاه بالشكل الآتي:

ك1 = 7

ك2 = 5

ع2 = -1

ك3 = 10

ع3 = -4

ك4 = 12

ك5 = 4

ويتم الان تقييم الخلايا الغير مشغولة في جدول النقل المعدل أعلاه وفقا للمعادلة التالية (ت ع س ك ص – ع س – ك ص).

- خلية (أ، الكرك) = 8 – صفر – 10 = -2
- خلية (أ، الزرقاء) = 5 – صفر – 12 = -7
- خلية (أ، عمان) = صفر – صفر – 4 = -4
- خلية (ب، صويلح) = 6-(-1)-7 = صفر
- خلية (ب، الزرقاء) = 7-(-1)-12=-4
- خلية (ب، عمان) = صفر – (-1) -4 = -3
- خلية (ج، السلط) = 6- (-4) -5 = 5
- خلية (ج، الكرك) = 10- (-4) – 10 = 4

والآن يتم اختيار الخلية صاحبة أكبر رقم تقييم سالب مطلق ونلاحظ من أرقام التقييم أعلاه أن خلية (أ، الزرقاء) ورقم تقييمها (-7) هي التي يتم أشغالها الآن وخط سيرها هو:

من خلية (أ، صويلح) إلى خلية (ج، صويلح) ومن خلية (ج، الزرقاء) إلى خلية (أ، الزرقاء). ونلاحظ أن اقل كمية في الخلايا المنقول منها هي (177) وحدة، لذا فإن الكمية التي تعدل فيها خلايا الخط أعلاه هي (177) وحدة.

ويكون الجدول المعدل كما يلي:

		ك1=صفر	ك2=5	ك3=10	ك4=5	ك5=-3	
	مراكز التوزيع / المصانع	صويلح	السلط	الكرك	الزرقاء	عمان	المجموع
ع1=صفر	أ	7 (7+)	5 551	8 (2-)	5 177	صفر (3+)	728
ع2= -1	ب	6 (7+)	4 124	9 351	7 (3+)	صفر (4+)	475
ع3=3	ج	3 226	6 (2-)	10 (3-)	8 278	صفر 271	775
	المجموع	226	675	351	455	271	1978

نقوم بتقييم الخلايا الغير مشغولة من خلال تكوين معادلات الخلايا المشغولة، حيث أن شرط عدد الخلايا المشغولة [(عدد الأعمدة + عدد الصفوف) - 1] متحقق في الجدول أعلاه وتكون المعادلات بالشكل التالي:

- خلية (أ، السلط) = ع1 + ك2 = 5 .... (1)
- خلية (أ، الزرقاء) = ع1 + ك4 = 5................(2)
- خلية (ب، السلط) = ع2 + ك2 = 4 .... (3)
- خلية (ب، الكرك) = ع2 + ك3 = 9 .... (4)

– خلية (ج، صويلح) = ع3 + ك1 = 3 .... (5)

– خلية (ج، الزرقاء) = ع3 + ك4 = 8 .... (6)

– خلية (ج، عمان) = ع3 + ك5 = صفر .... (7)

ولنفرض أحد المتغيرات المتكررة صفرا وليكن (ع1) فتكون قيم المتغيرات الأخرى كما يلي:

ع1 = صفر

ك2 = 5

ك4 = 5

ع2 = -1

ع3 = 3

ك3 = 10

ك5 = -3

ك1 = صفر

وتكون أرقام تقييم الخلايا الغير مشغولة كما يلي:

– خلية (أ، صويلح) = 7 – صفر – صفر = 7

– خلية (أ، الكرك) = 8 – صفر – 10 = -2

– خلية (أ، عمان) = صفر – صفر – (3-) = 3

– خلية (ب، صويلح) = 6 – (1-) – صفر = 7

– خلية (ب، الزرقاء) = 7- (1-) - 5 = 3

– خلية (ب، عمان) = صفر – (1-) – (3-) = 4

– خلية (ج، السلط) = 6-3-5 = -2

– خلية (ج، الكرك) = 10-3-10 = -3

نلاحظ من أرقام التقييم أعلاه أن خلية (ج، الكرك) هي صاحبة أكبر رقم تقييم سالب مطلق لذا سيتم إشغالها حيث يكون خط سيرها كما يلي:

من خلية (ج، الزرقاء) إلى خلية (أ، الزرقاء) ومن خلية (أ، السلط) إلى خلية (ب، السلط)، ومن خلية (ب، الكرك) إلى خلية (ج، الكرك) ويلاحظ أن اصغر كمية من الخلايا المنقول منها هي (278) وحدة لذا يتم تعديل الجدول أعلاه بنقل ما مقداره (278) وحدة ويكون الجدول المعدل كما يلي:

ك1=3   ك2=5   ك3=10   ك4=5   ك5=صفر

المجموع	عمان	الزرقاء	الكرك	السلط	صويلح	مراكز التوزيع / المصانع	
728	صفر / صفر⊙	5 / 455	8 / (-2)⊙	5 / 273	7 / (+4)⊙	أ	ع1=صفر
475	صفر / (+1)⊙	7 / (+3)⊙	9 / 73	4 / 402	6 / (+4)⊙	ب	ع2= -1
775	صفر / 271	8 / (+3)⊙	10 / 278	6 / (+1)⊙	3 / 226	ج	ع3=صفر
1978	271	455	351	675	226	المجموع	

نقوم بتقييم الخلايا الغير مشغولة من خلال تكوين معادلات للخلايا المشغولة حيث أن شرط عدد الخلايا المشغولة ان يكون مساويا إلى [(عدد الاعمدة + عدد الصفوف)-1] متحقق في الجدول أعلاه، حيث تكون معادلات الخلايا المشغولة كما يلي:

− خلية (أ، السلط) = ع1 + ك2 = 5 .... (1)

− خلية (أ، الزرقاء) = ع1 + ك4 = 5 .... (2)

− خلية (ب، السلط) = ع2 + ك2 = 4 .... (3)

− خلية (ب، الكرك) = ع2 + ك3 = 9 .... (4)

− خلية (ج، صويلح) = ع3 + ك1 = 3 .... (5)

247

- خلية (ج، الكرك) = ع3 + ك3 = 10 .... (6)
- خلية (ج، عمان) = ع3 + ك5 = صفر .... (7)

وبافتراض أحد المتغيرات المتكررة يكون صفر وليكن (ع1) تكون قيم المتغيرات كما يلي:

ع1 = صفر

ك2 = 5

ك4 = 5

ع2 = 1-

ك3 = 10

ع3 = صفر

ك5 = صفر

ك1 = 3

ويتم الآن تقييم الخلايا الغير مشغولة وتكون أرقام التقييم كما يلي:

- خلية (أ، صويلح) = 7 – صفر – 3 = 4
- خلية (أ، الكرك) = 8 – صفر – 10 = 2 -
- خلية (أ، عمان) = صفر – صفر – صفر = صفر
- خلية (ب، صويلح) = 6- (1-) -3 = 4
- خلية (ت، الزرقاء) = 7-(1-) – 5 = 3
- خلية (ب، عمان) = صفر – (1-) – صفر = 1
- خلية (ج، السلط) = 6 – صفر – 5 = 1
- خلية (ج، الزرقاء) = 8 – صفر – 5 = 3

248

نلاحظ من أرقام التقييم أعلاه أن الخلية (أ، الكرك) هي الخلية صاحبة أكبر رقم تقييم سالب مطلق (-2)، حيث يتم إشغالها وخط سيرها يكون كما يلي:

من خلية (أ، السلط) إلى خلية (ب، السلط) ومن خلية (ب، الكرك) إلى خلية (أ، الكرك). ويلاحظ بأن أصغر كمية من الخلايا المنقول منها هي (73) وحدة، ولذلك سيتم تعديل أرقام خلايا الخط أعلاه بهذه الكمية ويكون الجدول المعدل كما يلي:

		ك1=1	ك2=5	ك3=8	ك4=5	ك5=-2	
	مراكز التوزيع / المصانع	صويلح	السلط	الكرك	الزرقاء	عمان	المجموع
ع1=صفر	أ	7 (6+)	5 200	8 (73)	5 455	صفر (2+)	728
ع2= -1	ب	6 (6+)	4 475	9 (2+)	7 (3+)	صفر (3+)	475
ع3=2	ج	3 226	6 (1-)	10 278	8 (1+)	صفر 271	775
	المجموع	226	675	351	455	271	1978

يلاحظ أن شرط عدد الخلايا المشغولة يساوي [(عدد الأعمدة + عدد الصفوف)-1]، متحقق في الجدول المعدل أعلاه، لذا يتم تقييم الخلايا الغير مشغولة بواسطة تكوين معادلات للخلايا المشغولة وبالشكل التالي:

- خلية (أ، السلط) = ع1 + ك2 = 5 .... (1)
- خلية (أ، الكرك) = ع1 + ك3 = 8 .... (2)
- خلية (أ، الزرقاء) = ع1 + ك4 = 5 .... (3)
- خلية (ب، السلط) = ع2 + ك2 = 4 .... (4)
- خلية (ج، صويلح) = ع3 + ك1 = 3 .... (5)

- خلية (ج، الكرك) = ع3 + ك3 = 10 .... (6)
- خلية (ج، عمان) = ع3 + ك5 = صفر .... (7)

نفرض إحدى المتغيرات المتكررة صفر وليكن المتغير ع1، ويتم إيجاد قيم المتغيرات الأخرى بالشكل الآتي:

ع1 = صفر

ك2 = 5

ك3 = 8

ك4 = 5

ع2 = -1

ع3 = 2

ك5 = -2

ك1 = 1

نقوم الآن بتقييم الخلايا الغير مشغولة وذلك من خلال احتساب أرقام التقييم وبالشكل التالي:

- خلية (أ، صويلح) = 7 – صفر – 1 = 6
- خلية (أ، عمان) = صفر – صفر – (2-) = 2
- خلية (ب، صويلح) = 6 – (1-) -1 = 6
- خلية (ب، الكرك) = 9 – (1-) – 8 = 2
- خلية (ب، الزرقاء) = 7 – (1-) – 5 = 3
- خلية (ب، عمان) = صفر – (1-) – (2-) = 3
- خلية (ج، السلط) = 6 – 2 – 5 = -1
- خلية (ج، الزرقاء) = 8 – 2 – 5 = 1

يلاحظ من أرقام التقييم للخلايا الغير مشغولة بأن الخلية (ج، السلط) هي صاحبة أكبر رقم تقييم سالب مطلق، لذا سيتم إشغالها ويكون خط سيرها كما يلي من خلية (ج، الكرك) إلى خلية (أ، الكرك) ومن خلية (أ، السلط) إلى خلية (ج، السلط).

وأن أصغر كمية رافقت الخلايا المنقول منها هي (200) وحدة.

لذا يتم تعديل خلايا الخط اعلاه بهذه الكمية والجدول المعدل يكون كما يأتي:

	المصانع \ مراكز التوزيع	صويلح	السلط	الكرك	الزرقاء	عمان	المجموع
		ك1=1	ك2=4	ك3=8	ك4=5	ك5=-2	
ع1=صفر	أ	7 (6+)	5 (1+)	8 273	5 455	صفر (2+)	728
ع2= صفر	ب	6 (5+)	4 475	9 (1+)	7 (2+)	صفر (3+)	475
ع3=2	ج	3 226	6 200	10 78	8 (1+)	صفر 271	775
	المجموع	226	675	351	455	271	1978

يتم الآن تقييم الخلايا الغير مشغولة بواسطة تكوين معادلات للخلايا المشغولة وأن شرط عدد الخلايا المشغولة [(عدد الأعمدة + عدد الصفوف) -1] متحققا وتكون المعادلات كما يلي:

- خلية (أ، الكرك) = ع1 + ك3 = 8 .... (1)
- خلية (أ، الزرقاء) = ع1 + ك4 = 5............ (2)
- خلية (ب، السلط) = ع2 + ك2 = 4 .... (3)
- خلية (ج، صويلح) = ع3 + ك1 = 3 .... (4)
- خلية (ج، السلط) = ع3 + ك2 = 6 .... (5)

- خلية (ج، الكرك) = ع3 + ك3 = 10 ....(6)
- خلية (ج، عمان) = ع3 + ك5 = صفر ....(7)

نفـرض إحـدى المتغـيرات المتكـررة صـفر وليكن المتغـير ع1 تكـون قيـم المتغيرات الأخرى كما يلي:

ع1 = صفر

ك3 = 8

ك4 = 5

ع3 = 2

ع2 = صفر

ك1 = 1

ك2 = 4

ك5 = 2-

يتم الآن احتساب أرقام تقييم الخلايا الغير مشغولة وبالشكل التالي:

- خلية (أ، صويلح) = 7 – صفر -1- = 6
- خلية (أ، السلط) = 5 – صفر – 4 = 1
- خلية (أ، عمان) = صفر – صفر – (2-) = 2
- خلية (ب، صويلح) = 6 – صفر – 1 = 5
- خلية (ب، الكرك) = 9 – صفر – 8 = 1
- خلية (ب، الزرقاء) = 7 – صفر – 5 = 2
- خلية (ب، عمان) = صفر – صفر – (2-) = 2
- خلية (ج، الزرقاء) = 8 – 2 – 5 = 1

252

يلاحظ أن أرقام تقييم الخلايا جميعها أصبحت موجبة (صفر أو اكبر من صفر)، لذا فإن الجدول المعدل أعلاه هو الذي يعطي الحل الأمثل ويعاد عرضه أدناه وبالشكل التالي:

مراكز التوزيع / المصانع	صويلح	السلط	الكرك	الزرقاء	عمان	المجموع
أ	7	5	8 273	5 455	صفر	728
ب	6	4 475	9	7	صفر	475
ج	3 226	6 200	10 78	8	صفر 271	775
المجموع	226	675	351	455	271	1978

وكلفة النقل المثلى = (226×3) + (475×4) +(200×6) + (273×8) + (78×10) + (455×5) + (صفر × 271)

= 9017 دينار.

نموذج النقل وتعظيم الأرباح:

أوضحنا فيما سبق كيفية استخدام نموذج النقل من أجل التوصل إلى أدنى مستوى ممكن من تكاليف النقل الكلية، وسنعرض الآن كيفية الاستفادة من نموذج النقل في معالجة المشاكل المتعلقة بتعظيم الربح.

نستطيع القول بأن نموذج النقل يمكن أن يستخدم في حل المشكلة سواء أكانت تهدف إلى تخفيض تكاليف النقل أو زيادةالأرباح طالما توفرت في المشكلة خصائص

مشكلة النقل والتي تتمثل في وجود طاقات محددة لمراكز التجهيز وطاقات محددة لمراكز الطلب أو مناطق التوزيع وهناك هدف معين تسعى إلى تحقيقه.

وأخيرا، يستلزم الانتباه إلى أن جميع ما سبق ذكره عند استخدام نموذج النقل في خفض تكاليف النقل الكلية، ينطبق على حالة استخدام النموذج في تعظيم الربح ما عدا ما يلي:

1- تحتوي خلايا النقل على ربح الوحدة المنقولة من مصنع معين إلى منطقة توزيع معينة، وهذا على عكس حالة خفض التكاليف حيث تحتوي خلية النقل على تكلفة نقل الوحدة كما كان سابقا كما ان ربح الوحدة هو حاصل الفرق بين التكلفة الكلية للوحدة متضمنة تكلفة نقل تلك الوحدة، وسعر بيعها.

2- وعندما يستخدم نموذج النقل للوصول إلى اقصى الأرباح، وعند البدء في اختبار مثالية الخلايا الفارغة تعطي الأولوية للخلايا ذات أكبر رقم تقييم موجب حيث أن النقل لتلك الخلايا سيساهم في زيادة رقم الربح، وبالوقت نفسه فإن الخلايا ذات رقم التقييم السالب لا يتم أشغالها لأن النقل إليها سيساهم في تخفيض الأرباح.

3- يتحقق الحل الأمثل عندما تصبح نتيجة اختبار مثالية جميع الخلايا الفارغة سالبة (أرقام التقييم سالبة)، حيث أن شغل أي خلية في هذه الحالة سيؤدي إلى تخفيض الأرباح.

ومن أجل إيضاح كيفية استخدام نموذج النقل في تعظيم الربح نتناول المثال الآتي:

مثال:

شركة المثنى للصناعات البلاستيكية عندها ثلاثة مصانع موزعة في السلط، صويلح، والفحيص، وكانت الطاقات الانتاجية لهذه المصانع 50 وحدة، 40 وحدة، 30 وحدة على التوالي، وأن الطلب المتوقع على منتجات هذه الشركة في مناطق التوزيع الثلاثة مبين أدناه:

جرش	45 وحدة.
الزرقاء	15 وحدة.
عجلون	30 وحدة.

علما بأن تكاليف الإنتاج تختلف من مصنع لآخر، كما أن أسعار البيع تتباين من مركز توزيع لآخر، وبعد أخذ كافة التكاليف بنظر الاعتبار (التكلفة الكلية) وأسعار البيع، كان ربح الوحدة الواحدة بالدينار مبين في الجدول أدناه:

المصانع / مراكز التوزيع	جرش	الزرقاء	عجلون
السلط	2	8	10
صويلح	6	11	6
الفحيص	12	7	9

المطلوب:

تحديد خطة التوزيع المثلى التي تحقق أقصى ربح ممكن معتمدا طريقة الركن الشمالي الشرقي لتحديد الحل الأولي وطريقة التوزيع المعدلة للوصول للحل الأمثل.

الحل:

يلاحظ أولا بأن كميات التجهيز وكميات الطلب غير متساوية، مما يتطلب إضافة مصنع وهمي وربح الوحدة فيه يكون صفرا، والآن تعتمد طريقة الركن الشمالي الشرقي للوصول للحل المبدئي كما يلي:

	مراكز التوزيع / المصانع	ك1 جرش	ك2 الزرقاء	ك3 عجلون	ك4 عمان	التجهيز
ع1	السلط	[2] 45	[8] 5	[10]	[صفر]	50
ع2	صويلح	[6]	[11] 10	[6] 30	[صفر]	40
ع3	الفحيص	[12]	[7]	[9] اصطناعية صفر	[صفر] 30	30
	الطلب	45	15	30	30	120

نلاحظ أن عدد الخلايا المشغولة هو خمسة في حين أن القاعدة تنص على أشغال ستة خلايا (3 + 4 – 1).

لذا يستلزم الأمر أختلاق خلية مشغولة بصفر لكي تسهل احتساب قيم (ع) و (ك) ولتكن خلية (الفحيص، عجلون).

والآن نكون معادلات الخلايا المشغولة بالشكل كالاتي:

الخلية (السلط، جرش) = ع1+ك1 = 2.................. (1)

الخلية (السلط، الزرقاء) = ع1+ك2 = 8................ (2)

الخلية (صويلح، الزرقاء) = ع2 + ك2 = 11 .... (3)

الخلية (صويلح، عجلون) = ع2 + ك3 = 6............. (4)

الخلية (الفحيص، عجلون) = ع3 + ك3 = 9 .... (5)

الخلية (الفحيص، عمان) = ع3 + ك4 = صفر ....(6)

لحل المعادلات أعلاه نفرض أحد المتغيرات المتكررة يساوي صفر وليكن ك1 ونعوض في المعادلات كما يلي:

ع1 + صفر = 2 ∴ ع1 = 2

ع1 + ك2 = 8

2 + ك2 = 8 ∴ ك2 = 6

ع2 + ك2 = 11

ع2 + 6 = 11 ∴ ع2 = 5

ع2 + ك3 = 6

5 + ك3 = 6 ∴ ك3 = 1

ع3 + ك3 = 9

ع3 + 1 = 9 ∴ ع3 = 8

ع3 + ك4 = صفر

8 + ك4 = صفر ∴ ك4 = 8

	مراكز التوزيع / المصانع	جرش	الزرقاء	عجلون	عمان	التجهيز
		ك1=صفر	ك2=6	ك3=1	ك4=-8	
ع1=2	السلط	[2] 45	[8] 5	[10] (+7)	[صفر] (+6)	50
ع2= 5	صويلح	[6] (+1)	[11] 10	[6] 30	[صفر] (+3)	40
ع3=10	الفحيص	[12] (+4)	[7] (-7)	[9] اصطناعية صفر	[صفر] 30	30
	الطلب	45	15	30	30	120

يكون جدول التوزيع المعدل كما يلي:

		ك1=صفر	ك2=6	ك3=1	ك4=-8	
	مراكز التوزيع / المصانع	جرش	الزرقاء	عجلون	عمان	التجهيز
ع1=صفر	السلط	2 45	8 (7-)	10 5	صفر (10+)	50
ع2= -4	صويلح	6 (8+)	11 15	6 25	صفر (14+)	40
ع3=8	الفحيص	12 اصطناعية صفر	7 (18-)	9 (11-)	صفر 30	30
	الطلب	45	15	30	30	120

تقييم الخلايا الغير مشمولة بواسطة معادلات الخلايا المشغولة كما يلي:

الخلية (السلط، جرش) = ع1 + ك1 = 2 .... (1)

الخلية (السلط، عجلون) = ع1 + ك3 = 10............ (2)

الخلية (صويلح، الزرقاء) = ع2 + ك2 = 11 ....(3)

الخلية (صويلح، عجلون) = ع2 + ك3 = 6 ....(4)

الخلية (الفحيص، جرش) = ع3 + ك1 = 12...........(5)

الخلية (الفحيص، عمان) ع3 +ك3 = صفر............(6)

نفرض بأن أحد المتغيرات المتكررة صفر وإيجاد المتغيرات الأخرى بدلالته
وليكن (ع1 = صفر).

$$ع1 + ك1 = 2 \qquad ك1 = 2$$
$$ع1 + ك3 = 10 \qquad ك3 = 10$$
$$ع2 + ك2 = 11 \text{ بالتعويض } 4- + ك2 = 11 \qquad ك2=15$$
$$ع2 + ك3 = 6 \qquad ع2 +10 = 6 \qquad ع2 = -4$$
$$ع3 + ك1 = 12 \text{ بالتعويض } ع3 + 2 = 12 \qquad ع3=10$$
$$ع3 + ك4 = \text{صفر} \quad \text{بالتعويض } 10+ك4 = \text{صفر} \qquad ك4=-10$$

ويكون جدول التوزيع المعدل كما يلي:

المجموع	عمان	عجلون	الزرقاء	جرش	مراكز التوزيع / المصانع
50	صفر	10	8	2	السلط
		30		20	
40	صفر	6	11	6	صويلح
	25		15		
30	صفر	9	7	12	الفحيص
	5			25	
120	30	30	15	45	المجموع

ويتم تقييم الخلايا الغير مشغولة بواسطة معادلات الخلايا المشغولة كالآتي:
الخلية (السلط، جرش) = ع1 + ك1 = 2 .... (1)
الخلية (الفحيص، جرش) = ع3 + ك1 = 12 .... (2)
الخلية (السلط، عجلون) = ع1 + ك3 = 10 .... (3)
الخلية (صويلح، الزرقاء) = ع2 + ك2 = 11............ (4)
الخلية (صويلح، عمان) = ع2 + ك4 = صفر .... (5)

الخلية (الفحيص، عمان) = ع3 + ك4 = صفر............ (6)

نفرض بأن أحد المتغيرات المتكررة يساوي صفر وليكن ع1 = صفر وتحل المعادلات بالشكل التالي:

ع1 + ك1 = 2 ك1 = 2

ع3 + ك1 = 12 بالتعويض ع3 + 2 = 12 ∴ ع3 = 10

ع1 + ك3 = 10 ∴ ك3 = 10

ع2 + ك2 = 11 بالتعويض 10 + ك2 = 11 ∴ ك2 = 1

ع2 + ك4 = صفر بالتعويض ع2 + (-10) = صفر ∴ ع2 = 10

ع3 + ك4 = صفر بالتعويض 10 + ك4 = صفر ∴ ك4 = -10

		ك1=2	ك2=1	ك3=10	ك4=-10	
	مراكز التوزيع / المصانع	جرش	الزرقاء	عجلون	عمان	المجموع
ع1=صفر	السلط	2 20	8 (7+)	10 30	صفر (10+)	50
ع2= 10	صويلح	6 (6-)	11 15	6 (14-)	صفر 25	40
ع3=10	الفحيص	12 25	7 (4-)	9 (11-)	صفر 5	30
	المجموع	45	15	30	30	120

ويكون جدول التوزيع المعدل كما يلي:

المجموع	عمان ك4=صفر	عجلون ك3=10	الزرقاء ك2=11	جرش ك1=2	مراكز التوزيع \ المصانع	
50	صفر 5	10 30	8 (-3)	2 15	السلط	ع1=صفر
40	صفر 25	6 (-4)	11 15	6 (+4)	صويلح	ع2= صفر
30	صفر (-10)	9 (-11)	7 (-14)	12 20	الفحيص	ع3=10
120	30	30	15	45	المجموع	

نقيم الخلايا الغير مشغولة بواسطة الخلايا المشغولة كالآتي:

الخلية (السلط، جرش) = ع1 + ك1 = 2 .... (1)

الخلية (السلط، عجلون) = ع1 + ك3 = 10 .... (2)

الخلية (السلط، عمان) = ع1 + ك4 = صفر .... (3)

الخلية (صويلح، الزرقاء) = ع2 + ك2 = 11............(4)

الخلية (صويلح، عمان) ع2 + ك4 = صفر .... (5)

الخلية (الفحيص، جرش) ع3+ك1 = 12 .... (6)

نفرض بأن المتغيرات المتكررة صفرا وليكن (ع1 = صفر) وبالتعويض يكون

ع1 + ك1 = 2   ∴ ك1 = 2

ع1 + ك3 = 10   ∴ ك3 = 10

ع1 + ك4 = صفر   ∴ ك4 = صفر

ع2 + ك2 = 11   ∴ ك2 = 11

261

ع2 + ك4 = صفر ∴ ع2 = صفر

ع3 + ك1 = 12 ∴ ع3 = 10

ويكون جدول التوزيع المعدل كالآتي:

	مراكز التوزيع / المصانع	جرش (ك1=6)	الزرقاء (ك2=11)	عجلون (ك3=10)	عمان (ك4=صفر)	المجموع
ع1=صفر	السلط	2 (4-)	8 (3-)	10 30	صفر 20	50
ع2= صفر	صويلح	6 15	11 15	6 (4-)	صفر 10	40
ع3=6	الفحيص	12 30	7 (10-)	9 (7-)	صفر (6-)	30
	المجموع	45	15	30	30	120

تقييم الخلايا الغير مشغولة بواسطة الخلايا المشغولة كالآتي:

الخلية (السلط، عجلون) = ع1 + ك3 = 10 .... (1)

الخلية (السلط، عمان) = ع1 + ك4 = صفر ....(2)

الخلية (صويلح، جرش) ع2 + ك1 = 6 ....(3)

الخلية (صويلح، الزرقاء) = ع2 + ك2 = 11...........(4)

الخلية (الفحيص، جرش) = ع3 + ك1 = 12...........(5)

الخلية (صويلح، عمان) ع2 + ك4 = صفر .... (6)

نفرض أحد المتغيرات المتكررة صفرا وليكن (ع1 = صفر) وتحل المعادلات كما يلي:

ك3 = 10

ك4 = صفر

ع1 + ك1 = 6 ∴ ك1 = 6

ع2 + ك2 = 11 ∴ ك2 = 11

ع3 + ك1 = 12 ∴ ع3 + 6 = 12 ∴ ع3 = 6

ع2 + صفر = صفر ∴ ع2 = صفر

نلاحظ من جدول التوزيع أعلاه أن أرقام تقييم الخلايا جميعها أقل من صفر وهذا يعني أن الحل الحالي هو الحل الأمثل:

المصانع / مراكز التوزيع	جرش	الزرقاء	عجلون	عمان	المجموع
السلط	2	8	10 30	صفر 20	50
صويلح	6 15	11 15	6	صفر 10	40
الفحيص	12 30	7	9	صفر	30
المجموع	45	15	30	30	120

∴ الأرباح الكلية = (6×15) + (12×30) + (11×15) + (10×30) + (20× صفر) + (10× صفر).

= 90 + 360 + 165 + 300 + صفر + صفر = 915 دينار.

تمارين

1- شركة النجاح للصناعات الكهربائية تصنع منتـوج ذو مواصـفات فنيـة خاصـة في مصنعين متخصصين. ونتيجة اختلاف مصادر الطلب على هـذا المنتـوج وكذلك اختلاف كلفة التصنيع والنقل، لذا فإن ربح الوحدة المتوقع يختلف مـن عميـل إلى أخر علما بأن الشركة استلمت أربع طلبيات تجهيز والجدول الآتي يبين ربح الوحدة بالدينار.

د	ج	ب	أ	العملاء المصانع
16	16	17	20	عمان
17	14	15	19	اربد

علما بأن طاقة المصانع وطلبات العملاء كانت كما يلي:

طلبات العملاء		طاقة المصانع	
العميل أ	2000 وحدة	مصنع عمان	5000 وحدة
العميل ب	5000 وحدة	مصنع اربد	3000 وحدة
العميل ج	3000 وحدة		
العميل د	2000 وحدة		

المطلوب: 1- اعتمد طريقة فوجل لتحديد الحل الأولي.
2- اعتمد طريقة الوطئ على الحجر لاختبار مثالية الحل أعلاه.

264

2- تصنع شركة القدس منتوج كهربائي ذو مواصفات خاصة في مصانعها الثلاثة الموزعة في جرش، العقبة، السلط، وكانت طاقاتها الانتاجية كما يلي (50، 40، 30) وحدة على التوالي، يتم توزيعه في أسواقها الموزعة في أرجاء المملكة وهي معان، العقبة، الكرك، وقدراتها الاستيعابية كانت (45، 15، 30) وحدة على التوالي، ونتيجة تباين تكاليف الإنتاج وأسعار البيع كان ربح الوحدة (بالدينار) كالآتي:

		الأسواق		
		معان	البقعة	الكرك
المصانع	جرش	2	8	10
	العقبة	6	11	6
	السلط	12	7	9

المطلوب:

1- اعتمد طريقة الركن الشمالي الشرقي لتحديد الحل الأولي.

2- اختبر مثالية الحل الأولي أعلاه معتمدا طريقة الوطئ على الحجر.

3- قررت شركة الفيحاء للصناعات الكهربائية الاستفادة من خبراتك باعتبارك محلل كمي حيث تم تزويدك بالبيانات التي تخص الطاقات الانتاجية الأسبوعية لمصانعها الثلاثة وبالشكل التالي:

مصنع معان	500 وحدة
مصنع الزرقاء	700 وحدة
مصنع الكرك	800 وحدة

كما تم تزويدك بالبيانات التي تخص الطاقات الاستيعابية لمراكز توزيع هذه الشركة وبالشكل التالي:

مركز توزيع عمان	600 وحدة.
مركز توزيع صويلح	900 وحدة.

مركز توزيع جرش 200 وحدة

مركز توزيع اربد 500 وحدة

والجدول الآتي يبين تعريفة نقل الوحدة الواحدة من مراكز التجهيز إلى مراكز التوزيع وبالشكل التالي:

مراكز التوزيع / المصانع	عمان	صويلح	جرش	اربد
معان	12	13	4	6
الزرقاء	6	4	10	11
الكرك	10	9	12	4

المطلوب:

1- اعتمد طريقة فوجل التقريبية لتحديد الحل الأولي.

2- اعتمد طريقة الوطئ على الحجر لاختبار مثالية الحل الأولي.

الفصل الثامن:

نمـوذج التخصيص

Assignment Model

المفهوم والشروط:

مشكلة تخصيص الموارد تعتبر إحدى الأساليب المعتمدة في توزيع الموارد النادرة، وتعتبر هذه الطريقة من أساليب البرمجة الخطية البسيطة والمفيدة بالوقت نفسه، حيث أن بساطة استخدامها تعود بالدرجة الرئيسة إلى شروط تطبيقها وهي:

1- تساوي عدد الأشخاص مع عدد العمليات أو الوظائف المطلوب إنجازها.

2- الوسيلة المتوفرة (عامل، ماكنة) تؤدي عمل واحد، وعدم السماح لها بالقيام بأكثر من ذلك.

3- كلف الأداء معروفة ومحددة مسبقا.

4- شرط اللاسلبية، حيث يفترض عدم وجود قيم سالبة.

يمكن استخدام مشكلة التخصيص في المجالات التالية:

1- تخصيص عدد معين من وسائل الانتاج (الالات) لصناعة مجموعة من أوامر الإنتاج أو أجزاء معينة.

2- توزيع وظائف أو أعمال معينة على عدد من العمال أو الموظفين.

3- تخصيص وسائل نقل معينة (وسائل مناولة) لنقل السلع من مكان لآخر.

طرق التخصيص:

توجد طريقتان رئيسيتان لحل مشكلة التخصيص وهما:

1- طريقة التوافيق المختلفة Different Combinations Method .

2- الطريقة المختصرة Short – Cut Method .

أولا: طريقة التوافيق المختلفة:

تعتمد الطريقة أعلاه بشكل كبير على نظرية الاحتمالات حيث أنها تعتبر طريقة مطولة خاصة عندما تتكون المشكلة من عدد كبير من الوظائف والأعمال المطلوب تخصيصها.

ومن أجل توضيح هذه الطريقة نتناول المثال الآتي:

مثال:

تنتج شركة ألبان صويلح ثلاثة أنواع من المنتجات هي الزبد، القشطة والجبن، فإذا كانت المكائن المتوفرة يمكنها أن تنتج السلع الثلاث وكانت كلف إنتاج الكيلوغرام الواحد من المنتجات (بالقرش) موضحة في الجدول أدناه:

المنتجات / المكائن	الزبدة	القشطة	الجبن
أ	40	70	50
ب	30	50	30
ج	20	60	40

المطلوب:

إيجاد أفضل تخصيص لكل ماكنة لإنتاج سلعة واحدة بحيث تخفض التكاليف إلى أدنى مستوى ممكن.

الحل:

أن الاحتمالات المتاحة هي ستة احتمالات (أي مفكوك 3!) . وهذه الاحتمالات هي:

الاحتمالات	السلع زبدة	القشطة	جبن	الكلفة
1	أ	ب	ج	130 = 40 + 50 + 40
2	أ	ج	ب	130 = 30 + 60 + 40
3	ب	أ	ج	140 = + 40 + 70 + 30
4	ب	ج	أ	140 = 50 + 60 + 30
5	ج	أ	ب	120 = 30 + 70 + 20
6	ج	ب	أ	120 = 50 + 50 + 20

نلاحظ مـن الجـدول أعـلاه أن الاحتمالان (5، 6) هـما أفضـل مـن بقيـة الاحتمالات لأنهما يخفضان تكاليف الانتاج إلى (120 قرش) للسلع الثلاث.

نلاحظ من المثال أعـلاه أن عـدد الحلول التـي يسـتلزم اختبارهـا يتصاعد بشكل ملحوظ كلما ازداد عدد الأنشطة (سلع، وظائف) وهذا يعتبر من الانتقادات التي توجه لهذه الطريقة، وطبقا لقاعدة التوافيق فإن:

ن! = ن (ن-1) (ن – 2) (ن – 3) ....

وعندما نطبق القاعدة على ثلاثة احتمالات نجد أن الحلول الممكنة هي:

$$3! = 3 \times 2 \times 1 = 6$$

أما إذا ازداد عدد الأنشطة إلى خمسة احتمالات فإن عدد الحلول الممكنة يكون:

$$5! = 5\times4\times3\times2\times1 = 120$$

أما إذا ازداد عدد الاحتمالات إلى ثمانية يكون عدد الحلول الممكنة كما يلي:

$$8! = 8 \times 7 \times 6 \times 5 \times 4 \times 3 \times 2 \times 1 = 40320$$

يتضح لنا أن عدد الحلول الممكنة يزداد بسرعة كبيرة مما يعني الحاجـة إلى جهد ووقت كبيرين للوصول إلى الحل الأمثل، وهـذا يجعلنا نبحـث عـن طريقـة مختصرة نستطيع من خلالها الوصول إلى أفضل النتائج بجهد أقل ووقت أقصر.

ثانيا: الطريقة المختصرة: (Short – Cut Method or the Hungarian Method)

تعتمد إجراءات الحـل وفـق هـذه الطريقـة عـلى مـا يسـمى (بالمصفوفة المتناقصة)، والتي تسـتلزم طرح وإضافة أرقـام ملائمـة مـن هـذه المصـفوفة، ومـن خلالها نستطيع أن نحقق الحل الأمثل، وتعتمد خطوات الوصول إلى الحل الأمثل على هدف مشكلة التخصيص حيث تختلـف تلـك الخطـوات في حالـة الوصول إلى أدنى كلفة عما هي عليه في حالة الوصول إلى أقصى الإيرادات، ونتنـاول الآن هـذين الهدفين وإجراءات الوصول إلى الحل النهائي وبالشكل الآتي:

271

أولا: تحقيق أدنى التكاليف:

تتلخص خطوات الوصول إلى الحل الأمثل في حالة كون هدف المشكلة هو تخفيض التكاليف إلى أدنى مستوى ممكن كما يلي:

1- وضع المعلومات المتوفرة على شكل جدول (مصفوفة).

2- تحديد أقل قيمة في كل صف وطرحها من قيم ذلك الصف.

3- تحديد أقل قيمة في كل عمود وطرحها من قيم ذلك العمود.

4- اختبر الصفوف فإذا وجدت صفا به صفر واحد خصصه واشطب باقي أصفار العمود الموجود به ذلك الصفر.

5- اختبر الأعمدة فإذا وجدت عمودا به صفرا واحدا خصصه واشطب باقي أصفار الصف الموجود به ذلك الصفر.

6- إذا لم تصل إلى حل كامل اتبع الخطوات التالية:

أ- نغطي الاعمدة التي بها اصفار خصصت عند اختبار الصفوف (خطوة 4) بخط مستقيم يمر على هذه الأصفار.

ب- نغطي الصفوف التي بها أصفار خصصت عند اختبار الاعمدة (خطوة 5) بخط مستقيم يمر على هذه الاصفار. ينتج من ذلك أن تصبح جميع الأصفار المخصصة مغطاة بخطوط.

ج- حدد أقل قيمة غير مغطاة بخط.

د- اطرح هذه القيمة من نفسها ومن القيم الاخرى الغير مغطاة.

هـ- اجمع هذه القيمة على كل قيمة تقع عند تقاطع خطين من خطوط التغطية.

و- القيم التي يمر بها خط وكذلك الأصفار تظل كما هي.

ح- كرر الخطوات (ج، د، هـ) حتى تصل إلى حل كامل (عنده يصبح عدد خطوط التغطية مساوي إلى عدد الاعمدة أو الصفوف).

مثال (1):

تم استدعائك من قبل شركة معان لصناعة المواد الغذائية حيث تم تزويدك بالبيانات التالية التي تخص تكاليف تصنيع أمر إنتاج معين على آلة معينة، وبالشكل التالي:

6	5	4	3	2	1	أوامر الانتاج / المكائن
41	72	39	52	25	51	أ
22	29	49	65	81	50	ب
27	39	60	51	32	32	ج
45	50	48	52	37	43	د
29	40	39	26	30	33	هـ
82	40	40	60	51	30	و

المطلوب:

1- اعتمد طريقة الحل المختصر لتحقيق التخصيص الأمثل.

2- احسب مقدار التناقص الكلي.

الحل:

اعتماد طريقة الحل المختصر لتحقيق الحل الأمثل وبالشكل التالي:

1- نحدد أصغر قيمة في كل صف وتطرح من القيم الأخرى الموجودة في ذلك الصف وتكون النتيجة كما يلي:

6	5	4	3	2	1	أوامر الانتاج / المكائن
16	47	14	27	صفر	26	أ
صفر	7	27	43	59	28	ب
صفر	12	33	24	5	5	ج
8	13	11	15	صفر	6	د
3	14	13	صفر	4	7	هـ
52	10	10	30	21	صفر	و

2- نحدد أصغر قيمة في كل عمود من أعمدة المصفوفة المعدلة ونطرحها من القيم الأخرى الموجودة في ذلك العمود، والعمود الـذي بـه صـفر تبقـى قيم ذلك العمود كما هي وبدون تغير وتكون النتيجة كما يلي:

6	5	4	3	2	1	أوامر الانتاج / المكائن
16	40	4	27	صفر	26	أ
صفر	صفر	17	43	59	28	ب
صفر	5	23	24	5	5	ج
8	6	1	15	صفر	6	د
3	7	3	صفر	4	7	هـ
52	3	صفر	30	21	صفر	و

274

3- نقوم بعملية التخصيص حيث يتم تخصيص الصف أو العمود الذي يحتوي على صفر واحد فقط وبالشكل التالي:

1- نلاحظ أن العمود رقم (1) يحتوي على صفر واحد فقط حيث يتم تخصيص ذلك العمود وتغطى أرقام صف (و) بخط وكما مبين ذلك في الجدول أعلاه.

2- صف (أ) به صفر يتم تخصيصه وتغطى أرقام العمود رقم (2) بخط.

3- عمود رقم (3) به صفر يتم تخصيصه وتغطى أرقام الصف الذي به ذلك الصفر بخط مستقيم.

4- العمود رقم (5) به صفر واحد يتم تخصيصه وتغطى أرقام الصف الذي به ذلك الصفر بخط مستقيم.

5- الصف (ج) به صفر يتم تخصيصه وتغطى أرقام العمود الذي به ذلك الصفر بخط مستقيم.

نلاحظ من الجدول أعلاه أن الأصفار التي تم تخصيصها هي خمسة فقط في حين أن التخصيص يجب ان يكون مساويا إلى عدد الصفوف أو الأعمدة أي أن هناك نقص تخصيص واحد، وهذا يستلزم منا إجراء الآتي:

1- تحديد أصغر قيمة من الأرقام الغير مغطاة.

2- تطرح هذه القيمة من نفسها وكذلك من القيم الأخرى الغير مغطاة.

3- يجب إضافة هذه القيمة للقيم الموجودة عند نقاط التقاطع في الجدول أعلاه.

يلاحظ بأن أصغر قيمة غير مغطاة في الجدول أعلاه هي رقم (1)، إذا نقوم بطرحها من نفسها ومن القيم الأخرى وإضافتها إلى قيم التقاطع وتكون النتيجة مبينة في الجدول التالي:

6	5	4	3	2	1	أوامر الانتاج / المكائن
15	39	3	26	صفر	25	أ
1	صفر	17	43	60	28	ب
صفر	4	22	23	5	4	ج
8	5	صفر	14	صفر	5	د
4	7	3	صفر	5	7	هـ
53	3	صفر	30	22	صفر	و

نلاحظ أن التخصيص قد استكمل وتكون نتيجة التخصيص كما يلي:

الماكنة (أ) تصنع أمر إنتاج رقم (2) وبكلفة 25 دينار.

الماكنة (ب) تصنع أمر إنتاج رقم (5) وبكلفة 29 دينار.

الماكنة (ج) تصنع أمر إنتاج رقم (6) وبكلفة 27 دينار.

الماكنة (د) تصنع أمر إنتاج رقم (4) وبكلفة 48 دينار.

الماكنة (هـ) تصنع أمر إنتاج رقم (3) وبكلفة 26 دينار.

الماكنة (و) تصنع أمر إنتاج رقم (1) وبكلفة 30 دينار.

الكلفة المثلى 185 دينار

2- احتساب مقدار التناقص الكلي:

يحسب مقدار التناقص في المصفوفة من خلال مراحل الحل المختلفة وبالشكل التالي:

1- مرحلة طرح أصغر قيمة في الصفوف من القيم الأخرى ففي هذه المرحلة القيم المستبعدة (الصغرى) تجمع ومجموعتها يمثل مقدار التناقص في مرحلة الحل الأولى وفي مثالنا أعلاه تكون النتيجة كما يلي:

أصغر قيمة في الصف (أ) = 25

أصغر قيمة في الصف (ب) = 22

أصغر قيمة في الصف (ج) = 27

أصغر قيمة في الصف (د) = 37

أصغر قيمة في الصف (هـ) = 36

أصغر قيمة في الصف (و) = <u>30</u>

المجموع 167

2- مرحلة الحل الثانية والتي تمثلت بطرح أصغر قيمة في الأعمدة من القيم الأخرى الموجودة في كل عمود، ففي هذه المرحلة القيم الصغرى المستبعدة في تلك الأعمدة تجمع ومجموعها يمثل مقدار التناقص للمرحلة الثانية، وفي مثالنا أعلاه تكون النتيجة كما يلي:

أصغر قيمة في العمود رقم (1) صفر

أصغر قيمة في العمود رقم (2) صفر

أصغر قيمة في العمود رقم (3) صفر

أصغر قيمة في العمود رقم (4) 10

أصغر قيمة في العمود رقم (5) 7

أصغر قيمة في العمود رقم (6) صفر

المجموع 17

عند نهاية هذه المرحلة إذا كان التخصيص مكتملا فإن مجموع الأرقام أعلاه يمثل مقدار التناقص الكلي للمصفوفة. أما في حالة عدم اكتمال عملية التخصيص فإن الرقم الأصغر الذي يتم اختياره من بين الأرقام الغير مغطاة في كل مرحلة قبل الوصول إلى الحل الامثل يتم اضافته إلى أرقام التناقص. وبتطبيق هذا على مثالنا الحالي نلاحظ أننا لم نصل إلى مرحلة التخصيص الكامل عند نهاية الخطوة رقم (2) من الحل، مما استلزم الأمر اخذ أصغر قيمة غير مغطاة وهي (1) وطرحها من نفسها ومن القيم

الأخرى الغير مغطاة في المصفوفة لذا يستلزم إضافة ذلك الـرقم إلى أرقـام التنـاقص ويكون مقدار تناقص المصفوفة الكلي كما يلي:

$$167 + 17 + 1 = 185.$$

مثال 2:

مكتب الصيانة في الجامعة عنده ثلاثة أعمال غـير مخصصـة وهنـاك ثلاثـة عمال هم زيد، عمر، وأحمد، موجودين للعمل على هـذه الأعمـال. الجـدول أدنـاه يبين البدائل المتاحة لتخصيص هذه الأعمال ووقت انجازها بالساعات من قبل كـل عامل.

ج	ب	أ	الاعمال العمال
17	12	11	زيد
20	11	7	عمر
16	8	5	احمد

المطلوب:

1- استخدام طريقة الحل المختصر لتحديد الحل الأمثـل لمشـكلة التخصـيص أعـلاه (أقصر وقت ممكن).

2- احسب مقدار التناقص الكلي للمصفوفة أعلاه.

الحل:

1- نطرح أصغر رقم في كل صف وتكون النتيجة كما يلي:

ج	ب	أ	الاعمال العمال
6	1	صفر	زيد
13	4	صفر	عمر
11	3	صفر	احمد

278

2- نطرح أصغر رقم في الأعمدة وتكون النتيجة كما يلي:

العمال \ الاعمال	أ	ب	ج
زيد	صفر	صفر	صفر
عمر	صفر	3	7
احمد	صفر	2	5

3- نغطي الأصفار في الصفوف والأعمدة بحيث ينتج عنها خطوط مساوية لعدد الصفوف أو عدد الأعمدة وحينئذ يتحقق الحل الأمثل، ونلاحظ في الجدولة السابقة أن عدد الخطوط هي أقل من عدد الصفوف وعلى هذا الأساس نأخذ أصغر قيمة غير مغطاة ونطرحها من القيم الأخرى الغير مغطاة، وهذا الرقم يضاف إلى نقاط تقاطع خطوط التغطية وكما يلي:

العمال \ الاعمال	أ	ب	ج
زيد	2	صفر	صفر
عمر	صفر	1	5
احمد	2	صفر	3

نلاحظ من الجدول أعلاه بأن خطوط التغطية هي مساوية إلى عدد الصفوف حينئذ تحقق الحل الأمثل، والجدول التالي يظهر الصفر الذي يقابل التخصيص للأعمال على العمال وبالشكل التالي:

العمال / الاعمال	أ	ب	ج
زيد	2	صفر	صفر
عمر	صفر	1	5
احمد	2	صفر	3

وبذلك يمكن اقتراح الحل التالي:

1- يخصص زيد للقيام بالعمل ج الوقت 17 ساعة

2- يخصص عمر للقيام بالعمل أ الوقت 7 ساعة

3- يخصص أحمد للقيام بالعمل ب الوقت 8 ساعة

اقل وقت ممكن 32 ساعة

2- احسب مقدار التناقص:

يحسب التناقص الكلي للمصفوفة أعلاه عن طريق تحديد التناقص الحاصل للمصفوفة في كل مرحلة من مراحل الحل ويحسب بالشكل التالي:

1- المرحلة الأولى (مرحلة طرح أصغر قيمة في الصفوف) وتساوي:

11 + 7 + 5 = 23 .

2- المرحلة الثانية (طرح أصغر قيمة في الاعمدة) وتساوي:

صفر + 1 + 6 = 7 .

3- ولعدم اكتمال التخصيص تم طرح أصغر رقم غير مغطاة وهو الرقم (2) من نفسه ومن القيم الأخرى الغير مغطاة، وهذا الرقم يضاف لمقدار التناقص الحاصل في المرحلتين أعلاه وبالشكل التالي:

مقدار التناقص الكلي = 23 + 7 + 2 = 32.

مثال (3):

حصلت على المعلومات التالية التي تخص تكاليف الانتاج (بالدينار للكارتون) في مصانع شركة الكرامة:

المصانع / المنتجات	العروبة	النيل	دمشق	دجلة
صابون	6	7	8	8
معجون اسنان	9	12	14	13
شامبو	3	6	5	7
مسحوق الغسيل	13	13	12	10

المطلوب:

1- اعتمد طريقة الحل المختصر لوضع التخصيص الأمثل.

2- احسب التناقص الكلي.

الحل:

1- نطرح أصغر قيمة في كل صف من القيم الأخرى وتكون النتيجة كما يلي:

المصانع / المنتجات	العروبة	النيل	دمشق	دجلة
صابون	صفر	1	2	2
معجون اسنان	صفر	3	5	4
شامبو	صفر	3	2	4
مسحوق الغسيل	3	3	2	صفر

3- تحدد أصغر قيمة في الأعمدة في الجدول أعلاه ونطرحها من القيم الأخرى في الأعمدة وبالشكل التالي:

المصانع / المنتجات	العروبة	النيل	دمشق	دجلة
صابون	صفر	صفر	صفر	2
معجون اسنان	صفر	2	3	4
شامبو	صفر	2	صفر	4
مسحوق الغسيل	3	2	صفر	صفر

ومن التخصيص أعلاه نلاحظ أن عدد خطوط التغطية مساويا إلى عدد الصفوف أو الأعمدة الموجودة بالسؤال ويكون التخصص بالشكل التالي:

1- يتخصص مصنع النيل بإنتاج الصابون بكلفة 7 دينار للكارتون

2- يتخصص مصنع العروبة بإنتاج معجون الأسنان بكلفة 9 دينار للكارتون

3- يتخصص مصنع دمشق بإنتاج الشامبو بكلفة 5 دينار للكارتون

4- يتخصص مصنع دجلة بإنتاج مسحوق الغسيل بكلفة 10 دينار للكارتون

31 دينار

وبهذا تحقق الشركة أدنى مستوى من تكاليف الإنتاج.

2- تحديد مقدار التناقص الكلي:

مقدار التناقص الكلي يحسب بالشكل التالي:

1- مرحلة طرح أصغر قيمة في الصفوف وعندها يكون مقدار التناقص كالآتي:

6 + 9 + 3 + 10 = 28

2- مرحلة طرح أصغر قيمة في الأعمدة ويكون مقدار التناقص في تلك المرحلة كما يلي:

صفر + 1 + 2 + صفر = 3

3- وبما أن التخصيص قد استكمل

إذن مقدار التناقص الكلي يساوي

28 + 3 = 31

مثال (4):

خصص أوامر الانتاج الأربعة على الآلات الأربعة الآتية، إذا كانت تكلفة تصنيع أمر إنتاج معين على آلة معينة كما هو مبين في الجدول أدناه:

4	3	2	1	أوامر الانتاج \ الآلات
3	18	9	3	أ
13	28	4	26	ب
38	19	18	15	ج
19	26	24	10	د

الحل:

1- تحدد أصغر قيمة في الصفوف بالجدول أعلاه ونطرحها من القيم الموجودة في الصفوف وبالشكل التالي:

4	3	2	1	الأوامر \ الآلات
صفر	15	6	صفر	أ
9	24	صفر	22	ب
23	4	3	صفر	ج
9	16	14	صفر	د

٢- نحدد أصغر قيمة في أعمدة المصفوفة المعدله في الجدول السابق ويتم طرحها من القيم الأخرى في تلك الأعمدة والنتيجة مع التخصيص مبين في الجدول أدناه:

4	3	2	1	الأوامر ⟍ الآلات
صفر	11	6	صفر	أ
9	20	صفر	22	ب
23	صفر	3	صفر	ج
9	12	14	صفر	د

نلاحظ من الجدول أعلاه أن عدد خطوط التغطية مساوية إلى عدد الصفوف أو الأعمدة وحينئذ تحقق الحل الأمثل والجدول التالي يظهر الصفر الذي يقابل التخصيص لأوامر الإنتاج على الآلات كالآتي:

4	3	2	1	الأوامر ⟍ الآلات
صفر	11	6	صفر	أ
9	20	صفر	22	ب
23	صفر	3	صفر	ج
9	12	14	صفر	د

ويكون توزيع أوامر الإنتاج على الآلات وبالشكل التالي:

أمر الإنتاج رقم (1) على الآلة (د) وبكلفة 10 دينار

أمر الإنتاج رقم (2) على الآلة (ب) وبكلفة 4 دينار

أمر الإنتاج رقم (3) على الآلة (ج) وبكلفة 19 دينار

أمر الإنتاج رقم (4) على الآلة (أ) وبكلفة <u>3 دينار</u>

الكلفة المثلى = 36 دينار

2- يحسب مقدار التناقص من خلال مراحل الحل وبالشكل التالي:

1- مرحلة طرح أصغر قيمة في الصفوف وعندها يكون مقدار التناقص كما يلي:

$$3 + 4 + 15 + 10 = 32$$

2- مرحلة طرح أصغر قيمة في الأعمدة ويكون التناقص فيها كما يلي:

4 = صفر + 4 + صفر + صفر

3- وبما أن التخصيص قد استكمل:

إذن مقدار التناقص الكلي =

$$32 + 4 = 36$$.

مثال رقم (5):

تم تزويدك بالبيانات التي تخص تكاليف إنتاج أربعة أنواع من المنتجـات في شركة عمان للصناعات المنزليـة عـلى مكائن الإنتاج الأربعـة المتاحـة وبالشـكل التالي:

4	3	2	1	المكائن المنتجات
11	21	10	24	عطور
15	10	22	14	زينه
19	20	17	15	حنان
13	14	19	11	بسمه

المطلوب:

1- اعتمد طريقة الحل المختصر لتحديد أفضل تخصيص ممكن.

2- احسب مقدار التناقص في المصفوفة أعلاه.

الحل:

1- اعتماد طريقة الحل المختصر لتحديد أفضل تخصيص.

1- تحديد أقل قيمة في كل صف وطرحها من القيم الموجودة في ذلك الصف والشكل التالي:

المكائن / المنتجات	1	2	3	4
عطور	14	صفر	11	1
زينه	4	12	صفر	5
حنان	صفر	2	5	4
بسمه	صفر	8	3	2

2- تحديد أصغر قيمة في كل عمود وطرحها من القيم في ذلك العمود، والعمود الذي فيه (صفر)، قيم ذلك العمود تبقى بدون تغير وبالشكل التالي:

المكائن / المنتجات	1	2	3	4
عطور	14	صفر	11	صفر
زينه	4	12	صفر	4
حنان	صفر	2	5	3
بسمه	صفر	8	3	1

3- نقوم بتخصيص العمود او الصف الذي به صفر وبالشكل التالي:

يخصص صفر صف (حنان) وتغطى أرقام عمود رقم (1) الذي به ذلك الصفر.

يخصص صفر عمود رقم (2) وتغطى أرقام صف عطور الذي به ذلك الصفر.

يخصص صفر العمود رقم (3) وتغطى أرقام صف (زينة) الذي به ذلك الصفر.

يلاحظ من التخصيص أعلاه بأن هناك نقص صفر أي ان التخصيص لم يكن مساويا إلى عدد الصفوف أو الأعمدة، وبذلك نطبق ما يلي:

1- تحديد أصغر قيمة غير مغطاة وهي الرقم (1).

2- طرح هذه القيمة من نفسها ومن القيم الأخرى الغير مغطاة.

3- إضافة هذا الرقم إلى قيم تقاطع خطوط التغطية وبالشكل التالي:

4	3	2	1	المكائن / المنتجات
صفر	12	صفر	15	عطور
4	صفر	12	5	زينه
2	4	1	صفر	حنان
صفر	2	7	صفر	بسمه

ونتيجة التخصيص هي كما يلي:

1- تخصص الماكنة رقم (1) لإنتاج السلعة حنان وبكلفة 15 قرشا

2- تخصص الماكنة رقم (2) لإنتاج السلعة عطور وبكلفة 10 قرشا

3- تخصص الماكنة رقم (3) لإنتاج السلعة زينة وبكلفة 10 قرشا.

4- تخصص الماكنة رقم (4) لإنتاج السلعة بسمة وبكلفة 13 قرشا

التكلفة المثلى   48 قرشا

- مقدار التناقص الكلي في المصفوفة:

يحسب مقدار التناقص لكل مرحلة من مراحل الحل وبالشكل التالي:

1- مرحلة طرح أصغر قيمة في كل صف من القيم في الصف المعني وفي هذه المرحلة كان مقدار التناقص كما يلي:

$$46 = 11 + 15 + 10 + 10$$

2- مرحلة طرح أصغر قيمة في كل عمود من القيم في ذلك العمود وفي هذه المرحلة كان مقدار التناقص كما يلي:

صفر + صفر + صفر + 1 = 1

3- مرحلة عدم اكتمال التخصيص وكانت أصغر قيمة غير مغطاة هي الرقم (1):

مقدار التناقص الكلي = 46 + 1 + 1 = 48

ثانيا: تحقيق أعلى إيراد:

يمكن اعتماد جميع الخطوات السابقة في عملية التخصيص لحل المشاكل التي يهدف إلى تحقيق أقصى عائد بعد تحويل المصفوفة المتضمنة للمعلومات إلى مصفوفة تكاليف وهذا يتم من خلال طرح جميع الأرقام الموجودة في المصفوفة من أكبر رقم فيها، بعد ذلك نستمر في عمليات التخصيص حتى نصل إلى الحل الأمثل.

مثال (6):

يقوم قسم التسويق في شركة سامسونج التي تنتج التلفزيون الملون، الراديو، الحاسبة الالكترونية، أجهزة التسجيل، تسويق هذه المنتجات يتم من خلال أربعة وكلاء بيع في مختلف الأقطار العربية وكانت الفوائد التي يحققها (بالدينار) كل وكيل من بيع المنتجات المختلفة هي كما يلي:

الأجهزة / الوكلاء	التلفزيون	الراديو	الحاسبة	المسجلة
الشركة الأردنية	10	6	4	2
الشركة العربية	6	8	5	3
شركة بغداد	9	3	8	5
شركة القدس	7	7	3	4

المطلوب:

إجراء التخصيص الأفضل الذي يحقق أقصى عائد ممكن.

الحل:

1- تحديد أكبر قيمة في المصفوفة أعلاه وتطرح منها كافة الأرقام الأخرى وتكون النتيجة كما يلي:

الأجهزة / الوكلاء	التلفزيون	الراديو	الحاسبة	المسجلة
الشركة الأردنية	صفر	4	6	8
الشركة العربية	4	2	5	7
شركة بغداد	1	7	2	5
شركة القدس	3	3	7	6

2- تحديد أقل قيمة في الصفوف ونطرحها من القيم الأخرى في تلك الصفوف وبالشكل التالي:

الأجهزة / الوكلاء	التلفزيون	الراديو	الحاسبة	المسجلة
الشركة الأردنية	صفر	4	6	8
الشركة العربية	2	صفر	3	5
شركة بغداد	صفر	6	1	4
شركة القدس	صفر	صفر	4	3

3- تحديد أقل قيمة في الأعمدة ونطرحها من القيم الموجودة في تلك الأعمدة وبالشكل التالي:

الوكلاء / الأجهزة	التلفزيون	الراديو	الحاسبة	المسجلة
الشركة الأردنية	صفر	4	5	5
الشركة العربية	2	صفر	2	2
شركة بغداد	صفر	6	صفر	1
شركة القدس	صفر	صفر	3	صفر

4- الجدول أعلاه يحقق شرط وجود أصفار في كل الصفوف والأعمدة، وهذا يحقق إمكانية تغطية جميع الأصفار بعدد من الخطوط مساوي إلى الصفوف أو الأعمدة، مما يعني الوصول إلى الحل الأمثل وهو كما يلي:

1- الشركة الأردنية تتخصص بتسويق التلفزيونات بعائد (10) دينار للواحد.

2- الشركة العربية تتخصص بتسويق الراديوات بعائد (8) دينار للواحد.

3- شركة بغداد تتخصص بتسويق الحاسبات بعائد (8) دينار للواحد.

4- شركة القدس تتخصص بتسويق المسجلات بعائد (4) دينار للواحد.

وبهذا تحقق الشركة أعلى إيراد ممكن

مثال (7):

لنفرض أنه يراد تخصيص آلة معينة من بين خمسة مكائن لكل أمر إنتاج من بين خمسة أوامر إنتاج، علما بأن درجة الكفاية لتصنيع أمر إنتاج معين على آلة معينة هي كما مبين في الجدول أدناه:

أوامر الانتاج / المكائن	1	2	3	4	5
أ	7	2	10	12	13
ب	3	9	18	3	6
ج	13	10	5	5	5
د	2	8	6	4	9
هـ	6	8	9	3	11

المطلوب:

اعتمد طريقة الحل المختصرة للوصول للتخصيص الأمثل

الحل:

1- تحويل المصفوفة من مصفوفة أرباح إلى مصفوفة تكاليف وذلك عن طريق تحديد أكبر قيمة في المصفوفة أعلاه وطرح كافة القيم الأخرى من هذا الرقم وهذه القيمة هي (18) وبالشكل الآتي:

أوامر الانتاج / المكائن	1	2	3	4	5
أ	11	16	8	6	5
ب	15	9	صفر	15	12
ج	5	8	13	13	13
د	16	10	12	14	9
هـ	12	10	9	15	7

2- تحديد أصغر قيمة في كل صف وطرحها من القيم الموجودة في ذلك الصف وبالشكل الآتي:

5	4	3	2	1	أوامر الانتاج / المكائن
صفر	1	3	11	6	أ
12	15	صفر	9	15	ب
8	8	8	3	صفر	ج
صفر	5	3	1	7	د
صفر	8	2	3	5	هـ

3- تحديد أصغر قيمة في كل عمود وطرحها من القيم الموجودة في ذلك العمود وبالشكل التالي:

5	4	3	2	1	أوامر الانتاج / المكائن
صفر	صفر	3	10	6	أ
12	14	صفر	8	15	ب
8	7	8	2	صفر	ج
صفر	4	3	صفر	7	د
صفر	7	2	2	5	هـ

4- تتم عملية التخصيص وبالشكل التالي:
- يتم تخصيص الصفر الموجود في صف (ج) وتغطى أرقام عمود رقم (1) الموجودة به ذلك الصفر.
- يتم تخصيص الصفر الموجود في العمود رقم (2) وتغطى قيم الصف (د) الموجود به ذلك الصفر.

- يخصص الصفر الموجود في العمود رقم (3) وتغطى قيم الصف (ب) الموجود به ذلك الصفر.
- يخصص الصفر الموجود في العمود رقم (4) وتتم تغطية القيم الموجودة في الصف (أ) الموجود به ذلك الصفر.
- وأخيرا يتم تخصيص الصفر الموجود في الصف (هـ) وتتم تغطية القيم الموجودة في العمود رقم (5) ونتيجة التخصيص تكون كالاتي:

تخصيص الماكنة (أ) لتصنيع أمر الإنتاج (4) بدرجة كفاءة 12

تخصيص الماكنة (ب) لتصنيع أمر الإنتاج (3) بدرجة كفاءة 18

تخصيص الماكنة (ج) لتصنيع أمر الإنتاج (1) بدرجة كفاءة 13

تخصيص الماكنة (د) لتصنيع أمر الإنتاج (2) بدرجة كفاءة 8

تخصيص الماكنة (هـ) لتصنيع أمر الإنتاج (5) بدرجة كفاءة 11

حالات خاصة في نموذج التخصيص:

نتناول في هذه الفقرة أهم الحالات الاستثنائية التي تحدث أثناء حل مشكلة التخصيص وهي:

حالة عدم تساوي الصفوف والأعمدة:

من الشروط التي يستلزم توافرها في مشكلة التخصيص هو أن عدد الصفوف يجب أن يكون مساويا إلى عدد الأعمدة أي أن عدد الأعمال أو الفعاليات التي يتطلب إنجازها يجب أن يكون مساويا إلى عدد الأشخاص أو المكائن الذين ستوكل لهم مهمة القيام بها. ولكن قد يحدث في كثير من الأحيان أن لا يتساوى عدد الصفوف مع عدد الأعمدة مما يستلزم استبعاد أحدهم، ومن اجل تحقيق ذلك يتطلب إضافة صف أو عمود وهمي إلى الأعمدة أو الصفوف الناقصة، إلا أن إجراءات إضافة الصف أو العمود

الوهمي وتفاصيل الحل تختلف باختلاف هدف مشكلة التخصيص، فيما إذا كان الهدف هو الوصول إلى أقل كلفة أو الوصول إلى أقصى عائد ممكن، ولتوضيح هذا التباين نتناول المثالين التاليين:

اولا: حالة تحقيق اقل تكلفة:

في حالة كون هدف المشكلة هو الوصول إلى أقل تكلفة ممكنة، وكان عدد الصفوف أقل من عدد الأعمدة أو بالعكس، يستلزم إضافة صف أو عمود وهمي وتكون الكلف اللازمة للقيام بهذه الفعالية الوهمية مساويا إلى الصفر، وبعدئذ نقوم بالحل وفق الخطوات الاعتيادية السابقة التي اعتمدت في حل الأمثلة التي تم تناولها في هذا الفصل.

مثال (8):

الجدول الآتي يبين الوقت اللازم بالساعات لإنجاز ثلاثة أعمال من قبل أربعة أشخاص وبالشكل التالي:

3	2	1	الاعمال الاشخاص
9	15	10	محمد
5	18	9	زيد
3	14	6	علي
6	16	8	محمود

المطلوب:

اعتمد الطريقة المختصرة للوصول إلى التخصيص الأمثل

الحل:

1- نلاحظ بأن عدد الصفوف أكثر من عدد الأعمدة مما يستلزم إضافة عمود وهمي ويكون الوقت اللازم لإنجاز هذا العمل صفر وبالشكل التالي:

4 عامل وهمي	3	2	1	الاعمال العمال
صفر	9	15	10	محمد
صفر	5	18	9	زيد
صفر	3	14	6	علي
صفر	6	16	8	محمود

2- يلاحظ بعد إضافة العمود الوهمي والمتمثل بالعمود رقم (4) فإن أصغر قيمة الآن في الصفوف هي صفر، أي أن أرقام صفوف الجدول أعلاه تبقى كما هي.

3- تحديد أصغر قيمة في الأعمدة وطرحها من القيم الأخرى الموجودة في كل عمود وتكون النتيجة كما يلي:

4 عامل وهمي	3	2	1	الاعمال الأشخاص
صفر	6	1	4	محمد
صفر	2	4	3	زيد
صفر	صفر	صفر	صفر	علي
صفر	3	2	2	محمود

295

4- نقوم بعملية التخصيص حيث يتم تخصيص الصف أو العمود الذي به صفرا واحدا فنلاحظ أن العمود رقم (1) به صفرا واحدا فيتم تخصيصه وتغطى أرقام صف (علي) الذي به ذلك الصفر بخط مستقيم كما يلاحظ أعلاه، وتغطى أرقام العمود رقم (4) بخط مستقيم وترك عملية تخصيص هذا العمل إلى حين اكتمال تخصيص الاعمال الحقيقية الأخرى.

5- يلاحظ من الجدول أعلاه أن عملية التخصيص لم تستكمل، لذا يتطلب تحديد أصغر رقم من بين الأرقام الغير مغطاة وهو الرقم (1) وطرحه من نفسه ومن الأرقام الأخرى الغير مغطاة وإضافته إلى القيم الموجودة عند نقاط التقاطع لخطوط التغطية وبالشكل التالي:

الاعمال / الأشخاص	1	2	3	4 عامل وهمي
محمد	3	صفر	5	1
زيد	2	3	1	صفر
علي	صفر	صفر	صفر	1
محمود	1	1	2	صفر

6- بعد عمل التخصيص أعلاه نلاحظ بأن عملية التخصيص لم تستكمل بعد، لذا يتطلب تكرار العملية السابقة وتحديد أصغر رقم غير مغطاة وهو الرقم (1) وطرحه من نفسه ومن القيم الأخرى الغير مغطاة وإضافة الرقم (1) إلى نقاط تقاطع خطوط التغطية وتكون النتيجة كما يلي:

الاعمال / الأشخاص	1	2	3	4 عامل وهمي
محمد	3	صفر	5	2
زيد	1	2	صفر	1
علي	صفر	صفر	صفر	2
محمود	صفر	صفر	1	صفر

7- يلاحظ من الجدول أعلاه بأن عملية التخصيص قد استكملت وتكون النتيجة كما يلي:

1- العامل محمد يقوم بإنجاز العمل رقم (2) وبوقت 15 ساعة.

2- العامل زيد يقوم بإنجاز العمل رقم (3) وبوقت 5 ساعة.

3- العامل علي يقوم بإنجاز العمل رقم (1) وبوقت 6 ساعة.

4- ويتم استبعاد العامل محمود.

ثانيا: حالة تحقيق أقصى عائد ممكن:

في حالة كون هدف مشكلة التخصيص الوصول إلى اقصى عائد ممكن، وكان عدد الأعمدة أقل من عدد الصفوف أو بالعكس، يتطلب اتباع الخطوات التالية:

1- تحديد أكبر قيمة من بين ارقام المصفوفة مجتمعتا.

2- طرح كافة قيم المصفوفة من هذه القيمة (أكبر قيمة).

3- إضافة العمود أو الصف الوهمي بعد إجراء الخطوة رقم (2) اعلاه.

4- اتباع نفس إجراءات الحل السابقة التي اعتمدت في حل أمثلة هذا الفصل من أجل الوصول إلى الحل الأمثل.

ومن أجل توضيح ذلك نتناول المثال الآتي:

مثال (9):

شركة عرابي ترغب بالوصول إلى افضل تخصيص لمنتجاتها الأربعة على مكائنها الانتاجية الثلاثة، ومصفوفة العائد المتحقق بالقرش كانت كما يلي:

4	3	2	1	المنتجات \ المكائن
45	15	25	40	أ
40	15	30	35	ب
35	20	25	45	ج

المطلوب:

اعتمد طريقة الحل المختصر لتحقيق أفضل عائد ممكن.

الحل:

1- تحديد أكبر قيمة في المصفوفة أعلاه وهي الرقم (45) وطرح القيم الأخرى منها وتكون المصفوفة كما يلي:

4	3	2	1	المنتجات \ المكائن
صفر	30	20	5	أ
5	30	15	10	ب
10	25	20	صفر	ج

298

2- بما أن عدد الصفوف أقل من عـدد الأعمـدة لـذا يسـتلزم إضافة صـف وهمـي (ماكنة وهمية) وعائد تلك الماكنة يكون الصفر وبالشكل الآتي:

4	3	2	1	المنتجات / المكائن
صفر	30	20	5	أ
5	30	15	10	ب
10	25	20	صفر	ج
صفر	صفر	صفر	صفر	د (ماكنة وهمية)

3- تحديد أقل قيمة في كل صف وطرحهـا مـن القيـم الأخـرى في المصـفوفة أعـلاه وتكون النتيجة كما يلي:

4	3	2	1	المنتجات / المكائن
صفر	30	20	5	أ
صفر	25	10	5	ب
10	25	20	صفر	ج
صفر	صفر	صفر	صفر	د (ماكنة وهمية)

4- إضافة الصف الوهمي خلق صفر في جميع الأعمدة لذا فإن طـرح أصـغر قيمـة في الأعمدة (وهي صفر) لا يغير القيـم أعـلاه، وبنـاء عـلى ذلـك نقـوم بعمليـة التخصيص وبالشكل التالي:

299

- تتم تغطية صف الماكنة (د) بخط مستقيم وترك عملية تخصيص هذا الصف إلى حيث اكتمال عملية التخصيص.
- يخصص صف الماكنة (أ) لأن به صفر واحد وتتم تغطية أرقام العمود رقم (4).
- يخصص الصفر الموجود في الصف ج وتتم تغطية أرقام العمود رقم (1).

ويلاحظ من التخصيص أعلاه بأن عملية التخصيص لم تستكمل مما يستلزم تحديد أصغر رقم غير مغطى وهو الرقم (10) وطرحه من نفسه ومن الأرقام الغير مغطاة الأخرى، وإضافة هذا الرقم إلى القيم الموجودة عند نقاط التقاطع لخطوط التغطية المبينة في الجدول أعلاه وبالشكل التالي:

4	3	2	1	المنتجات المكائن
صفر	20	10	5	أ
صفر	15	صفر	5	ب
10	15	10	صفر	ج
10	صفر	10	10	د (ماكنة وهمية)

يلاحظ من الجدول أعلاه بأن عملية التخصيص قد استكملت ومن الممكن عرض النتيجة بالشكل التالي:

الماكنة (أ) تخصص لإنتاج المنتوج رقم (4) وبعائد 45 قرشا

الماكنة (ب) تخصص لإنتاج المنتوج رقم (2) وبعائد 30 قرشا

الماكنة (ج) تخصص لإنتاج المنتوج رقم (1) وبعائد 45 قرشا.

ويتم استبعاد المنتوج رقم (3).

تمارين

1- الآتي العوائد المتحققة في الشركة العالمية الحديثة لصناعة الزيوت النباتية التي يحتوي كل قسم من أقسامها الخمسة على مكائن قادرة على إنتاج هذه الزيوت بمختلف أنواعها وبالشكل الآتي:

المكائن / الزيوت	أ	ب	ج	د	هـ
دلال	7	2	10	12	13
جولدن	3	9	18	3	6
بريمو	13	10	5	5	5
عافية	2	8	6	4	9
العربي	6	8	9	3	11

المطلوب:

1- اعتمد الطريقة المختصرة لوضع التخصيص الأمثل.

2- احسب مقدار التناقص الكلي.

2- تم استدعائك ، باعتبارك محلل كمي، من قبل شركة القدس للصناعات الكيماوية حيث قدمت لك المعلومات التي تخص إنجاز خمسة أعمال مع تكاليف إنجاز كل واحدة منها من قبل خمسة أشخاص مرشحين لذلك حيث طلب منك إيجاد التخصيص الأمثل الذي يحقق أقل تكلفة ممكنة معتمدا طريقة الحل المختصر:

البيانات:

الاعمال / الاشخاص	1	2	3	4
أحمد	7	2	10	12
محمد	3	9	18	3
زيد	13	10	5	5
محمود	2	8	6	4
عدنان	6	8	9	3

الفصل التاسع:
شبكات الأعمال/ طريقة المسار الحرج
Network/Critical Path Method (CPM)

مقدمة

تناولنا في الفصول السابقة مجموعة من النماذج الخطية متمثلة في نموذج البرمجة الخطية وأسلوب النقل والتخصيص، ونتناول في هذا الفصل نماذج مختلفة من مخططات شبكات الأعمال المستخدمة في جدولة الأعمال والمتمثلة في المسار الحرج (Critical Path Method (CPM حيث تعتبر من الطرق الشائعة الاستخدام لتخطيط ومراقبة تنفيذ مشاريع وأعمال متوافرة عنها معلومات سابقة بما يتعلق بالتكاليف والوقت المطلوب لإنجاز العمليات التي يتضمنها هذا المشروع، بحيث يتمكن المسؤولون عن التخطيط والتنفيذ من إنجاز هذه المشاريع والأعمال في أقصر وقت وبأقل التكاليف.

مفهوم وماهية طريقة المسار الحرج:

تعتبر طريقة المسار الحرج امتداد للتطورات والتوسعات التي أجريت على أساليب سابقة مثل مخططات جانت Gantt Chart ، حيث تهدف طريقة المسار الحرج إلى مراقبة تنفيذ مشروع معين يتكون من عدة مراحل أو عمليات (فعاليات) وتحديد العمليات التي يستلزم وضعها تحت رقابة مستمرة لأنها قد تسبب تعطيل إنجاز المشروع كله، وتحديد المسار الذي ينبغي تتبعه باستمرار لأن أي تأخير يحدث للأنشطة التي تقع على هذا المسار ستؤدي إلى تأخير المشروع بكامله.

ويتطلب استخدام هذه الطريقة ضرورة إعداد جدول زمني للأنشطة المختلفة التي يتكون منها المشروع وذلك حتى يمكن إنجازه بأقل وقت ممكن وبالموارد المتاحة.

التعاريف الأساسية في طريقة المسار الحرج:

- الحدث (واقعة) Event

هو إنجاز معين يحدث في نقطة زمن معينة ولا يحتاج لوقت أو موارد بحد ذاته، ويمثل بدائرة (O).

- النشاط (فعالية) Activity :

هو فعالية أو نشاط متمثل بعمل معين والذي يتطلب توافر موارد مثل وقت لإنجازه ويمثل بسهم (←) فالشكل التالي:

يمثل حدثين (1، 2) مربوطين بنشاط، كل حدث يمثل نقطة معينة من الزمن، فالحدث رقم (1) يبين نقطة البدء والحدث رقم (2) يبين نقطة النهاية والنشاط والممثل بالسهم يبين الوقت اللازم لإنجاز العمل الفعلي فالحدث لا يمثل وقتا وإنما يشير إلى نقطة البداية أو النهاية للوقت المطلوب لإنجاز النشاط، وهكذا يستلزم معرفة أن بين كل حدثين يوجد نشاط واحد فقط علما بأن طول السهم لا يعبر عن طول النشاط وإنما الوقت اللازم لإنجاز ذلك النشاط يجب أن يكتب رقميا فوق أو تحت السهم الذي يعبر عنه.

إن النشاط لا يبدأ إلا بعد وقوع الحدث الذي يسبقه أي أنه لا يمكن أن يبدأ إلا بعد اتمام كل الأنشطة التي تنتهي عند الحدث السابق له، وعموما يمكن أن يقال أن الأنشطة تنقسم إلى مجموعتين رئيسيتين:

1- انشطة متعاقبة: وهي الأنشطة التي تحدث في ترتيب متعاقب ففي الشكل التالي نجد ان النشاط (أ) يسبق النشاط (ب) والنشاط (ب) لاحق للنشاط (أ)، وعلى هذا الأساس لا يجوز البدء بتنفيذ النشاط (ب) إلا بعد إنجاز النشاط (أ).

أنشطة متعاقبة

2- أنشطة متوازية: هي الأنشطة التي يتم تنفيذها في نفس الوقت بحيث يتم تنفيذ نشاطين او اكثر في وقت واحد والشكل التالي يبين أن النشاطين (أ)، (ب) ينفذان بنفس الوقت.

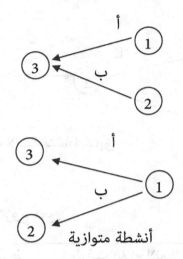

أنشطة متوازية

ممكن لشبكة العمل أن تحتوي على أشكال مختلفة من الأنشطة أعلاه فالشكل ادناه يبين أن النشاطين (أ) و (ب) أنشطة متوازية وأن النشاطين (ج) و (د) لا يمكن ان يبدأ العمل عليهما إلا بعد إنجاز النشاطين (أ) و (ب). (أنشطة متوازية وأنشطة لاحقة)

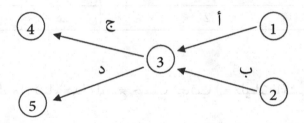

والشكل أدناه يبين أن النشاطين (ج، هـ) لاحقين للنشاط (أ) حيث لا يجوز البدء بهما إلا بعد إنجاز النشاط (أ).

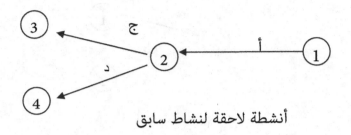

أنشطة لاحقة لنشاط سابق

مثال:

المعلومات التالية تخص بناء مشروع معين:

المسار	النشاط	الوقت اللازم لانجاز النشاط (بالأيام)
2-1	أ	3
3-2	ب	2
4-2	ج	5
5-3	د	3
5-4	هـ	2

المطلوب :

رسم شبكة العمل لبناء هذا المصنع حسب تعاقب العمليات المشار إليها أعلاه

الحل:

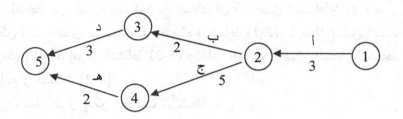

2
2
2

نلاحظ أن الحدث رقم (1) يبين بداية النشاط (أ) والحدث رقم (2) يبين نهاية نشاط (أ) وبنفس الوقت يكون بداية نشاطين هما النشاط (ب) والنشاط (ج). كما أن الحدث رقم (3) يبين نهاية النشاط (ب) وبداية النشاط (د) وكذلك الحال بالنسبة للحدث رقم (4). لذا نلاحظ عند بداية الشبكة أن الحدث رقم (1) يشير فقط إلى بداية نشاط (أ) ولم يكن هذا الحدث نهاية لنشاط سابق، وعند نهاية الشبكة كما نلاحظ في الحدث رقم (5) فإنه يشير إلى نهاية نشاط أو أنشطة فقط ولكن لم يكن بداية لنشاط لاحق وذلك لأن فعاليات هذه الشبكة قد انتهت.

كما يبدو واضحا أن الوقت اللازم لإنجاز المشروع ككل هو الوقت المحسوب في أطول مسار من البداية إلى النهاية حيث نلاحظ من الشبكة أعلاه أن هناك مسارين هما:

الأول: (1-2) ، (2 – 3) ، (3 – 5)

الثاني: (1-2)، (2- 4) ، (4 – 5)

وإذا راجعنا شبكة هذا المصنع المشار إليها أعلاه نلاحظ أن المسار الأول يستلزم (8) شهور (3+2+3) ، والمسار الثاني يستلزم (10) شهور (3+5+2) ولكون المسار الثاني هو أطول مسار فهو يسمى بالمسار الحرج لإنجاز المشروع والأنشطة الواقعة عليه يطلق عليها بالأنشطة الحرجة. حيث نلاحظ ان المسار الحرج هو المسار الذي يحتاج إلى

الوقت الأطول لاتمام مجموعة الأنشطة الواقعة عليه، وهذا المسار هو الذي يحدد الوقت اللازم لإنجاز هذا المشروع.

وكما نلاحظ من شبكة بناء المصنع اعلاه. أن كلا من النشاطين (2-3)، أو (2-4) لا يمكن البدء بأي منهما قبل انتهاء النشاط (1-2)، كما لا يمكن البدء بالنشاط (3-5) إلا بعد إنجاز النشاط (2-3) وكذلك الحال، لا يمكن البدء بالنشاط (4-5) قبل إنجاز النشاط (2-4).

ومن ناحية أخرى يمكن تصنيف الأنشطة على أنها

1- الأنشطة الحقيقية Real Activities

2- الأنشطة الوهمية Dummy Activities

تعبر الأنشطة الحقيقية عن الأعمال التي يجب تنفيذها للانتقال من حدث (واقعة) Event معينة على شبكة العمل الخاصة بتنفيذ مشروع معين إلى حدث آخر وعلى هذا الأساس فإنها تمثل إنجازات معينة تأخذ وقتا في تنفيذها، ، وبالإضافة إلى ذلك فإنها تتطلب موارد لازمة لهذا التنفيذ، متمثلة بتوفير المواد والعمل والأجهزة المختلفة، كما يعبر عن الأنشطة الحقيقية في شبكة العمل بخطوط متصلة تربط الأحداث (Events) للأنشطة المختلفة.

أما الأنشطة الوهمية فهي الأنشطة التي لا تستغرق وقتا ولا تستلزم أي موارد أي أن الوقت المستغرق من قبل النشاط الوهمي يعادل صفر. وعادة يعبر عن النشاط الوهمي في صورة سهم ذات خطوط متقطعة (على شكل خط متقطع) ويعبر عنه بهذا الشكل من اجل تمييزه عن الأنشطة الحقيقية، وتستخدم الأنشطة الوهمية بشكل عام في ثلاث حالات رئيسية هي:

1- يستخدم النشاط الوهمي للتعبير عن علاقات متقطعة تتابعية بين الأنشطة المختلفة المكونة للشبكة. ولنأخذ مثال عملية تغير الإطار المعطوب في السيارة حيث تتكون من الأنشطة التالية:

النشاط (أ): نزع الإطار المعطوب.

النشاط (ب): تصليح الإطار المعطوب.

النشاط (ج): إحضار إطار احتياطي.

النشاط (د): تركيب الإطار الاحتياطي.

والشبكة التالية تعبر عن عملية تغير الإطار أعلاه:

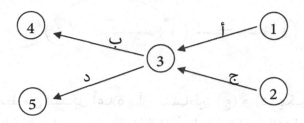

ونلاحظ من الشبكة أعلاه ان النشاطين (ب)، (د) يجـب أن يعقبـا النشـاط (أ)، كما أن النشاط (د) لاحـق للنشـاط (ج) وهـذا ايضـا صحيـح، وهنـاك خطـأ فـي الشبكة أعلاه تجسد بأن النشاط (ب) يتبع النشاط (ج) كما أن النشاط (ب) يمكن أن يبدأ إذا تم النشاط (أ). ومن أجل معالجة الموقف أعـلاه فإننا نسـتطيع إعـادة رسم الشبكة مستخدمين نشاطا وهميا وبالشكل التالي:

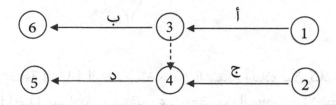

واضحا من الشكل أعلاه أن النشاط (د) لا يمكـن البـدء بـه إلا بعـد إكمال النشاطين (أ) و (ج)، كما أن النشاط (ب) يمكن البـدء بـه بعـد إنجاز النشاط (أ) ولكنه لا يعتمد على النشاط (ج).

2- يستخدم النشاط الوهمي من أجل فك الارتباط بين حدثين لأكثر من نشاط كما هو الحال أدناه:

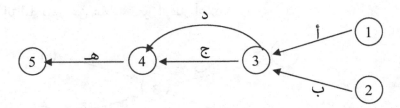

حيث نلاحظ من الشكل أعلاه بأن النشاطين (ج) و (د) يمكن وصفهما بأنهما النشاط (3-4) ومن اجل تجنب هذا الخطأ علينا استخدام النشاط الوهمي من اجل فك ارتباط هاذين النشاطين وبالشكل التالي:

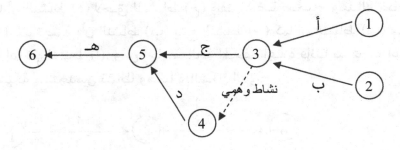

ومن خلال إضافة النشاط الوهمي اتضح من الشبكة أعلاه بأن كلا من النشاطين (ج)، (د) أخذا مسارين مستقلين عن بعضهما البعض، فنلاحظ ان النشاط (ج) ومساره (3-5)، والنشاط (د) ومساره (4-5).

ونتناول الآن بعض الأمثلة على كيفية رسم شبكات الأعمال:

مثال (1):

نفرض أن عملية إقامة مبنى تتضمن الأنشطة التالية:

النشاط ومساره	وصف النشاط
أ (1-2)	استلام الموقع وتطهيره
ب (2-3)	الحفر
ج (1-3)	الحصول على الاسمنت والمواد الاخرى
د (3-4)	وضع الاساسات
هـ (4-5)	إقامة المبنى
و (5-6)	نشاط وهمي
ل (5-7)	توصيل الكهرباء
ن (6-7)	أعمال النجارة
ط (7-8)	اعمال البياض

المطلوب:

ارسم شبكة العمل الخاصة بإقامة المبنى أعلاه:

الحل:

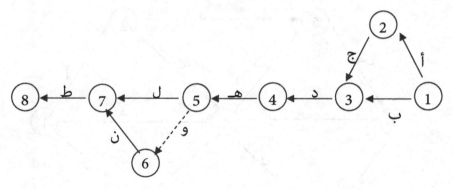

مثال (2):

يبين الجدول الآتي الأنشطة التي يتضمنها تنفيذ أحد المشروعات ومسارها:

النشاط	مسار النشاط
أ	2-1
ب	3-1
ج	4-2
د	4-3
هـ	4-1
و	5-2
ل	5-4
ك	6-3
ن	6-4
س	7-4
ص	7-5
ع	7-6

المطلوب:

ارسم شبكة العمل التي تخص المشروع أعلاه.

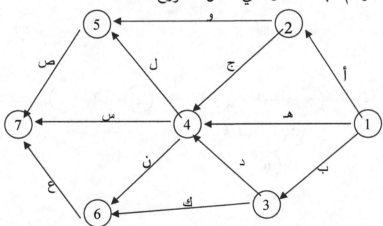

احتساب الوقت:

من أجل التوصل لاحتساب الزمن اللازم لإنجاز المشروع فإن طريقة المسار الحرج تتطلب توضيح التعابير التالية:

- البداية المبكرة للنشاط (Early start)

البداية المبكرة للنشاط عبارة عن أقرب وقت يمكن البدء فيه بتنفيذ ذلك النشاط وتمثل الانتهاء المبكر للنشاط السابق.

- النهاية المبكرة للنشاط (Early Finish)

النهاية المبكرة عبارة عن أقرب وقت يمكن أن ينتهي فيه تنفيذ فعالية أو نشاط معين.

- وقت النشاط (Activity Time)

وهو عبارة عن الوقت اللازم لانجاز النشاط وهذا الوقت في طريقة المسار الحرج يكون محدد ومعلوم ويتم تزويده من قبل الإدارة كما ان التكلفة يستلزم أن تكون محددة ومعلومة.

إن الوقت المبكر لبدء نشاط معين هو عبارة عن النهاية المبكرة للنشاط الذي سبق النشاط المعني، وإذا كان النشاط المعني هو النشاط الأول في شبكة العمل يكون الوقت المبكر له (صفر) وسبب ذلك لأنه لا يوجد نشاط يسبق هذا النشاط.

أما النهاية المبكرة لنشاط معين فهي عبارة عن البداية المبكرة لهذا النشاط مضافا له الوقت اللازم لإنجازه، ولتوضيح ذلك نتناول المثال التالي:

مثال (3):

اعطيت لك المعلومات التالية التي تخص بناء مصنع معين:

النشاط	الوصف	الزمن اللازم (بالاشهر)	النشاط السابق
أ	اعـداد تقريـر الجـدوى الفنيـة والاقتصادية	3	-
ب	تنظيف الموقع وحفر الاساس	4	أ
ج	صب الاساس	2	ب
د	شراء المكائن	2	ب
هـ	البناء	6	ج
و	تدريب الفنيين	3	د
ر	نصب المكائن	2	هـ/و
ح	الانتاج التجريبي والفحص	3	ر

المطلوب:

1- ارسم شبكة العمل الخاصة بالمشروع أعلاه.
2- تحديد البدايات والنهايات المبكرة.
3- احسب المسار الحرج.
1- ارسم شبكة العمل للمشروع أعلاه:

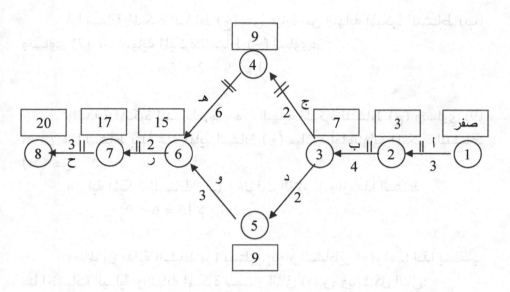

2- نلاحظ من شبكة العمل الخاصة بالمشروع أعلاه بأن الوقت المبكر لبداية النشاط (أ) هو عبارة عن النهاية المبكرة للنشاط السابق وطالما أن النشاط (أ) هو نشاط البداية في الشبكة اعلاه لذا فإن البداية المبكرة للنشاط (أ) هي (صفر)، أما النهاية المبكرة لهذا النشاط هي:
البداية المبكرة لنشاط (أ) + الوقت اللازم لإنجاز هذا النشاط:
= صفر + 3 = 3 شهرا

أما البداية المبكرة للنشاط (ب) فهي النهاية المبكرة للنشاط (أ) أي أن النشاط (ب) يبدأ عند نهاية النشاط (أ) مباشرة، أما النهاية المبكرة للنشاط (ب) هي:
البداية المبكرة للنشاط (ب) + الوقت اللازم لإنجاز هذا النشاط:
= 3 + 4 = 7 شهرا.

أما البداية المبكرة للنشاط (ج) هي عبارة عن النهاية المبكرة للنشاط (ب) وتساوي (7)، أما النهاية المبكرة للنشاط (ج) تساوي:

= 7 + 2 = 9 شهرا

والبداية المبكرة للنشاط (هـ) هي النهاية المبكرة للنشاط (ج) وتساوي (9) أي أن هذا النشاط يبدأ عند نهاية النشاط (ج) مباشرة أما النهاية المبكرة للنشاط (هـ) هي:

البداية المبكرة للنشاط (هـ) + الوقت اللازم لإنجاز هذا النشاط

= 9 + 6 = 15 شهرا

وطالما أن بداية النشاط (ر) يستلزم إنجاز النشاطين (و)، (هـ) لذا يتطلب منا احتساب البداية والنهاية المبكرة للمسار الثاني (د، و) وبالشكل التالي:

البداية المبكرة للنشاط (د) هي النهاية المبكرة للنشاط (ب) وتساوي (7)، أما النهاية المبكرة للنشاط (د) هي:

البداية المبكرة للنشاط (د) + الوقت اللازم لإنجاز هذا النشاط

= 7 + 2 = 9

أما بالنسبة للنشاط (و) فإن بدايته المبكرة هي (9) ونهايته المبكرة تساوي البداية المبكرة للنشاط (و) + الوقت اللازم لإنجازه = 9 + 3 = 12 .

لذا فإن النشاط (ر) لن يبدأ إلا بعد اكتمال أطول مسار، وعلى هذا الأساس فإن البداية المبكرة للنشاط (ر) هي عبارة عن النهاية المبكرة للنشاط (هـ) وتساوي (15)، أما النهاية المبكرة للنشاط (ر) فهي:

البداية المبكرة للنشاط (ر) + الوقت اللازم لإنجازه = 15 + 2 = 17

وأخيرا، فإن البداية المبكرة للنشاط (ح) هي النهاية المبكرة للنشاط (ر). وتساوي (17)، أما النهاية المبكرة للنشاط (ح) تساوي:

البداية المبكرة للنشاط (ح) + الوقت اللازم لإنجازه = 17 + 3 = 20 شهرا

3- إن المسار الحرج لشبكة العمل أعلاه فهو يمثل اطول مسار وهو المسار الذي يمثل الأنشطة (أ، ب، ج، هـ، ر، ح) وطوله (20) شهرا والأنشطة الواقعة على هذا المسار تمثل الأنشطة الحرجة ويطلق عليها بالحرجة لأنها هي التي تتحكم بإنجاز المشروع ضمن الوقت المحسوب، إن تأخير أي من هذه الأنشطة الحرجة سيتولد عنه تأخير المشروع بكامله، أما الانشطة (د، و) هي أنشطة غير حرجة.

البداية المتأخرة والنهاية المتاخرة: (Latest Start and latest finish)

يمكن تعريف البداية المتأخرة لأي نشاط بأنها آخر وقت يمكن أن يبدأ فيه النشاط (الفعالية) دون أن يؤثر على إتمام المشروع في الوقت المحدد وفقا للمسار الحرج. أما النهاية المتأخرة فهي آخر وقت يمكن النشاط تحت الدراسة ان ينتهي به دون ان يؤثر على إنجاز المشروع في وقته المحدد.

وتحسب البدايات والنهايات المتأخرة عن طريق المرور التراجعي أي البدء من النشاط النهائي (الأخير) الذي نعرف متى ينتهي ثم نبدأ بالتراجع على المسارات المختلفة مرورا بجميع الانشطة لاحتساب كل البدايات والنهايات المتأخرة، وبالرجوع إلى مثالنا السابق عن تشييد المصنع، فإن آخر نشاط هو الانتاج التجريبي (ح) والمدة اللازمة لإنجاز المشروع كله وبالتالي هذا النشاط وفقا لحساباتنا (المسار الحرج) هو (20) شهرا، أما البداية المتأخرة فهي عبارة عن موعد انتهاء هذا النشاط مطروحا منه الوقت الذي يستغرقه هذا النشاط وهو (3) شهور وبالتالي:

البداية المتأخرة لنشاط (ح) = النهاية المتأخرة لنشاط (ح) - الزمن اللازم لإنجاز النشاط (ح) = 20 - 3 = 17

وحيث أن الرجوع إلى بداية المشروع يعني الرجوع عبر ممرين، فنبدأ أولا عبر المسار الحرج، وبعدها المسارات الأخرى.

علما بأن النهاية المتأخرة لأي نشاط هي البداية المتأخرة للنشاط الذي يليه والجدول أدناه يبين البدايات والنهايات المتأخرة لتنفيذ المشروع في المثال (3):

النشاط	الزمن بالأشهر	بداية متأخرة	نهاية متأخرة
أ	3	صفر	3
ب	4	3	7
ج	2	7	9
د	2	10	12
هـ	6	9	15
و	3	12	15
ر	2	15	17
ح	3	17	20

احتساب الوقت الفائض:

يعرف الوقت الفائض لأي نشاط من الأنشطة بأنه الفرق بين البداية المتأخرة والبداية المبكرة لهذا النشاط أو الفرق بين النهاية المتأخرة لهذا النشاط ونهايته المبكرة، والتعريف السابق ناتج عن واقع العمل، حيث أن البداية المتأخرة تمثل آخر وقت يمكن أن نبدأ فيه هذا النشاط على ان لا يتأخر إنهاء المشروع عن الوقت المحدد في المسار الحرج، بينما تمثل البداية المبكرة أقرب وقت يمكن البدء فيه بهذا النشاط نتيجة لتسلسل العمليات، وعلى هذا الأساس فإن الفرق بين البداية المتأخرة والبداية المبكرة يمثل الوقت الفائض هو الوقت الذي يمكن تأخير ابتداء النشاط به دون أن يؤثر ذلك على موعد الانتهاء من المشروع طبقا للزمن المحدد في المسار الحرج، والجدول التالي يوضح احتساب الزمن الفائض للمثال رقم (3).

النشاط	بداية متأخرة	بداية مبكرة	الفائض (البداية المتأخرة – البداية المبكرة)	نهاية متأخرة	نهاية مبكرة	الفائض (النهاية المتأخرة – النهاية المبكرة)
أ	صفر	صفر	صفر	3	3	صفر
ب	3	3	صفر	7	7	صفر
ج	7	7	صفر	9	9	صفر
د	10	7	3	12	9	3
هـ	9	9	صفر	15	15	صفر
و	12	9	3	15	12	3
ر	15	15	صفر	17	17	صفر
ح	17	17	صفر	20	20	صفر

مثال (4):

أدناه تفاصيل الأحداث والأنشطة لمشروع معين مدرجة بالجدول أدناه:

الأنشطة	الزمن المطلوب
2-1	2
3-1	1
5-2	3
6-2	5
5-3	4
6-5	1
4-3	3
7-4	2
8-5	7
8-6	6
8-7	1

المطلوب:
1- رسم شبك العمل لهذا المشروع.
2- تعيين الوقت اللازم لإنجاز هذا المشروع.
3- تحديد البداية المبكرة والنهاية المبكرة لكل نشاط.
4- تحديد البداية المتأخرة والنهاية المتأخرة لكل نشاط.
5- تحديد الوقت الفائض.

الحل:

1- رسم الشبكة

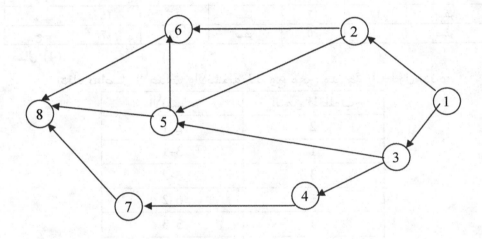

2- احتساب المسار الحرج

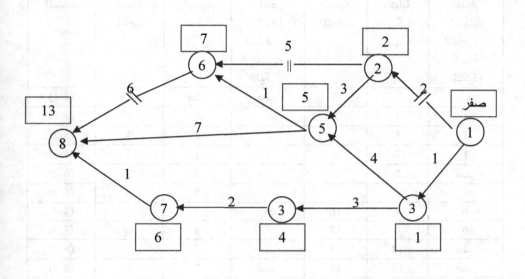

المسار الحرج = 13 اسبوعا ويتمثل بالمسارات من (1-2)، (2 – 6)، (6- 8).

3- احتساب الوقت الفائض:

النشاط	البداية المتأخرة	البداية المبكرة	الفائض (البداية المتأخرة – البداية المبكرة)	النهاية المتأخرة	النهاية المبكرة	الفائض (النهاية المتأخرة – النهاية المبكرة)
(2-1)	صفر	صفر	صفر	2	2	صفر
(3-1)	1	صفر	1	2	1	1
(5-2)	3	2	1	6	5	1
(5-3)	2	1	1	6	5	1
(6-2)	2	2	صفر	7	7	صفر
(6-5)	6	5	1	7	6	1
(4-3)	7	1	6	10	4	6
(7-4)	10	4	6	12	6	6
(8-5)	6	5	1	13	12	1
(8-6)	1	7	صفر	13	13	صفر
(8-7)	11	6	6	13	7	6

مثال (5):

الشبكة أدناه تمثل الأنشطة الخاصة ببناء مصنع للطاقة الكهربائية، مبينـا عليها الوقت اللازم لإنجاز كل نشاط

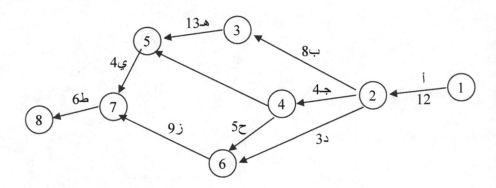

المطلوب:

1- حدد المسار الحرج للشبكة اعلاه.

2- احسب الوقت الفائض لأنشطة الشبكة.

الحل:

1- تحديد المسار الحرج

يتم تحديد المسار الحرج للشبكة أعلاه من خلال حساب البداية والنهاية المبكرة لكل نشاط وبالشكل التالي:

النشاط (أ) نلاحظ ان حدث البداية لنشاط (أ) هو الحدث رقم (1) وبما أن هذا الحدث هو حدث البداية للشبكة أعلاه فإن البداية المبكرة لنشاط (أ) ستكون (صفر) وسبب ذلك لأنه لا يوجد نشاط يسبق هـذا النشاط، أمـا النهايـة المبكرة لنشاط (أ) هي عبارة عن البداية المبكرة له مضافا لها الوقت اللازم لانجاز هـذا النشاط ومقدارها (12) اسبوعا، وبذلك تكون النهايـة المبكـرة لنشـاط (أ) تساوي (12).

يلاحظ من الشبكة أعلاه ان حدث رقم (2) وهـو حـدث نهايـة نشاط (أ) سيكون حدث البداية لثلاثة أنشطة هي (ب، ج، د) وبنـاء عـلى ذلك فإن البداية المبكرة لهذه الأنشطة هي عبارة عـن النهايـة المبكرة لنشـاط (أ) وهـي (12)، أمـا النهاية المبكرة للأنشطة الثلاثة تحسب بالشكل التالي:

النهايـة المبكـرة لنشـاط (ب) = النهايـة المبكرة لنشاط أ + الوقت اللازم لإنجاز النشاط ب

$$= 12 + 8 = 20$$

النهاية المبكرة لنشاط ج = 12 + 4 = 16

النهاية المبكرة لنشاط د = 12 + 3 = 15

وكما يلاحظ ايضا مـن الشـبكة ان حـدث رقـم (4) وهـو حـدث النهايـة للنشاط (ج) يمثل حدث البداية للنشاطين (و، ح) وبنـاء عـلى ذلك فإن البداية المبكرة لهذين النشاطين هي عبارة عن النهاية المبكرة للنشاط (ج) وتساوي (16)، أما النهاية المبكرة لهذين النشاطين تحسب كما يلي:

النهاية المبكرة للنشاط (و) = 16 + 18 = 34

النهاية المبكرة للنشاط (ح) = 16 + 5 = 21

إن الحدث رقم (3) الذي يمثل حدث النهاية للنشاط (ب) يعتبر حدث البداية للنشاط (هـ) وتكن البداية المبكرة له هي عبارة عن النهاية المبكرة لنشاط (ب) ومقدارها (20) وتحسب النهاية المبكرة كما يلي:

النهاية المبكرة للنشاط (هـ) = 20 + 12 = 32

يلاحظ من الشبكة أعلاه أن الحدث رقم (5) يمثل حدث النهاية للنشاطين (هـ، و)، وبنفس الوقت يعتبر حدث البداية للنشاط (ي) وبما أن النشاط (ي) يعقب النشاطين (هـ، و)، حيث لا يمكن البدء إلا بعد إكمال (إنجاز) هذين النشاطين وبناء على ذلك تحدد البداية المبكرة للنشاط (ي) بأطول النهايتين المبكرتين للنشاطين السابقين، ومن المعلومات السابقة نلاحظ ان النهاية المبكرة للنشاط (و) تساوي (34)، أما النهاية المبكرة لنشاط ي = 34 + 4 = 38. أما الحدث رقم (6) والذي يمثل حدث النهاية للأنشطة (ح، د) يعتبر حدث البداية للنشاط (ز) وبما أن النشاط (ز) يعتبر نشاط يعقب النشاطين أعلاه، لذا لا يجوز البدء به إلا بعد انجاز هذين النشاطين، وبناء على ذلك فإن بدايته المبكرة تحدد بأطول نهاية مبكرة لنشاطين الذين يسبقان هذا النشاط وهما:

النهاية المبكرة للنشاط (ح) = 21

النهاية المبكرة للنشاط (د) = 15

إن البداية المبكرة للنشاط (ز) تساوي (21) والتي تمثل اطول مسار يسبق البدء بنشاط (ز) والمتمثلة بالنشاط (ح).

النهاية المبكرة للنشاط (ز) = النهاية المبكرة للنشاط ح + الوقت اللازم لإنجازه = 21 + 9 = 30

إن حدث رقم (7) والذي يمثل حدث النهاية للنشاطين (ي، ز) يعتبر حدث البداية للنشاط (ط)، وبما أن النشاط (ط) يعقب النشاطين (ي، ز) لا يجوز البدء به إلا بعد إكمال إنجاز هذين النشاطين، لذا فإن البداية المبكرة للنشاط (ط) تمثل أطول نهاية مبكرة للنشاطين الذين يسبقان هذا النشاط وهما:

النهاية المبكرة للنشاط (ي) = 38
النهاية المبكرة للنشاط (ز) = 30

إذن البداية المبكرة للنشاط (ط) هي (38)، أما النهاية المبكرة للنشاط (ط)=38+
6 = 44.

∴. الوقت اللازم لإنجاز الشبكة اعلاه هو (44) اسبوعا والذي يمثل أطول
مسار في الشبكة ويطلق عليه بالمسار الحرج ويمثل الأنشطة التالية:

(أ، ج، و، ي، ط) وهذه الأنشطة يطلق عليها بالأنشطة الحرجـة لأنهـا هـي
التـي تـتحكم بإنجـاز المشروع أعـلاه، وهـذا يعنـي حـدوث أي تـأخير عـلى إنجـاز
الأنشطة الحرجة في الوقت المحدد لها سيؤدي في النهاية إلى تـأخير إنجـاز الشـبكة
بكاملها. والآن نعيد رسم الشبكة مبين عليها البداية المبكرة (Early start) والنهاية
المبكرة Early Finish للأنشطة المختلفة وبالشكل التالي:

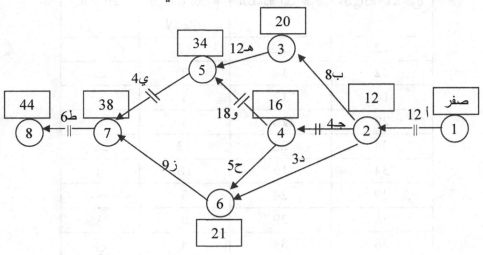

المسار الحرج يمثل الأنشطة (أ، ج، و ، ي، ط) وطوله (44) شهرا.

2- احتساب الوقت الفائض:

حتى يتم احتساب الوقت الفائض يستلزم تحديد البداية والنهاية المتأخرة لكل نشاط حيث يستلزم حسابهما بالمرور التراجعي من نهاية الشبكة، حيث يمثل طول المسار الحرج (44) شهر هو النهاية المتأخرة للشبكة أعلاه والذي يمثل بالوقت نفسه النهاية المتأخرة لآخر نشاط في الشبكة وهو النشاط (ط) وتحسب البداية المتأخرة لهذا النشاط كما يلي:

البداية المتأخرة للنشاط (ط) = النهاية المتأخرة له–الوقت اللازم لإنجازه=44-6= 38

ونلاحظ ان البداية المتأخرة لنشاط (ط) تكون النهاية المتأخرة للنشاط او الأنشطة التي تسبقه.

والجدول التالي يمثل البداية والنهاية المتأخرة لأنشطة الشبكة أعلاه.

النهاية المتأخرة	البداية المتأخرة	الوقت اللازم لإنجازه	النشاط
12	صفر	12	أ
22	14	8	ب
16	12	4	ج
29	26	3	د
34	22	12	هـ
34	16	18	و
29	24	5	ح
38	29	9	ز
38	34	4	ي
44	38	6	ط

واضح من الجدول أعلاه، عندما نريد تحديد النهاية المتأخرة لنشاط معين، علما بأن حدث النهاية لهذا النشاط يمثل حدث البداية لعدة أنشطة ففي هذه الحالة نحسب البدايات المتأخرة للأنشطة التي تعقب هذا النشاط ونأخذ أقصرها، كما هو الحال في حالة النشاط (ج) حيث هناك نشاطين يعقبان هذا النشاط وهما (و، ح) حيث تم احتساب البداية المتأخرة للنشاط (و) وكانت (16)، وكذلك البداية المتأخرة للنشاط (ح) وكانت (24)، إذن النهاية المتأخرة للنشاط (ج) اصغر قيمة وهذه هي (16)، وكذلك الحال بالنسبة للنشاط (أ)، حيث هناك ثلاثة أنشطة تعقب هذا النشاط وهي (ب، ج، د) حيث تم حساب البدايات المتأخرة لهذه الأنشطة حيث كانت:

البداية المتأخرة للنشاط (ب) = 14
البداية المتأخرة للنشاط (ج) = 12
البداية المتأخرة للنشاط (د) = 26.
والنهاية المتأخرة للنشاط (أ) تمثل اصغر القيم أعلاه وهي (12) وتمثل بالنشاط (ج).

ويتم احتساب الوقت الفائض والذي يمثل حاصل الفرق بين البداية المتأخرة والبداية المبكرة، أو الفرق بين النهاية المتأخرة والنهاية المبكرة والجدول التالي يحسب الوقت الفائض وفقا للطريقتين أعلاه.

الفائض (النهاية المتأخرة – النهاية المبكرة)	النهاية المبكرة	النهاية المتأخرة	الفائض (البداية المتأخرة – البداية المبكرة)	البداية المبكرة	البداية المتأخرة	النشا ط
صفر	12	12	صفر	صفر	صفر	أ
2	20	22	2	12	14	ب
صفر	16	16	صفر	12	12	ج
14	15	29	14	12	26	د
2	32	34	2	20	22	هـ
صفر	34	34	صفر	16	16	و
8	21	29	8	16	24	ح
8	30	38	8	21	29	ز
صفر	38	38	صفر	34	34	ي
صفر	44	44	صفر	38	38	ط

الباب الثاني

اتخاذ القرارات تحت حالة المخاطرة

Decisions Making Under Risk

يعرف متخذ القرار، وفقا لهذه الحالة احتمالات حدوث النتائج المختلفة لتأثيرات البيئة الخارجية (حالات الطبيعة)، أي أن هناك أكثر من نتيجة ولكن متخذ القرار يعرف مقدما احتمالات حدوث كلا منها. سواء كانت هذه الاحتمالات موضوعية أي تستند على أسس علمية، أم غير موضوعية معتمدة على التقديرات الذاتية للشخص متخذ القرار، فإنها تعامل بنفس الطريقة.

الفصل العاشر:

مصفوفة القرارات

Decisions Matrix

مقدمة

تستخدم مصفوفة القرارات لاتخاذ القرار تحت ظروف المخاطرة من خلال إضافة (إظهار) احتمالات حدوث حالات الطبيعة المختلفة في المصفوفة، وعندئذ يتم احتساب القيمة المتوقعة للعوائد او الخسائر واستخدامها للمفاضلة بين البدائل.

والفقرات اللاحقة توضح ذلك:

أولا: مصفوفة القرارات باستعمال القيمة المتوقعة للأرباح:

مثال (1):

لو كان لدينا مصفوفة القرارات التالية والتي تمثل العوائد المتوقعة من إنتاج ثلاثة أنواع من السلع البلاستيكية تحت ثلاث من حالات الطبيعة او الظروف الاقتصادية الممكنة الحدوث. المطلوب تحديد البديل الأمثل.

%30 تضخم (ط3)	%50 ركود (ط2)	%20 انتعاش (ط1)	حالات الطبيعة / البدائل
4	8	14	النوع الأول (ب1)
4-	5	16	النوع الثاني (ب2)
10	10	10	النوع الثالث (ب3)

الحل:

من أجل تحديد البديل الأمثل نقوم بضرب الاحتمالات بناتج كل بديل وجمع حواصل الضرب وبعدها نختار أكبرها في حالة الربح وأقلها في حالة التكلفة وذلك كما يلي:

$$ب1 = (0.20 \times 14) + (0.50 \times 8) + (0.30 \times 4) = 8$$

$$ب2 = (0.20 \times 16) + (0.50 \times 5) + (- 4 \times 0.30) = 4.5$$

$$ب3 = (0.20 \times 10) + (0.50 \times 10) + (0.30 \times 10) = 10 \longrightarrow$$

النوع الثالث أفضل بديل

والآن لو فرضنا أننا استطعنا التأكد من حدوث حالات الطبيعة وذلك من خلال الانفاق للحصول على المعلومات لذا فإننا نستثمر في السلعة التي تحقـق لنـا أعلى إيراد تحت حالات الطبيعة مؤكدة الحدوث وهذا يعني أننا نستثمر بالسـلعة الثانية تحت حالة الانتعاش، وبالسلعة الثالثة تحت حالة الركود وكذلك تحت حالة التضخم، وبذلك تكون القيمة المتوقعة لإجمالي العوائد تحت حالة التأكد هذه كما يلي:

$$11.2 = (0.30 \times 10) + (0.50 \times 10) + (0.20 \times 16)$$

وتسـمى هـذه النتيجـة بالقيمـة المتوقعـة في ظل المعلومـات الصحيحة، فالقيمة المتوقعة للمعلومات الصحيحة (EVPI) (Expected value of perfect Information .

والتي تعني أننا لا ندفع اكثر مـن هـذه القيمـة أو المبلـغ فـيما إذا تطلـب الأمر الحصول على المعلومات الصحيحة لأن أقصى مردود يمكن ان نحصل عليه من خلالها سيكون مساويا إلى تلك القيمة وتحسب بالشكل الاتي:
القيمة المتوقعة للمعلومات الصحيحة = القيمة المتوقعة لإجمالي العوائد تحت حالة التأكد – القيمة المتوقعة للعوائد تحت حالة المخاطرة.
$$= 11.2 - 10 = 1.2 \longrightarrow$$

علما بأن القيمة المتوقعة للمعلومات الصحيحة والمحسوبة أعلاه يجب أن تكون مساوي لأقل قيمة متوقعة للندم أي أنها مسـاوية لتكلفـة الفرصـة البديلـة الضائعة Expected Opportunity loss (EOL) وتحسب بالشكل الآتي:

مصفوفة الندم للمصفوفة السابقة هي:

%30 تضخم	%50 ركود	%20 انتعاش	حالات الطبيعة \ البدائل
6	2	2	النوع الأول
14	5	ϕ	النوع الثاني
ϕ	ϕ	6	النوع الثالث

القيمة المتوقعة للندم المحسوب أعلاه هي:

ب1 = (2 × 0.2) + (2× 0.5) + (6 × 0.3) = 3.2

ب2 = صفر + (5 × 0.5) + (14× 0.3) = 6.7

ب3 = (6 × 0.2) + صفر + صفر = 1.2 ⟵

أما في حالة التكاليف فيمكن اعتماد السياق السياق وبتغيير بسيط ويمكن توضيح ذلك من خلال المثال التالي:

مثال (2):

أعطيت لك المصفوفة التالية والتي تمثل تكاليف إنتاج أربعة سلع تحت أربعة ظروف إنتاج مختلفة (حالات طبيعية) وكذلك احتمالات حدوث حالات الطبيعة تلك، المطلوب إيجاد أفضل سلعة (أفضل قرار ممكن).

حالات الطبيعة / البدائل	%20 ط1	%15 ط2	%30 ط3	%35 ط4
ب1	5	7	8	4
ب2	9	4	7	5
ب3	10	8	6	4
ب4	7	9	6	3

الحل:

إيجاد التكلفة المتوقعة للبدائل الأربعة تحت احتمالات حدوث حالات الطبيعة الأربعة وبالشكل الآتي:

ب1 = (5 × 0.2) + (7 × 0.15) + (8 × 0.3) + (4 × 0.35) = 5.85

ب2 = (9 × 0.2) + (4 × 0.15) + (7 × 0.3) + (5 × 0.35) = 6.25

ب3 = (10 × 0.2) + (8 × 0.15) + (6 × 0.3) + (4 × 0.35) = 6.4

ب4 = (7 × 0.2) + (9 × 0.15) + (6 × 0.3) + (3 × 0.35) = 5.6

إذن أفضل بديل هو السلعة الرابعة (ب4) لأنه أقلهم تكلفة متوقعة.

القيمة المتوقعة للمعلومات الصحيحة (EVPI).

= التكلفة المتوقعة تحت حالة المخاطرة - التكلفة المتوقعة تحت حالة التأكد

= 5.6 - [(5 × 0.2) + (4 × 0.15) + (6 × 0.3) + (3 × 0.35)]

= 5.6 - 4.45 = 1.15 ←

احتساب القيمة المتوقعة للندم أو التكلفة المتوقعة للفرص البديلة:

مصفوفة الندم:

حالات الطبيعة / البدائل	0.20 ط1	0.15 ط2	0.30 ط3	0.35 ط4
ب1	صفر	3	2	1
ب2	4	صفر	1	2
ب3	5	4	صفر	1
ب4	2	5	صفر	صفر

ب1 = صفر + (3 × 0.15) + (2 × 0.3) + (1 × 0.35) = 1.4

ب2 = (4 × 0.2) + صفر + (1 × 0.30) + (2 × 0.35) = 1.8

ب3 = (5 × 0.2) + (4 × 0.15) + صفر + (1 × 0.35) = 1.95

ب4 = (2 × 0.2) + (5 × 0.15) + صفر + صفر = 1.15 ←

مثال 3:

يـراد تحديـد مـا يشـتريه بـائع صحف مـن صـحيفة معينـة إذا علمنـا أن الصحيفة التي لا تباع في نفس اليوم تصبح قيمتها صفرا في اليوم التالي. ويذكر بـائع الصحف أنه في خلال المائة يوم الماضية كانت مبيعاته من هذه الصحيفة كما يلي:

لمدة 15 يوم كان عدد الوحدات المباعة يوميا 100 وحدة.

لمدة 10 يوما كان عدد الوحدات المباعة يوميا 110 وحدة.

لمدة 20 يوما كان عدد الوحدات المباعة يوميا 120 وحدة.

لمدة 30 يوما كان عدد الوحدات المباعة يوميا 130 وحدة.

لمدة 25 يوما كان عدد الوحدات المباعة يوميا 140 وحدة.

وكانت تكلفة الوحدة (4) قروش يبيعها بمبلغ (5) قروش

المطلوب إيجاد عدد الوحدات التي تشترى يوميا لتحقيق أكبر ربح ممكن.

الحل:

1- تحويل البيانات الخاصة بالمبيعات الماضية إلى توزيع احتمالي كالاتي:

الطلب	التكرار	الاحتمال
100	15	0.15
110	10	0.10
120	20	0.20
130	30	0.30
140	25	0.25
	100	1.0

2- يتم إيجاد توقعات الربح المقترنة بكل تصرف إذا افترضنا أن بائع الصحف هـذا لن يشتري أقل من 100 وحدة لأن مبيعاته لم تقل عن 100 وحدة بـالمرة، كـما أنه لن يشتري أكثر من 140 وحدة لأن مبيعاته لم تزد عن 140 وحدة بالمرة، أي أن مبيعاته المرتقبة ستتراوح بين 100 و 140 وحدة كالآتي:

القيمة المتوقعة للربح	احتمالات تحقيق الطلب	الربح	الكلفة	الايرادات	الطلب	الكمية المشتراة
15	0.15	100	400	500	100	100
10	0.10	100	400	500	110	
20	0.20	100	400	500	120	
30	0.30	100	400	500	130	
25	0.25	100	400	500	140	
100						
9	0.15	60	440	500	100	110
11	0.10	110	440	550	110	
22	0.20	110	440	550	120	
33	0.30	110	440	550	130	
27.5	0.25	110	440	550	140	
102.5						
3	0.15	20	480	500	100	120
7	0.10	70	480	550	110	
24	0.20	120	480	600	120	
3	0.30	120	480	600	130	
30	0.25	120	480	600	140	
100						
3-	0.15	20-	520	500	100	130
3	0.10	30	520	550	110	
16	0.20	80	520	600	120	
39	0.30	130	520	650	130	
32.5	0.25	130	520	650	140	
87.5						

9-	0.15	60-	560	500	100	140
1-	0.10	10-	560	550	110	
8	0.20	40	560	600	120	
27	0.30	90	560	650	130	
25	0.25	140	560	700	140	
60						

ومن المثال أعلاه يتضح أن أعلى قيمة متوقعة للربح هي 102.5 وذلك عندما يقوم بشراء 110 وحدة يوميا.

مثال (4):

يبيع أحد المصانع الوحدة من سلعة سريعة التلف بعشرة قروش بينما كلفة تصنيع الوحدة من نفس السلعة (6) قروش، علما بأن الوحدة التي لا تباع بنفس اليوم تتلف وقد كان الطلب اليومي لهذه السلعة خلال شهر معين كالآتي:

700 وحدة لمدة 6 يوم

800 وحدة لمدة 15 يوما

1000 وحدة لمدة 9 أيام

المطلوب:

إيجاد الحجم الأمثل للإنتاج بهدف تحقيق أكبر ربح ممكن.

الحل:

1- يلاحظ بأن المصنع لن ينتج أقل من 700 وحدة ولا أكثر من 1000 وحدة لأن المبيعات لم تقل في أي شهر عن 700 وحدة ولم تزد عن 1000 وحدة.

2- تحويل بيانات المبيعات الماضية إلى توزيع احتمالي بنسبة عدد الأيام إلى 30 يوما كالآتي:

الاحتمال	التكرار	الطلب
0.2	6	700
0.5	15	800
0.3	9	1000
1.0	30	

القيمة المتوقعة للربح	احتمالات تحقيق الطلب	الربح	تكلفة الانتاج	الايرادات	الطلب	الانتاج
560	0.2	2800	4200	7000	700	700
1400	0.5	2800	4200	7000	800	
840	0.3	2800	4200	7000	1000	
2800						
440	0.2	2200	4800	7000	700	800
1600	0.5	3200	4800	8000	800	
960	0.3	3200	4800	8000	100	
3000						
200	0.2	1000	6000	7000	700	1000
1000	0.5	2000	6000	8000	800	
1200	0.3	4000	6000	10000	1000	
2400						

نلاحظ من الحل أعلاه أن أعلى قيمة متوقعة للربح المشروط بإنتاج معين هي (3000) دينار عندما يكون حجم الإنتاج (800) وحدة، لذلك يكون الحل الأمثل هو إنتاج (800) وحدة.

مثال (5):

إذا افترضنا ان الوحدة التي لا تباع في نفس اليوم، تباع في اليوم التالي بثلاثة قروش في المثال السابق فما هو حجم الإنتاج الأمثل:

الحل:

نستخرج القيمة المتوقعة للربح في هذه الحالة كالآتي:

الانتاج	الطلب	مبيعات وحدات جديدة	مبيعات وحدات متبقية	التكاليف	الربح	احتمال تحقق الطلب	القيمة المتوقعة للربح
700	700	7000	-	4200	2800	0.2	560
	800	7000	-	4200	2800	0.5	100
	1000	7000	-	4200	2800	0.3	840
							2800
800	700	7000	300	4800	2500	0.2	500
	800	8000	-	4800	3200	0.5	1600
	1000	8000	-	4800	3200	0.3	960
							3060
1000	700	7000	900	6000	1900	0.2	380
	800	8000	600	6000	2600	0.5	1300
	1000	10000	-	6000	4000	0.3	1200
							2880

ومن الجدول أعلاه يتضح أن أعلى قيمة متوقعة للربح المشروط بإنتاج معين هي 3060 دينار عندما يكون حجم الانتاج 800 وحدة لذلك يجب إنتاج (800) وحدة.

مثال (6):

ترغب إحدى المنشآت الصناعية في شراء آلـة والمعروض في السـوق ثلاثـة أنواع من الآلات.

أ- آلة طاقتها الانتاجية 5000 وحدة سنويا، التكـاليف الثابتـة السـنوية (10) آلاف دينار والتكلفة المتغيرة للوحدة الواحدة (6) دينار.

ب- آلـة طاقتهـا (20) ألـف وحـدة سـنويا والتكـاليف الثابتـة (30) ألـف دينـار، والتكلفة المتغيرة للوحدة (5.5) دينار.

ج- آلة طاقتها الانتاجية (50) ألف وحدة سنويا والتكـاليف الثابتـة السـنوية (50) ألف دينـار والتكلفـة المتغيرة للوحدة (5) دينـار. وكانـت مسـتويات الطلـب المتوقعة سنويا هي (10) آلاف (20%)، (15) الف (50%)، (20) ألـف (10%)، (50) ألف (20%)، وكان سعر الوحدة المباعة (10) دينار والوحدة التي لا تبـاع في نفس الموسم تباع بعد ذلك بنصف الثمن. المطلوب اختيار أفضل البدائل.

الحل:

1- تحديد حصة الوحدة من التكلفة الثابتة = $\dfrac{\text{التكلفة الثابتة}}{\text{مقدار الطاقة}}$

2- احتساب التكلفة الكلية للوحدة = حصة الوحدة من التكلفة الثابتة + التكلفـة المتغيرة.

3- تحسب أرقام النتائج (Pay Off) من خلال أخذ الطاقة بنظر الاعتبار مع مقدار **الطلب.**

حصة الوحدة من التكلفة الثابتة = $\dfrac{\text{التكلفة الثابتة}}{\text{مقدار الطاقة}}$

الماكنة أ = $\dfrac{10000}{5000}$ = 2 دينار

344

$$\text{الماكنة ب} = \frac{30000}{20000} = 1.5 \text{ دينار}$$

$$\text{الماكنة ج} = \frac{10000}{5000} = 1 \text{ دينار}$$

2- التكلفة الكلية للوحدة = حصة الوحدة من التكلفة الثابتة + التكلفة المتغيرة

الماكنة أ = 2 + 6 = 8 دينار

الماكنة ب = 1.5 + 5.5 = 7 دينار

الماكنة ج = 1 + 5 = 6 دينار

3- كيفية احتساب النتائج (Pay off) بالشكل الآتي:

في حالة الماكنة أ والتي طاقتها الانتاجية (5000) وحده نلاحظ ان الطلب اكبر من الطاقة وهذا يعني استغلال طاقة ماكنه أ بالكامل ونحسب النتائج كالآتي ويكون نفس الرقم تحت جميع حالات الطلب لأن الطلب أكبر من الطاقة وبالشكل الآتي:

النتائج = العائد - التكلفة

= (10 × 5000) - (8 × 5000) = 10000

أما الماكنة ب فإن طاقتها الانتاجية (20000) وحدة وهذا يتطلب احتساب النتائج تحت كل حالة طلب وبالشكل الآتي:

عندما يكون الطلب 10000 تكون النتيجة كالآتي:

[(10 × 10000) + (5 × 10000)] - (7 × 20000) = 10000

عندما يكون الطلب 15000 تكون النتيجة كالآتي:

[(10 × 15000) + (5 × 5000)] - (7 × 20000) = 35000

وفي حالة كون الطلب 20000 تكون النتيجة كالآتي:

60000 = (7 × 20000) − (10 × 20000)

وتكون نفس النتيجة عندما يكون الطلب أكبر

اما في حالة الماكنة جـ فإن النتائج تحسب كالآتي:

في حالة كون الطلب 10000 وحدة تكون النتيجة:

[(10 × 10000) + (5 × 40000)] − (6 × 50000) = صفر

وعندما يكون الطلب 15000 تكون النتيجة: -

[(10 × 15000) + (5 × 35000)] − (6 × 50000) = 25000

حالة كون الطلب 20000 تحسب النتيجة كالآتي:

[(10 × 20000) + (5 × 30000)] − (6 × 50000) = 5000

وأخيرا عندما يكون الطلب 50000 تكون النتيجة كما يلي:

200000 = (6 × 50000) − (10 × 50000)

3- مصفوفة النتائج

الطلب / الطاقة	%20	%50	%10	%20
	10000	15000	20000	50000
5000	10000	10000	10000	10000
20000	10000	35000	60000	60000
50000	صفر	25000	50000	200000

والآن يتم احتساب القيمة المتوقعة لعائد كل ماكنة وبالشكل الآتي:

الماكنة أ = (0.2 × 10000) + (0.5 × 10000) + (0.1 × 10000) + (0.2×10000)

= 10000

الماكنة ب = (0.2 × 10000) + (0.5 × 350000) + (0.1 × 60000) +

(0.2 × 60000) = 37500

الماكنة ج = صفر + (0.5 × 25000) + (0.1 × 50000) + (0.2 × 20000)

= 57500

∴ القرار هو شراء الماكنة جـ

مثال (7):

قررت مكتبة النهضة العربية الاستفادة منـك كمحلـل كمـي لمسـاعدتها في عملية اتخاذ القرارات المتعلقة بتحديد حجم الشراء الذي يحقق أقصى ربح ممكـن من مجلة الوطن العربي تحت الحالتين التاليتين:

1- إذا كانت المكتبة تستطيع إعادة النسخ التي لم تبـاع إلى النـاشر دون تحمـل أي تكلفة.

2- إذا كانت المكتبة لا تستطيع رد النسخ التي لم تباع إلى الناشر. هذا وتم تزويدك بالمعلومات التالية:

المكتبة تبيع النسخة الواحدة من هذه المجلة بمبلـغ (20) قرشـا وتكلفتها (16) قرشا. والنسخة التي لا تباع في التاريخ المحدد تباع فيما بعد بمبلغ (5) قروش.

كان الطلب على هذه المجلة يأخذ الاحتمالات التالية:

الطلب: 60   70   80   90   100
الاحتمال: 15%   20%   20%   30%   15%

الحل:

اولا: إعادة النسخ التي لم تباع إلى الناشر:

القيمة المتوقعة للربح	الاحتمال	الربح	المبيعات	التكلفة	الطلب	الشراء
36	15%	240	1200	960	60	60
48	0.20	240	1200	960	70	
48	0.20	240	1200	960	80	
72	0.30	240	1200	960	90	
36	0.15	240	1200	960	100	
240						

347

	36	0.15	240	1200	960	60	70
	56	0.20	280	1400	1120	70	
	56	0.20	280	1400	1120	80	
	84	0.30	280	1400	1120	90	
	36	0.15	280	1400	1120	100	
268							
	36	0.15	240	1200			80
	56	0.20	280	1400	1120	70	
	64	0.20	320	1600	1280	80	
	96	0.30	320	1600	1440	90	
	48	0.15	320	1600	1440	100	
300							
	36	0.15	240	1200	960	60	90
	56	0.20	280	1400	1120	70	
	64	0.20	320	1600	1280	80	
	108	0.30	360	1800	1440	90	
	54	0.15	360	1800	1440	100	
318							
	36	0.15	240	1200	960	60	100
	56	0.20	280	1400	1120	70	
	64	0.20	320	1600	1280	80	
	108	0.30	360	1800	1440	90	
	60	0.15	400	1200	1600	100	
324							

حجم الشراء الأفضل هو 100وحدة

ثانيا: إذا كانت المكتبة لا تستطيع رد النسخ التي لا تباع:

الشراء	الطلب	التكلفة	ايرادات الوحدات الغير مباعة	المبيعات الكلية	الربح	الاحتمال	القيمة المتوقعة للربح
60	60	960	-	1200	240	0.15	36
	70	960	-	1200	240	0.20	48
	80	960	-	1200	240	0.20	48
	90	960	-	1200	240	0.30	72
	100	960	-	1200	240	0.15	36
							240
70	60	1120	50	1250	130	0.15	19.5
	70	1120	-	1400	280	0.20	56
	80	1120	-	1400	280	0.20	6
	90	1120	-	1400	280	0.30	84
	100	1120	-	1400	280	0.15	36
							251.5
80	60	1280	100	1300	20	0.15	3
	70	1280	50	1450	170	0.20	34
	80	1280	-	1600	320	0.20	64
	90	1280	-	1600	320	0.30	96
	100	1280	-	1600	320	0.15	48
							245
90	60	1440	150	1350	90-	0.15	13.5-
	70	1440	100	1500	60	0.20	12
	80	1440	50	1650	210	0.20	42
	90	1440	-	1800	360	0.30	108
	100	1440	-	1800	360	0.15	54
							202.5

100	60	960	200	1400	200-	0.15	30-
	70	960	150	1550	50-	0.20	10-
	80	960	100	1700	100	0.20	20
	90	960	50	1850	250	0.30	75
	100	960	-	2000	400	0.15	60
							245

افضل حجم شراء هو 70 وحدة

مثال (8):

قررت مكتبة السعادة الاستفادة منك باعتبارك محلل كمي لمساعدتها في عملية اتخاذ القرار المتعلق بتحديد حجم الشراء اليومي الذي يحقق اقصى ربح ممكن من صحيفة الدستور تحت الحالتين التاليتين:

1- إذا كانت المكتبة تستطيع رد النسخ التي لم تباع إلى الناشر دون تحمل أية تكلفة.

2- إذا كانت المكتبة لا تستطيع إعادة النسخ التي لم تباع إلى الناشر

علما بأن الصحيفة الواحدة تكلف المكتبة (5) قروش وتبيعها بمبلغ (8) قروش وقد كان الطلب اليومي لهذه الصحيفة خلال الشهرين السابقين كالآتي:

450 نسخة يوميا لمدة 12 يوما

500 نسخة يوميا لمدة 18 يوما

550 نسخة يوميا لمدة 24 يوما

600 نسخة يوميا لمدة 6 يوم

علما بأن النسخة التي لا تباع في اليوم الذي تصدر فيه لم يعد لها قيمة.

قيمة الربح الموقع بعد الاعادة	قيمة الربح المتوقع قبل الاعادة	الاحتمال	الربح بعد الاعادة	الربح قبل الاعادة	تكلفة المبيعات عند قبول الاعادة	تكلفة المبيعات	المبيعات	الطلب	كمية الشراء
270	270	0.20	1350	1350	2250	2250	3600	450	450
405	405	0.30	1350	1350	2250	2250	3600	500	
540	540	0.40	1350	1350	2250	2250	3600	550	
<u>135</u>	<u>135</u>	0.10	1350	1350	2250	2250	3600	600	
1350	1350								
270	220	0.20	1350	1100	2250	2500	3600	450	500
450	450	0.30	1500	1500	2250	2500	4000	500	
600	600	0.40	1500	1500	2250	2500	4000	550	
<u>150</u>	<u>150</u>	0.10	1500	1500	2250	2500	4000	600	
1470	1420								
270	170	0.20	1350	850	2250	2750	3600	450	550
450	375	0.30	1500	1250	2250	2750	4000	500	
660	660	0.40	1650	1650	2750	2750	4400	550	
<u>165</u>	<u>165</u>	0.10	1650	1650	2750	3750	4400	600	
1545	1370								
270	120	0.20	1350	600	2250	3000	3600	450	600
450	300	0.30	1500	1000	2500	3000	4000	500	
660	560	0.40	1650	1400	2750	3000	4400	550	
<u>180</u>	<u>180</u>	0.10	1800	1800	3000	3000	4800	600	
1560	1160								

حجم الشراء الامثل هو (500) وحدة اذا لم تقبل الاعادة

حجم الشراء الامثل هو (600) وحدة في حالة قبول الاعادة.

ثانيا: مصفوفة القرارات باستعمال القيمة المتوقعة للخسائر

فيما سبق افترضنا ان هدف المنشأة هو تحقيق أقصى ربح ممكن لذلك كنا نحسب القيمة المتوقعة للربح المشروط بإنتاج معين ثم نختار أعلى قيمة متوقعة، ونختار حجم الإنتاج الذي يحقق القيمة المتوقعة الأعلى.

الآن إن هدف المنشأة قد يكون تحقيق أقل خسارة ممكنة، وقد لا يكتف متخذ القرار بالسعي وراء تحقيق أقل خسارة فعلية وهي الخسارة التي تلحق بالمنشأة فعلا، بل قد يحاول تقليل فرص الربح الضائعة، ومعنى ذلك أنه إذا كانت هناك فرصة للربح لم تستغلها المنشأة فكأنها خسارة منيت بها وهي الخسارة الناتجة عن عدم استغلال المنشأة للفرصة المتاحة لإمكانية تحقيق الربح.

وفي هذه الحالة يجب حساب القيمة المتوقعة للخسارة المشروطة بإنتاج أو شراء حجم معين ومن ثم نختار الحجم الذي عنده تتحقق أقل خسارة ممكنة مشروطة.

مثال (9):

يرغب مدير مكتبة معينة تحديد ما يشتريه من جريدة الدستور إذا علمنا أن الصحيفة التي لا تباع في نفس اليوم تصبح قيمتها صفرا في اليوم التالي، ويذكر مدير هذه المكتبة أنه خلال المائة يوم الماضية كانت مبيعاته من هذه الصحيفة كما يلي:

لمدة 15 يوما كانت عدد الوحدات المباعة يوميا 100 وحدة
لمدة 10 أيام كانت عدد الوحدات المباعة يوميا 110 وحدة
لمدة 20 يوما كانت عدد الوحدات المباعة يوميا 120 وحدة
لمدة 30 يوما كانت عدد الوحدات المباعة يوميا 130 وحدة
لمدة 25 يوما كانت عدد الوحدات المباعة يوميا 140 وحدة
وكانت تكلفة الوحدة (4) قروش بـ (5) قروش

المطلوب: إيجاد عدد الوحدات التي تشترى يوميا لتحقيق أقل خسارة ممكنة.

الحل:

1- تحويل البيانات الخاصة بالمبيعات الماضية إلى توزيع احتمالي كالآتي:

الطلب	التكرار	الاحتمال
100	15	0.15
110	10	0.10
120	20	0.20
130	30	0.30
140	25	0.25
	100	1.0-

2- نوجد توقعات الخسارة المقترنة بكل تصرف إذا افترضنا أن بائع الصحف هذا لن يشتري أقل من 100 وحدة لأن مبيعاته لم تقل عن 100 وحدة بالمرة، كما أنه لن يشتري أكثر من 140 وحدة لأن مبيعاته لم تزد عن 140 وحدة بالمرة أي أن مبيعاته المرتقبة ستتراوح بين 100-140 وحدة كالآتي:

الكمية المشتراة (البدائل)	حالات الطلب (حالات الطبيعية)	خسارة الوحدات الغير مباعة	خسارة الفرصة الضائعة (1) قرش	الخسارة الكلية	الاحتمال	القيمة المتوقعة
		-	-	-	0.15	صفر
100	100 (ط1)	-	10	10	0.10	1
(ب1)	110(ط2)	-	20	20	0.20	4
	120(3)	-	30	30	0.30	9
	130(ط4)	-	40	40	0.25	<u>10</u>
	140(ط5)					24
110	100	40	-	40	0.15	6
(ب2)	110	-	-	-	0.10	صفر
	120	-	10	10	0.20	2
	130	-	20	20	0.30	6
	140	-	30	30	0.25	<u>7.5</u>
						21.5

12	0.15	80	-	80	100	120
4	0.10	40	-	40	110	(ب3)
صفر	0.20	-	-	-	120	
3	0.30	10	10	-	130	
<u>5</u>	0.25	20	20	-	140	
24						
18	0.15	120	-	120	100	130
8	0.10	80	-	80	110	(ب4)
8	0.20	40	-	40	120	
صفر	0.30	-	-	-	130	
<u>2.5</u>	0.25	10	10	-	140	
36.5						
24	0.15	160	-	160	100	140
12	0.10	120	-	120	110	(ب5)
16	0.20	80	-	80	120	
<u>صفر</u>	0.30	40	-	40	130	
64	0.25	-	-	-	140	

نلاحظ أعلاه من خلال حساب القيمة المتوقعة للخسارة المشروطة بإنتاج معين نجد أن طلب (110) وحدة هو الذي يحقق أقل خسارة.

أما كيفية احتساب القيمة المتوقعة للمعلومات الصحيحة (EVPI) وفقـا لهذه الطريقة يكون:

القيمـة المتوقعـة للمعلومـات الصـحيحة = الخسـارة تحـت المخـاطرة – الخسارة المتوقعة تحت التأكد.

نلاحظ ان الخسارة المتوقعة تحت التأكد غير معلومـة ويتطلـب احتسـابها وذلك يتم من خلال تحديد أقل خسـارة للبـدائل مجتمعـة تحـت كـل حالـة مـن حالات الطبيعة (مستثنين الاصفار) وكما هو مبين في الجدول أدناه:

البدائل \ حالات الطبيعة	%15	%10	%20	%30	%25
	ط1	ط2	ط3	ط4	ط5
ب1	صفر	(10)	20	30	40
ب2	(40)	صفر	(10)	20	30
ب3	80	40	صفر	(10)	20
ب4	120	80	40	صفر	(10)
ب5	160	120	80	40	صفر

والآن يتم ضرب الأرقام التي تم اختبارها في الشكل أعلاه (الأرقام داخل الدوائر) في احتمالات حدوث حالات الطبيعة التي تم الاختيار تحتها وجمعها مع بعضها حيث نحصل على الخسارة تحت التأكد وبالشكل الآتي:

الخسارة تحت التأكد = $(0.15 \times 40) + (0.10 \times 10) + (0.20 \times 10) +$

$(0.30 \times 10) + (0.25 \times 10) = 14.5$

والآن نحسب القيمة المتوقعة للمعلومات الصحيحة = $21.5 - 14.5 = 7$ (EVPI)

يستلزم الآن التأكد من ان قيمة (EVPI) يجب ان تساوي أقل ندم متوقع يرافق متخذ القرار وهذا يتطلب احتساب مصفوفة الندم من مصفوفة القرار الأصلية ويتم ذلك من خلال تحديد اقل قيمة موجبة (أكبر من صفر) في أعمدة المصفوفة الأصلية كما هو مؤشر في المصفوفة أعلاه وطرحها من القيم الموجودة في تلك الاعمدة وبالشكل الآتي:

%25	%30	%20	%10	%15	حالات الطبيعة
ط5	ط4	ط3	ط2	ط1	البدائل
30	20	10	صفر	40-	ب1
20	10	صفر	10-	صفر	ب2
10	صفر	10-	30	40	ب3
صفر	10-	30	70	80	ب4
10-	30	70	110	120	ب5

قيمـــة النـــدم المتوقعـــة لـــ (ب1) = (40×0.15-) + صــــفر + (10×0.20) +
(20×0.30)+

(30×0.25) = 9.5

قيمة الندم المتوقعة لـ (ب2) = صفر + (10 × 0.10) + صفر + (10×0.30) +
(20×0.25) = 7 ⟶

قيمـــة النـــدم المتوقعـــة لـــ (ب3) = (40×0.15) + (30×0.10) + (10×0.20-) +
صفر+

(10×0.25-) = 9.5

قيمة الندم المتوقعة لـ (ب4) = (80×0.15) + (70×0.10) + (30×0.20) +
(10×0.30-) + صفر = 22

قيمة الندم المتوقعة لـ (ب5) = (140×0.15) + (110×0.10) + (70×0.20) +
(30×0.30) + (10- × 0.25) = 52.5

نلاحظ ان اقل نـدم متوقع يسـاوي (7) وهـذا يتـزامن مـع البـديل الثـاني
(ب2)، ويتساوى مع القيمة المتوقعة للمعلومات الصحيحة.

الفصل الحادي عشر:

شجرة القرارات

Decisions Tree

المقدمـة:

يتم استخدام شجرة القرارات لاتخاذ القرار تحت حالة المخاطرة من خلال إظهار احتمالات حدوث حالات الطبيعة المختلفة في الشجرة ومن ثم يتم توظيـف تحليل شجرة القرارات لاحتساب القيمة المتوقعة للأرباح والتكاليف واستخدامها كأساس للمفاضلة بين البدائل في المرحلة الأولى، وبعد ذلك يتم ربط إجراء تجارب دراسة السوق والحصـول عـلى المعلومـات الجديـدة للوصـول إلى إسـتراتيجية قـرار مثلي.

وسيتم تناول أمثلة مختلفة لتوضيح ذلك.

أولاً: شجرة القرارات باستخدام القيمة المتوقعة للأرباح

مثال (1):

الشركة العربية للصناعات البلاستيكية ترغب بفتح فرع لها في محافظة إربد وهي الآن في المراحل الأخيرة لاختيار تكنولوجيا هذا المصنع، علماً بأن هناك ثلاثة بدائل متاحة هي:

1- تكنولوجيا ذات طاقة إنتاجية كبيرة.

2- تكنولوجيا ذات طاقة إنتاجية متوسطة.

3- تكنولوجيا ذات طاقة إنتاجية صغيرة.

من الواضح أن اختيار أياً من هذه البدائل يعتمد بالدرجة الأساس على رؤية هذه الشركة للسوق الذي تتعامل معه ومدى تقبل هذا السوق لمنتجاتها بالإضافة إلى حجم الطلب المتوقع على تلك المنتجات بشكل عام، تؤمن إدارة الشركة بأن تقبل السوق لمنتجاتها يقع في واحد من احتمالين هما:

1- قبول عالي.

2- قبول منخفض.

وضعت إدارة الشركة أرقام تقديرية للأرباح المحتملة لكل بديل تحت حالات الطبيعة المشار إليها أعلاه وبالشكل الآتي:

حالات الطبيعة / البدائل	ط1 قبول عالي	ط2 قبول منخفض
طاقة عالية (ب1)	200000	20000 -
طاقة متوسطة (ب2)	150000	200000
طاقة قليلة (3)	100000	60000

تتوقع إدارة الشركة حدوث حالة القبول العالي (ط1) باحتمال 30%، في حين احتمال حدوث حالة القبول المنخفض (ط2) 70%.

المطلوب:

1- اعتمد شجرة القرارات لتحديد البديل الأمثل.

2- احسب القيمة المتوقعة للمعلومات الصحيحة.

الحل:

أولاً: احتساب القيمة المتوقعة للبدائل وبالشكل الآتي:

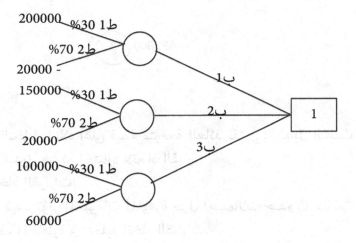

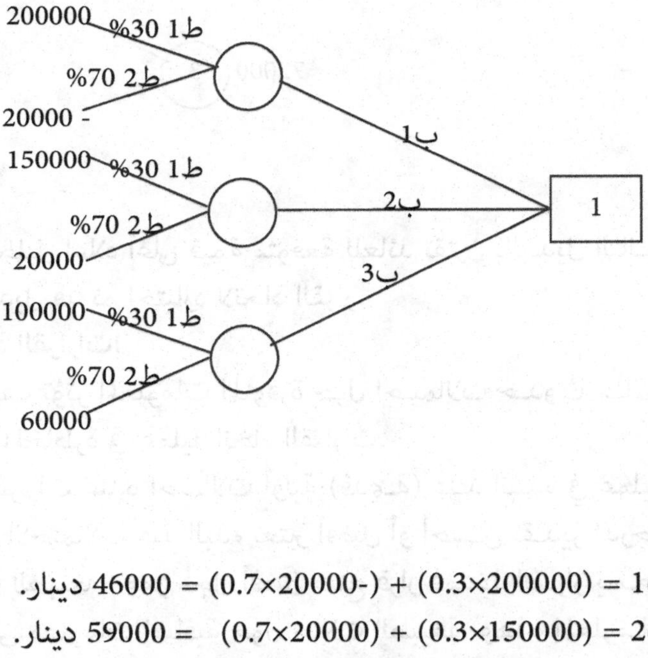

200000
20000 -
150000
20000
100000
60000

ب1 = (0.3×200000) + (-0.7×20000) = 46000 دينار.

ب2 = (0.3×150000) + (0.7×20000) = 59000 دينار.

ب3 = (0.3×100000) + (0.7×60000) = 72000 دينار.

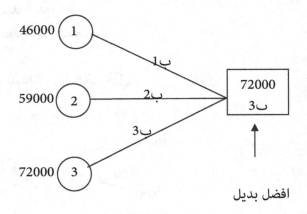

افضل بديل

يلاحظ من التحليل أعلاه أعلى قيمة متوقعة للعائد تقترن بالبـديل الثالـث (ب3) لذا فإن هذا البديل قد تم اختياره لاتخاذ القرار.

التجارب ونظرية اتخاذ القرارات:

لقد لاحظنا كيف تؤثر المعلومات المتوفرة حول احتمالات حـدوث حـالات الطبيعة تحت ظروف المخاطرة في عملية اتخاذ القرارات.

عادة متخذ القرارات عنده احتمالات أولية (قديمة) عنـد البـدء في عمليـة اتخاذ القرارات، وهذه الاحتمالات عند البدء تعتبر أفضل أو أحسـن تقـدير لدرجـة احتمال حدوث حالات الطبيعة. ومن أجل أفضل صنع قرار فمتخذ القرار يسـعى أو يرغب بالحصول على معلومات إضافية حول حالات الطبيعة، وهذه المعلومـات الجديدة من الممكن أن تستخدم لتحديث أو تعديل الاحتمالات القديمة وبناءً على ذلك فإن القرار النهائي سيرتكز على تقديرات أكثر دقـة لاحتمالات حـدوث حـالات الطبيعة.

الحصول على معلومات إضافية (جديدة) في الغالب يمكن أن يتحقـق مـن خلال:

1- القيام بإجراء التجارب على المنتجات واستطلاع رأي الزبائن.

362

2- اختبارات بحوث السوق.

ولنفرض أن الشركة استأجرت إحدى المكاتب المتخصصة بإجراء بحوث السوق، من أجل القيام بدراسة السوق والحصول على معلومات جديدة للاستفادة منها في تعديل الاحتمالات القديمة، وإننا سنطلق على نتائج دراسة السوق اسم المؤشرات (Indicators)، هذه الدراسة ستعتمد عينه معينه لدراسة السوق، وسيطلق لاحقاً على المعلومات الجديدة التي سيتم الحصول عليها اسم (معلومات العينة). واعتماداً لتعبير المؤشرات نستطيع أن نظهر نتائج دراسة السوق لهذه الشركة كما يلي:

م1 = نتيجة مؤاتية (Favorable).

م2 = نتيجة غير مؤاتية (Unfavorable).

وبناءً على المعلومات الجديدة ووفقاً إلى دراسة الحالات المشابهة سابقاً من قبل المكتب المكلف بالدراسة أعطيت التقديرات التالية للاحتمالات المشروطة وبالشكل الآتي:

نتيجة بحث السوق / حالات الطبيعة	مؤاتي م 1	غير مؤاتي م 2
قبول عالي (ط1)	(م1/ط1) 80%	(م2/ط1) 20%
قبول منخفض (ط2)	(م1/ط2) 10%	(م2/ط2 10%

والآن علينا أن نبين كيفية ربط هذه المعلومات الإضافية مع عملية اتخاذ القرار والاستفادة منها.

ومن خلال المعلومات الإضافية يتم تطوير إستراتيجية اتخاذ القرار للشركة العربية وهي بمثابة قاعدة معينة تتبع مرتكزة على نتائج دراسة بحوث السوق المشار إليها سابقاً. ووفقاً للقاعدة المعتمدة سيتم عمل توصية معينة بخصوص قرار معين وسيتم

اعتماد تحليل شجرة القرارات للتوصل إلى إستراتيجية قرار مثلى للشركة أعلاه وبالشكل الآتي:

احتساب الاحتمالات المعدلة لحالات الطبيعة وفقاً لنظرية بيز:

م1 حالات الطبيعة	الاحتمالات القديمة	الاحتمالات المشروطة	احتساب الاحتمالات المرتبطة (للمؤشرات)	احتساب الاحتمالات الجديدة لحالات الطبيعة
ط 1	0.3	0.8	0.24	$\frac{0.24}{0.31} = 0.7742$
ط 3	0.7	0.1	0.07 0.31 احتمال حدوث م1	$\frac{0.07}{0.31} = 0.2258$
م2 ط 1	0.3	0.2	0.06	$\frac{0.06}{0.69} = 0.087$
ط 2	0.7	0.9	0.63 0.69 احتمال حدوث م2	$\frac{0.63}{0.69} = 0.913$

200000
2ط2
-20000
ط2
ب1
150000
ط2
ب2
20000
ط2
ب3
100000
ط2
60000
ط2
م1
0.31
م2
0.69
200000
0.087 ط1
-20000
0.913 ط2
ب1
150000
0.087 ط1
ب2
20000
0.913 ط2
ب3
100000
0.087 ط1
60000
0.913 ط2

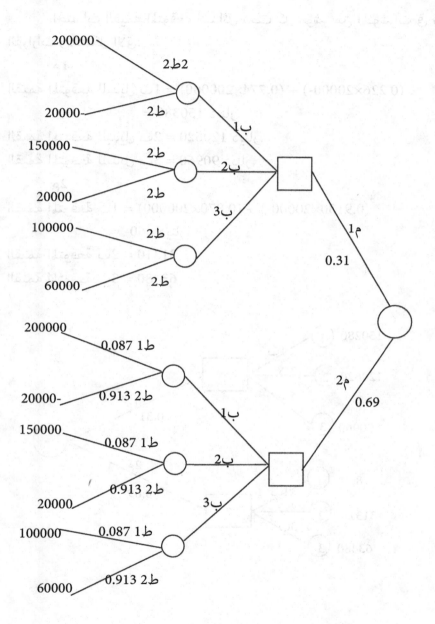

احتساب القيمة المتوقعة للبدائل تحت كل مؤشر من المؤشرات في شجرة القرارات وبالشكل الآتي:

م1

القيمة المتوقعة للبديل ب1 = (200000×0.774) + (-20000×0.226)

= 150380 دينار.

القيمة المتوقعة للبديل ب2 = 120620 دينار.

القيمة المتوقعة للبديل ب3 = 90960 دينار.

م2

القيمة المتوقعة ب1 = (200000×0.870) + (-20000×0.9130)

= -860 دينار.

القيمة المتوقعة ب2 = 31310

القيمة المتوقعة ب3 = 63480

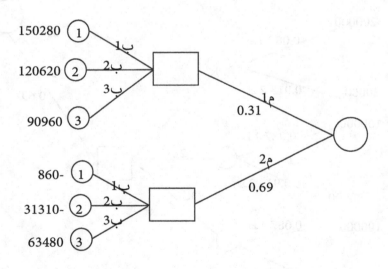

الاختيار يتم لأفضل قيمة متوقعة من نقطتي اتخاذ القرار أعلاه ويكون:

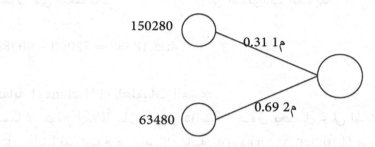

وطالما أن حلقة الاتصال رقم (1) تحتوي على احتمالين لذا لا نستطيع اختيار أي من البديلين وإنما يستلزم الآن احتساب القيمة المتوقعة لهما وهي:

(031×150280) + (0.69 ×63480) = 90388 دينار.

القيمة أعلاه تعتبر إستراتيجية القرار المثلى عندما نستخدم دراسة السوق.

نلاحظ أن تحليل شجرة القرارات لحد الآن قد زودنا بأفضل إستراتيجية قرار، إذاً دراسة السوق قد تم إجراءها.

إستراتيجية القرار	
إذا	**إذن**
إذا كانت نتيجة دراسة السوق مؤاتية (م1)	نشتري تكنولوجيا ذات طاقة عالية
إذا كانت نتيجة دراسة السوق غير مؤاتية (م2)	نشتري تكنولوجيا ذات طاقة صغيرة

القيمة المتوقعة لمعلومات العينة Expected Value of Perfect Information (EVPI) =

القيمة المتوقعة للقرار بعد الحصول على المعلومات ــــ القيمة المتوقعة للقرار قبل الحصول على المعلومات الجديدة

= 90388 - 72000 = 18388 دينار.

درجة الكفاية (Efficiency) لمعلومات العينة:

بينما لا نتوقع إطلاقاً بأن تقرير دراسة السوق يحصل على المعلومات بشكلها التام، فإننا نستخدم مقياس الكفاية (Efficiency Measure) من أجل توضيح قيمة هذا التقرير. إن المعلومات المطلقة (التامة) لها درجة كفاية 100%، إذن درجة الكفاية لمعلومات العينة تحسب بالشكل التالي:

$$\text{درجة الكفاية} = \frac{\text{القيمة المتوقعة لمعلومات العينة}}{\text{القيمة المتوقعة للمعلومات الصحيحة}} \times 100\%$$

$$= \frac{18388}{30000} \times 100$$

$$= 61\%$$

وبعبارة أخرى فإن المعلومات التي تم الحصول عليها من المكتب المكلف بإعداد بحوث السوق نسبة كفايتها (مثاليتها) 61%.

مثال 2:

ترغب الشركة الأردنية للصناعات الاستهلاكية أن تقارن بين بديلين هما شراء أو تصنيع سلعة معينة يعتمد قرار المفاضلة هذا على مستويات الطلب والأرباح المرتبطة بكل بديل. المصفوفة التالية توضح الربح المتوقع بآلاف الدنانير تحت حالات الطلب واحتمالاته المختلفة كالآتي:

0.35	0.35	0.30	حالات الطلب
منخفض	متوسط	عالي	البدائل
20-	40	100	شراء
70	45	70	تصنيع

تقوم الشركة الآن بدراسة السوق من أجل تقليل فرص عـدم التأكـد الـذي يحيط بالمعلومات أعلاه وأنها تعتقد أن نتائج الدراسة هذه واحتمالاتهـا المشـروطة تكون كالآتي:

منخفض	متوسط	عالي	حالات الطلب نتائج الدراسة
0.10	0.40	0.60	مؤاتية
0.90	0.60	0.40	غير المؤاتية

المطلوب: حدد إستراتيجية القرار المثلى للشركة أعلاه:

الحل:

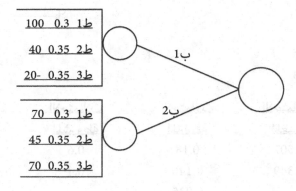

القيمة المتوقعة ب1 = (0.3×100) + (0.35×40) + (-0.35×20)
= 30+14-7 = 37 دينار.

القيمة المتوقعة ب2 = (0.3×70) + (0.35 × 45) + (0.35×70)
= 21+ 15.75 + 24.5 = 61.25

يتم اختيار ب2 ⟵ 61.25 دينار.

والآن يتم إحتساب القيمة المتوقعة للمعلومات الصحيحة ويكون مساوياً لأقل ندم متوقع.

ويتم حساب القيمة المتوقعة للندم من المصفوفة الأصلية كالآتي:

حالات الطلب / البدائل	عالي	متوسط	منخفض
ب1	صفر	5	90
ب2	30	صفر	صفر

القيمة المتوقعة لندم ب1 = 90(0.35×5) + (0.35×90) = 33.25

القيمة المتوقعة لندم ب2 = 0.3×30 = 9

∴ أفضل بديل ب2 ⟵ 9

احتساب الاحتمالات المعدلة

م1

حالات الطبيعة	الاحتمالات	الاحتمالات المشروطة	الاحتمالات المترابطة	الاحتمالات المعدلة
ط1	0.3	0.6	0.18	0.507
ط2	0.35	0.4	0.140	0.349
ط3	0.35	0.1	0.035	0.099
			0.355	

م2

0.185	0.12	0.4	0.3	ط1
0.323	0.21	0.6	0.35	ط2
0.492	<u>0.32</u>	0.9	0.35	ط3
	0.65			

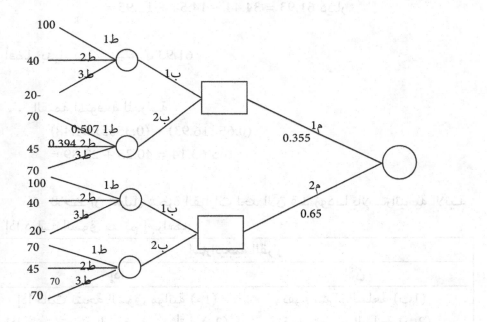

م1

القيمة المتوقعة ب1 = (0.507×100) + (394×40) + (-0.099×20)

= 50.7 + 15.76 – 1.98 = 64.48

القيمة المتوقعة ب2 = (0.507×70) + (0.394×45) + (0.099×70)

= 35.49 + 17.73 + 6.93 = 60.15

الأفضل ب1 ⟵ 64.48

م2

القيمة المتوقعة ب1 = (0.185×100) + (0.323×40) + (-20×0.492)

= 18.5 + 12.92 – 9.84 = 21.58 دينار.

القيمة المتوقعة ب2 = (0.185×70) + (0.323×45) + (0.492×70)

= 12.95 + 14.54 + 34.44 = 61.93 دينار.

أفضل بديل ب2 ⟵ 61.93

∴ القيمة المتوقعة للدراسة =

(0.3555×64.48) + (0.65×16.93)

= 22.89 + 40.25 = 63.14 دينار.

نلاحظ أن تحليل شجرة القرارات لحد الآن قد زودنا بالإستراتيجية الآتية إذا دراسة السوق قد تم إجراءها:

إستراتيجية القرار	
إذا	**إذن**
إذا كانت نتيجة السوق مؤاتية (م1)	نقوم بشراء السلعة (ب1)
إذا كانت نتيجة السوق غير مؤاتية (م2)	نقوم بتصنيع السلعة (ب2)

نقوم الآن باحتساب القيمة المتوقعة لمعلومات العينة (EVPI) وبالشكل الآتي:

∴ EVPI = القيمة المتوقعة للقرار بعد الحصول على المعلومات — القيمة المتوقعة للقرار قبل الحصول على المعلومات

$= 63.14 - 61.25 = 1.89$

يتم الآن احتساب درجة كفاية (موثوقية) معلومات العينة للدراسة أعلاه وبالشكل الآتي:

درجة الكفاية لمعلومات العينة = (القيمة المتوقعة لمعلومات العينة ÷ القيمة المتوقعة للمعلومات) × 100%

$= \frac{1.89}{9} \times 100 = 21\%$

العينة الحالية ترفض ويجب القيام بدراسة جديدة.

والتحليل التالي لمشكلة الشركة الأردنية للصـناعات الاسـتهلاكية بإسـتخدام برمجيـة (WinQSB) يعرض النتائج الاتية:

Payoff Decision for Jordanian Company

02-03-2008	If Outcome =	Decision	If Outcome =	
	Decision			
Criterion	Indicator1	Value	Indicator2	Value
Maximin	Alternative2	$45	Alternative2	$45
Maximax	Alternative1	$100	Alternative1	$100
Hurwicz (p=0.5)		Alternative2	$57.50	Alternative2
	$57.50			
Minimax Regret		Alternative2	$30	Alternative2
	$30			
Expected Value		Alternative1	$64.51	Alternative2
	$61.86			
Equal Likelihood		Alternative2	$61.67	Alternative2
	$61.67			
Expected Regret		Alternative1	$10.85	Alternative2
	$5.58			

Expected Value	without any	Information = $61.25
Expected Value	with Perfect	Information = $70.25
Expected Value	of Perfect	Information = $9
Expected Value	with Sample	Information = $62.80
Expected Value	of Sample	Information = $1.55
Efficiency (%)	of Sample	Information = 17.22%

مثال3:

تدرس شركة السلط ثلاثة أحجام من دفعات الإنتاج تحت ثلاث حالات من الطلب. مصفوفة الأرباح واحتمالات حدوثها مبينة أدناه.

0.20	0.50	0.30	حالات الطلب
عالي	متوسط	منخفض	دفعات الإنتاج
15000	صفر	15000-	3000
6000	10000	5000-	2000
3000-	1000	5000	1000

دراسة الشركة لطلبات العملاء السابقة ساعدتها في تشخيص ثلاثة اتجاهات في الطلب لأحجام الإنتاج المشار إليها أعلاه وكانت الاحتمالات المشروطة مبينة في الجدول التالي:

ط3	ط2	ط1	حالات الطلب
			اتجاهات الطلب
0.80	0.30	0.10	م1
0.20	0.30	0.30	م3
صفر	0.40	0.60	م3

المطلوب: تحديد إستراتيجية القرار المثلى لشركة السلط لكي يتاح لها المفاضلة بين البدائل أعلاه.

375

الحل:

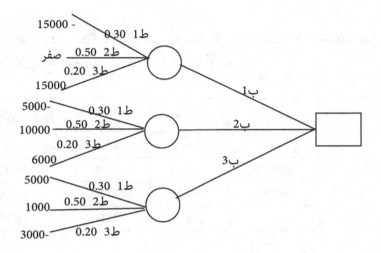

القيمة المتوقعة بـ1 = (15000×0.3-) + صفر + (15000×0.2)

= 4500- = 3000 = -1500

القيمة المتوقعة بـ2 = (0.3×5000-) + (10000×0.5) + (6000×0.2)

= 1500- + 5000 + 1200 = 4700 دينار.

القيمة المتوقعة بـ3 = (5000×0.3) + (1000×0.5) + (3000×0.2-) =

= 1500 + 500 – 600 = 1400

إذن أفضل بديل هو بـ2 = 4700

يتم احتساب القيمة المتوقعة للمعلومات الصحيحة والتي تقابل أقل ندم متوقع ومصفوفة الندم هي:

376

حالات الطلب / البدائل	%20	%50	%20
	ط1	ط2	ط3
ب1	20000	10000	صفر
ب2	10000	صفر	9000
ب3	صفر	9000	18000

الندم المتوقع لـ ب1 = (0.3×20000) + (0.5×10000) + صفر

= 6000 + 5000 = 11000 دينار.

الندم المتوقع لـ ب2 = (0.3×10000) + صفر + (0.2×9000)

= 3000 + 1800 = 4800 دينار.

الندم المتوقع لـ ب3 = صفر + (0.5×9000) + (0.2×18000)

= صفر + 4500 + 3600 = 8100 دينار.

أقل ندم متوقع يقابل ب2 = 4800

احتساب الاحتمالات المعدلة

<u>م1</u>

حالات الطبيعة	الاحتمالات	الاحتمالات المشروطة	الاحتمالات المترابطة	الاحتمالات المعدلة
ط 1	0.3	0.1	0.03	0.088
ط2	0.5	0.3	0.15	0.441
ط3	0.2	0.8	<u>0.16</u>	0.471
			م1⟵ 0.34	

م2

ط1	0.3	0.3	0.09	0.321
ط2	0.5	0.3	0.15	0.536
ط3	0.2	0.2	_0.04_	0.143
			م2 ← 0.28	

م3

ط1	0.3	0.6	0.18	0.474
ط2	0.5	0.4	0.20	0.526
ط3	0.2	صفر	_صفر_	صفر
			م3 ← 0.38	

15000 -
ط1 0.0881
ط2 0.441
صفر
ط3 0.471
15000
ب1
5000 -
ط1 0.0881
ط2 0.441
10000
ط3 0.471
6000
ب2
5000
ط1 0.0881
ط2 0.441
1000
ط3 0.471
3000 -
ب3
م1
0.34
15000 -
ط1 0.321
ط2 0.536
صفر
ط3 0.143
15000
ب1
5000 -
ط1 0.321
10000
ط2 0.536
ط3 0.143
6000
ب2
5000
ط1 0.321
ط2 0.536
1000
ط3 0.143
3000-
ب3
م2
0.28
15000-
ط1 0.474
ط2 0.526
صفر
ط3 صفر
15000
ب1
5000-
ط1 0.474
ط2 0.526
10000
ط3 صفر
6000
ب2
15000
ط1 0.474
ط2 0.526
صفر
ط3 صفر
15000
ب3
م3
0.38

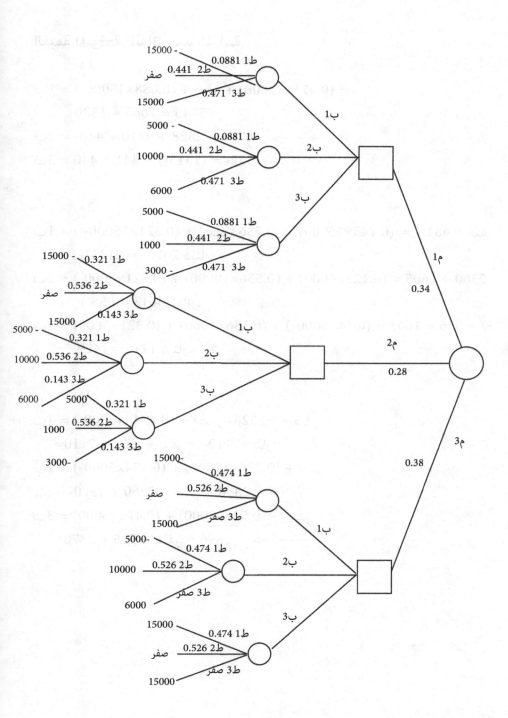

القيمة المتوقعة للبدائل بعد الدراسة

م1

ب1 = (-0.088×15000) + صفر + (0.471×15000) =

-1320 + 7065 = 5745

ب2 = -440 + 4410 + 2828 = 6796 ⟶

ب3 = 440 + 441 + (-1413) = -532

م2

ب1 = (-0.321×15000) + (صفر×0.536) + (0.143×15000) = -4815 + صفر

+ 2145 = -2670 دينار.

ب2 = (-0.321×5000) + (0.536×10000) + (0.123×6000) = 1605 + 5360

+ 858 = 4613 دينار. ⟶

ب3 = (0.321×5000) + (0.536×1000) + (-0.14×3000) = 1605 + 536 + (-

429) = 1712 دينار.

م3

ب1 = (-0.474×15000) + (صفر×0.526) + صفر

=7110 + صفر + صفر = -7110 دينار.

ب2 = (-0.474×5000) + (0.526×10000) + صفر

= -2370 + 5260 + صفر = 2890

ب3 = (0.474×5000) + (0.526×1000) + صفر =

=2370 + 526 + صفر = 2896 ⟶

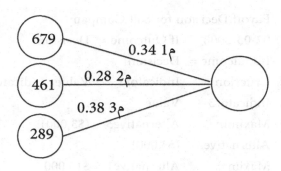

الآن يتم احتساب القيمة المتوقعة للدراسة بعد الحصول على المعلومات وبالشكل الآتي:

(9796×0.34) + (4613×0.8) + (2896×0.38) = 4702.76 دينار.

إذن القيمة المتوقعة لمعلومات العينة هي:

القيمة المتوقعة للدراسة بعد الحصول على المعلومات — القيمة المتوقعة للدراسة قبل الحصول على المعلومات

= 4702.76 − 4700 = 2.67 دينار.

إذن درجة الكفاية لمعلومات العينة = (القيمة المتوقعة لمعلومات العينة / القيمة المتوقعة للمعلومات الصحيحة) × 100

$$= \frac{2.67}{4800} \times 100 = \%6$$

يلاحظ بأن درجة الكفاية لمعلومات العينة أعلاه تبين أن موثوقية الدراسة غير مرضية وبناءً على ذلك ترفض العينة.

تحليل مشكلة شركة السلط بإستخدام برمجية (Win QSB) يعرض النتائج التحليلية التالية:

Payoff Decision for Salt Company

02-03-2008   If Outcome = Decision   If Outcome = Decision

If Outcome = Decision

Criterion   Indicator1   Value Indicator2   Value

Indicator3   Value

Maximin   Alternative3   ($3,000)   Alternative3   ($3,000)

Alternative3   ($3,000)

Maximax   Alternative1 $15,000   Alternative1 $15,000

Alternative1 $15,000

Hurwicz (p=0.5)   Alternative2 $2,500 Alternative2 $2,500

Alternative2 $2,500

Minimax Regret   Alternative2 $10,000   Alternative2

$10,000   Alternative2 $10,000

Expected Value   Alternative2 $6,794.12   Alternative2

$4,607.14   Alternative2 $2,894.74

Equal Likelihood   Alternative2 $3,666.67   Alternative2

$3,666.67   Alternative2 $3,666.67

Expected Regret   Alternative2 $5,117.65   Alternative2

$4,500 Alternative2 $4,736.84

Expected Value   without any   Information = $4,700

Expected Value   with Perfect   Information = $9,500

Expected Value   of Perfect   Information = $4,800

Expected Value   with Sample   Information = $4,700

Expected Value   of Sample   Information = 0

Efficiency (%) of Sample   Information = 0.00%

مثال 4:

ترغب وزارة الإسكان والتعمير المقارنة بين ثلاثة بدائل هي بناء مجمع بـ (20) شقة، (30) شقة، (40) شقة. ويعتمد قرار الوزارة على مستويات الطلب والأرباح المرتبطة بكل بديل وهذه المعلومات مبينة في الجدول التالي:

0.20	0.60	0.20	حالات الطلب / البدائل
طلب عالي	طلب متوسط	طلب منخفض	
50000	50000	50000	20 شقة
100000	100000	صفر	30 شقة
150000	40000	50000-	40شقة

علماً بأن الوزارة ترغب بإجراء دراسة لتقليل من عدم التأكد وأنها تعتقد أن نتائج هذه الدراسة قد تكون كما يلي:

غير مؤاتي	مؤاتي	مؤاتي بدرجة كبيرة	نتائج الدراسة / حالات الطلب
0.1	0.2	0.7	طلب منخفض
0.3	0.4	0.3	طلب متوسط
0.6	0.3	0.1	طلب عالي

المطلوب: حدد إستراتيجية القرار المثلى للوزارة أعلاه.

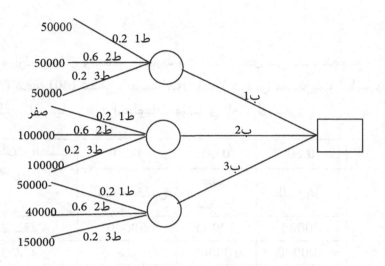

1- احتساب القيمة المتوقعة للبدائل الثلاثة:

القيمة المتوقعة ب1 (بآلاف الدنانير) = (0.2×50) + (0.6×50) + (0.2×50)

= 10+30+10=50

القيمة المتوقعة ب2 (بآلاف الدنانير) = (صفر×0.2) + (0.6×100) + (0.2×100) = 80

القيمة المتوقعة ب3 (بآلاف الدنانير = (-50×0.2) + (0.6×40) + (0.2×150)

= -10+24+30=44

أفضل بديل هو ب2 ⟵ 80

2- احتساب القيمة المتوقعة للمعلومات (EVPI) =

نحسب مصفوفة الندم على أساس المصفوفة القديمة

حالات الطبيعية / البدائل	ط1	ط2	ط3
	0.20	0.60	0.20
ب1	صفر	50000	100000
ب2	50000	صفر	50000
ب3	100000	60000	صفر

القيمة المتوقعة ب1 (بآلاف الدنانير) (صفر×0.2) + (0.6×50000) + (0.2×100000) =

صفر+30+20=50

القيمة المتوقعة لندم ب2 (بآلاف الدنانير) = (0.2×50) + (صفر×0.6) + (0.2×50)

= 10+صفر+10=20

القيمة المتوقعة لندم ب3 (بآلاف الدنانير) = (0.2×100) + (0.6×60) + (صفر×0.2) = 20+36+صفر=56

يتم اختيار البديل صاحب أقل قيمة متوقعة للندم وهو ب2 ← 20

3- يتم احتساب الاحتمالات المعدلة بواسطة نظرية بيز وبالشكل التالي:

حالات طبيعية	الاحتمالات	الاحتمالات المشروطة	الاحتمالات المترابطة	الاحتمالات المعدلة
ط1	0.2	0.7	0.14	0.411
ط2	0.6	0.3	0.18	0.529
ط3	0.2	0.1	0.02	0.060
		م1 ←	0.34	
م2				
ط1	0.2	0.2	0.04	0.118
ط2	0.6	0.4	0.24	0.706
ط3	0.2	0.3	0.06	0.176
		م1 ←	0.34	
م3				
ط1	0.2	0.1	0.02	0.063
ط2	0.6	0.3	0.18	0.562
ط3	0.2	0.6	0.12	0.375
		م1 ←	0.32	

ط1 0.411 50
ط2 0.529 50
ط3 0.60 50
ط1 0.411 صفر
ط2 0.529 100
ط3 0.60 100
ط1 0.411 -50
ط2 0.529 40
ط3 0.60 150
ب1
ب2
ب3
م1 0.34
ط1 0.118 50
ط2 0.706
ط3 0.176 50
ط1 0.118 صفر
ط2 0.706 100
ط3 0.176 100
ط1 0.118 -50
ط2 0.706 40
ط3 0.176 150
ب1
ب2
ب3
م2 0.34
ط1 0.63 50
ط2 0.562 50
ط3 0.375 50
ط1 0.63 صفر
ط2 0.562 100
ط3 0.375 100
ط1 0.63 -50
ط2 0.562 40
ط3 0.375 150
ب1
ب2
ب3
م3 0.32

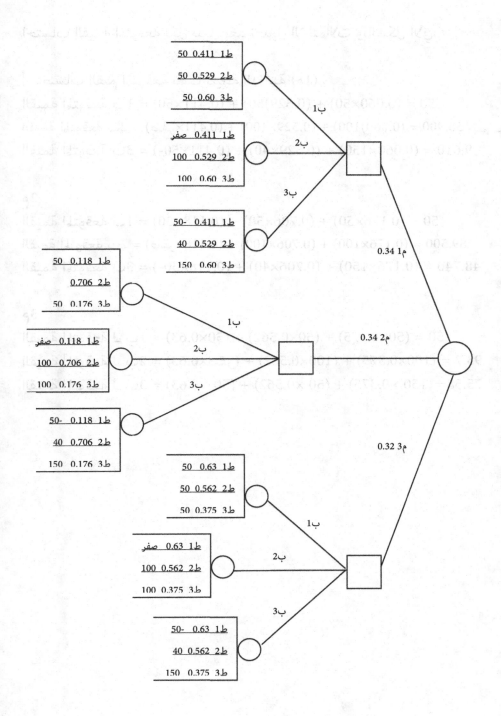

احتساب القيمة المتوقعة لكل بديل بعد تعديل الاحتمالات وبالشكل الآتي:

أ- احتساب القيم المتوقعة تحت نتيجة الدراسة (م1)

القيمة المتوقعة ب1 = (0.411×50) + (0.529)50) + (0.060×50) = 50

القيمة المتوقعة ب2 = (0.411×صفر) + (0.529×100) + (0.060)100) = 58.900 →

القيمة المتوقعة ب3 = (-0.411×50) + (0.529×40) + (0.060×150) = 9.610

م2

القيمة المتوقعة ب1 = (0.118×50) + (0.706×50) + (0.176×50) = 50

القيمة المتوقعة ب2 = (0.118×صفر) + (0.706×100) + (0.176×100) = 89.500 →

القيمة المتوقعة ب3 = (-0.118×50) + (0.706×40) + (0.176×150) = 48.740

م3

القيمة المتوقعة لـ ب1 = (50×0.63) + (50×0.562) + (50×0.375) = 50

القيمة المتوقعة لـ ب2 = (0.63×صفر) + (100×0.562) + (100×0.375) = 93.7 →

القيمة المتوقعة لـ ب3 = (50-×0.63) + (50 ×0.562) + (150 ×0.375) =75.58

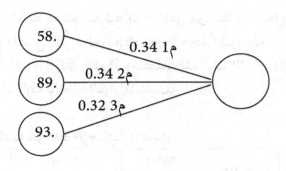

∴ القيمة المتوقعة للدراسة تحسب بالشكل الآتي:

(0.32×93.7) + (0.34×89.5) + (0.34×58.9) = 80320 دينار

∴ القيمة المتوقعة لمعلومات العينة =

80320 – 80000 = 320 دينار.

$$\text{درجة الكفاية لمعلومات العينة} = \frac{\text{القيمة المتوقعة لمعلومات العينة}}{\text{القيمة المتوقعة للمعلومات الصحيحة}} \times 100$$

$$= \frac{320}{20} \times 100 = 16\%$$

ثانيا: شجرة القرارات باستخدام القيمة المتوقعة للتكاليف
مثال 5:

ترغب وزارة الزراعة إقامة مصنع لتصنيع نوع خاص من أعلاف الدواجن. وأمامها ثلاثة بدائل لأحجام المصنع وهي: الحجم الصغير، الحجم المتوسط، الحجم الكبير، وفيما يلي المعلومات المتوفرة لدى الشركة والمتعلقة بتكاليف الإنتاج والتي ترغب باستعمالها كأساس للمقارنة واتخاذ القرار المناسب.

تكلفة الوحدة الإجمالية بالدينار

30% طلب كبير	50% طلب متوسط	20% طلب منخفض	حالات الطبيعة البدائل
90	75	45	مشروع صغير
70	40	60	مشروع متوسط
35	95	100	مشروع كبير

توافرت للشركة المعلومات التالية والتي تعكس مستوى الدقة في تقديراتها الاحتمالية السابقة لحالات الطلب الثلاثة (المنخفض، المتوسط، الكبير)

م3	م2	م1	التقديرات المترابطة حالات الطبيعة
0.1	0.3	0.6	طلب منخفض (ط1)
0.2	0.7	0.1	طلب متوسط (ط2)
0.6	0.2	0.2	طلب كبير (ط3)

المطلوب: اعتمد تحليل شجرة القرارات لتحديد إستراتيجية القرار المثلى لمساعدة وزارة الزراعة لاتخاذ القرار المناسب.

390

الحل:

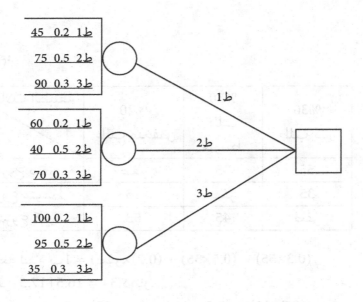

القيمة المتوقعة بـ1 = (0.2×45) + (0.5×75) + (0.3×90)
= 90+37.5+27 = 154.5 دينار.
القيمة المتوقعة بـ2 = (0.2×60) + (0.5×40) + (0.3×70)
= 12+20+21 = 53 دينار ⟶
القيمة المتوقعة بـ3 = (0.2×100) + (0.5×95) + (0.3×35)
= 20+47.5+10.5 = 88 دينار.

∴ البديل الثاني (ب2) أفضل بديل (حجم المشروع المتوسط)

القيمة المتوقعة للمعلومات الصحيحة والتي تقابل أقل ندم متوقع وتحسب بالشكل الآتي:

مصفوفة الندم:

البدائل \ حالات الطبيعة	%20 طلب منخفض	%50 طلب متوسط	%30 طلب كبير
مشروع صغير	صفر	35	55
مشروع متوسط	15	صفر	35
مشروع كبير	55	45	صفر

التكلفة المتوقعة لندم ب1 = (صفر×(0.2) + (35×0.5) + (55×0.3)

= صفر+17.5+16.5 = 34 دينار.

التكلفة المتوقعة لندم ب2 = (15×0.2) + (صفر×0.5) + (35×0.3)

= 3+صفر+10.5 = 13.5 دينار. ⟵

التكلفة المتوقعة لندم ب3 = (55×0.2) + (45×0.5) + (صفر×0.3)

= 11+22.5+صفر = 33.5 دينار.

∴ القيمة المتوقعة للمعلومات الصحيحة = 13.5 والتي تقابل البديل (ب2)

احتساب الاحتمالات للمؤشرات وتعديل الاحتمالات القديمة

حالات طبيعية	الاحتمالات	الاحتمالات المشروطة	الاحتمالات المترابطة	الاحتمالات المعدلة
ط1	0.2	0.6	0.12	0.5217
ط2	0.5	0.1	0.05	0.2174
ط3	0.3	0.2	0.06	0.2609
		م1 ←	0.23	
م2				
ط1	0.2	0.3	0.06	0.1277
ط2	0.5	0.7	0.35	0.7447
ط3	0.3	0.2	0.06	0.1276
		م2 ←	0.47	
م3				
ط1	0.2	0.1	0.02	0.0667
ط2	0.5	0.2	0.10	0.3333
ط3	0.3	0.6	0.18	0.6
		م3 ←	0.30	

45 0.5217 ط1
75 0.2174 ط2
90 0.2609 ط3
60 0.5217 ط1
40 0.2174 ط2
70 0.2609 ط3
100 0.5217 ط1
95 0.2174 ط2
35 0.2609 ط3
ب1
ب2
ب3
م1 0.23
45 0.1277 ط1
75 0.7447 ط2
90 0.1276 ط3
صفر 0.1277 ط1
40 0.7447 ط2
70 0.1276 ط3
100 0.1277 ط1
95 0.7447 ط2
35 0.1276 ط3
ب1
ب2
ب3
م2 0.47
45 0.0667 ط1
75 0.3333 ط2
90 0.6 ط3
60 0.0667 ط1
40 0.3333 ط2
70 0.6 ط3
100 0.0667 ط1
95 0.3333 ط2
35 0.6 ط3
ب1
ب2
ب3
م3 0.30

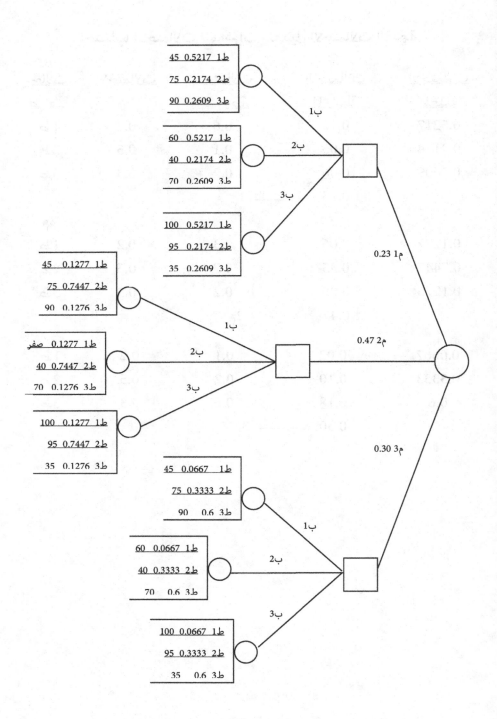

م1

التكلفة المتوقعة بـ1 = (0.5217×45) + (0.2174×75) + (0.2609×90)

=63.26 دينار.

التكلفة المتوقعة بـ2 = (0.5217×60) + (0.2174×40) + (0.2609×70)

= 58.2 دينار.

التكلفة المتوقعة بـ3 = (0.5217×100) + (0.2174×95) + (0.2609×35)

= 81.95 دينار.

م2

بـ1 = (0.1277×45) + (0.7447×75) + (0.1276×90) = 77.13 دينار.

بـ2 = (0.1277×60) + (0.7447×40) + (0.1276×70) = 46.38 دينار.

بـ3 (0.1277×100) + (0.7447×40) + (0.1276×35) = 47.02 دينار.

م3

بـ1 = (0.0667×45) + (0.3333×75) + (0.6×90) = 81.99

بـ2 = (0.0667×60) + (0.3333×40) + (0.6×70) = 59.334

بـ3 = (0.0667×100) + (0.3333×95) + (0.6×35) = 59.3335

∴ القيمة المتوقعة لمعلومات العينة تساوي:
القيمة المتوقعة للتكاليف قبل الحصول على المعلومات – القيمة المتوقعـة للتكاليف بعد الحصول على المعلومات.

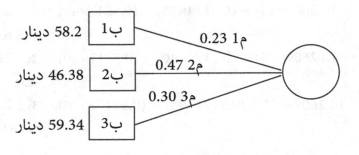

القيمة المتوقعة للتكاليف بعد الحصول على المعلومات تساوي:

(0.30×59.33) + (0.47×46.38) + (0.23×58.2)

= 52.986 تقريباً 53

نلاحظ أن الحصول على المعلومات من هذه العينة لم يؤدي إلى تحسين القرار وعلى هذا الأساس نرفض هذه العينة لأنها غير موثوق بها.

تحليل مشكلة وزارة الزراعة المتمثلة في إقامة مصنع لتصنيع نوع خاص من أعلاف الدواجن بإستخدام برمجية (Win QSB) يعرض التحليل التالي:

Payoff Decision for Animal Food Company

02-03-2008	If Outcome =	Decision	If Outcome =	Decision	If Outcome =	Decision
Criterion	Indicator1	Value	Indicator2	Value	Indicator3	Value
Maximin	Alternative2	($70)	Alternative2	($70)	Alternative2	($70)
Maximax	Alternative3	($35)	Alternative3	($35)	Alternative3	($35)
Hurwicz (p=0.5)	Alternative2	($55)	Alternative2	($55)	Alternative2	($55)
Minimax Regret	Alternative2	$35	Alternative2	$35	Alternative2	$35
Expected Value	Alternative2	($58.26)	Alternative2	($46.38)	Alternative2	($59.33)
Equal Likelihood	Alternative2	($56.67)	Alternative2	($56.67)	Alternative2	($56.67)
Expected Regret	Alternative2	$16.96	Alternative2	$6.38	Alternative3	$22.00

Expected Value without any Information = ($53)
Expected Value with Perfect Information = ($39.50)
Expected Value of Perfect Information = $13.50
Expected Value with Sample Information = ($53.00)
Expected Value of Sample Information = 0
Efficiency (%) of Sample Information = 0.00%

تمارين

1- حصلت الشركة الأردنية للصناعات المنزلية على امتياز خاص من الشركة العالمية للقيام بتصنيع نوع خاص من دراجات المعوقين، ولكي تتجنب الشركة الأردنية خطورة تجميد رأس مال كبير في هذا المنتوج عليها أن تقرر حجم دفعة الإنتاج الملائمة من ثلاثة أحجام هي:

1- حجم دفعة صغيرة.

2- حجم دفعة متوسطة.

3- حجم دفعة كبيرة.

استطاعت إدارة الشركة، ورغم الظروف الاقتصادية الغير معلومة، أن تهيأ بعض البيانات التي تخص الأرباح المتوقعة وتحت ثلاثة مستويات من الطلب كما مبين في الجدول أدناه:

حالات الطبيعة / البدائل	طلب منخفض	طلب متوسط	طلب عالي
حجم دفعة صغير	400	400	400
حجم دفعة متوسط	100	600	600
حجم دفعة كبير	300	300	900

وقدرت احتمالات حدوث مستويات الطلب كما يلي:

احتمال حدوث حالة الطلب المنخفض = 0.20

احتمال حدوث حالة الطلب المتوسط = 0.35

احتمال حدوث حالة الطلب العالي = 0.45

تقوم الشركة الآن بإجراء مسح للسوق وهـذا سيسـاعدها بتقيـيم مسـتوى الطلب على منتوجها الجديد.

يستنتج من هذا المسح ثلاثة مؤشرات للطلب هي:
طلب ضعيف (م1)
طلب متوسط (م2)
طلب قوي (م3)

علماً بأن الاحتمالات المشروطة هي كما مبين في الجدول أدناه:

حالات الطبيعة / نتائج الدراسة	م1	م2	م3
ط1	(م1/ط1) 0.60	(م2/ط1) 0.30	(م3/ط1) 0.10
ط2	(م1/ط2) 0.40	(م2/ط2) 0.40	(م3/ط2) 020
ط3	(م1/ط3) 0.10	(م2/ط3) 0.40	(م3/ط3) 0.50

المطلوب: حدد الإستراتيجية المثلى للشركة الأردنية.

الفصل الثاني عشر:
أسلوب مراجعة وتقييم البرامج/ بيرت

Programme Evaluation and Review Technique/ PERT

المقدمة:

يعتبر أسلوب مراجعة وتقييم البرامج **Programme Evaluation and Review Technique** والمعروف باسم بيرت (PERT) واحداً من أساليب التحليل الشبكي التي تتشابه مع طريقة المسار الحرج في رسم الشبكة وبعض صفات التحليل الأخرى، انظر الفصل التاسع، التي تستطيع الإدارة استخدامه في مجالات التخطيط والرقابة وخاصة في المشروعات التي تتسم بالتعقيد وكبر الحجم وكذلك في حالة المشروعات التي لا تتوافر للإدارة خبرة سابقة حول إنشائها. وعموماً يمكن النظر إلى أسلوب بيرت باعتبار أن له:

1- بُعد تخطيطي حيث تستطيع الإدارة استخدامه في تخطيط الوقت والتكاليف للأنشطة المختلفة اللازمة لتنفيذ مشروع معين.

2- وبُعد تنسيقي: يتم استخدامه للتعرف على التعارضات (Conflicts) بين الأنشطة المختلفة والتنسيق بين هذه الأنشطة حتى يمكن إكمال العمل في الوقت المحدد دون تأخير.

3- وبُعد رقابي: من خلال حصول الإدارة على المعلومات الضرورية حول سير تنفيذ العمل والتعرف على العقبات التي تعترض التنفيذ وإلى أي مدى يسير التنفيذ الفعلي طبقاً للمخططات، هذا ويتيح للإدارة اتخاذ الإجراءات التصحيحية اللازمة وبشكل مباشر وسريع مما يؤدي إلى تذليل العقبات والصعوبات التي تعترض التنفيذ الأمر الذي يساعد في النهاية على تحقيق الهدف المتمثل بإنجاز المشروع في حدود ما تقرر من وقت وتكاليف.

إن استخدام أسلوب بيرت يجعل عملية تطبيق مبدأ الإدارة بالاستثناء (Management by Exception) ممكناً. وذلك عن طريق ملاحظة ورقابة الأنشطة الحرجة (الرئيسية) لكي تتأكد من أن تنفيذها يسير في حدود الوقت المقرر لها أو أنها متأخرة قليلاً وماذا يمكن اتخاذه لتجنب التأخير المحتمل لإنجاز المشروع. وبهذا فإن الإدارة تكون أكثر قدرة على اتخاذ الإجراءات التي تكفل اجتياز عمليات ما يسمى بعنق الزجاجة أو نقاط الخطر وتدبير الموارد اللازمة لذلك.

تقديرات الوقت:

أسلوب بيرت يختلف عن طريقة المسار الحرج، لانه يفترض عدم وجود وقت واحد لإنجاز النشاط أو الفعالية وذلك نظراً لعدم التأكد الذي يصاحب إنجاز المشاريع، فإن تقدير الوقت اللازم لإتمام أي نشاط يمكن عمله بواسطة التوزيع الاحتمالي، وقد اختير توزيع بيتا الاحتمالي (Beta Distribution) وتحدد مدة الإنجاز بثلاثة تقديرات كما يلي:

1- التقدير التفاؤلي (Optimistic Time Estimate) وهو الزمن الذي يتوقع أن يتم فيه النشاط إذا بقي كل شيء على ما يرام. أي أنه الزمن الذي يفترض أفضل الظروف المتوقعة (أحسن الاحتمالات) ويمثل الحد الأدنى الذي يمكن أن يستغرقه النشاط. ويرمز له اختصاراً بالحرف (ف).

2- التقدير الأكثر احتمالاً (Most Likely Time Estimate) يمثل الوقت المتوقع لانتهاء العمل على جميع الأنشطة تحت الظروف الطبيعية وتكون درجة احتمال حدوثه عالية بسبب اقترانه بأعلى درجة من الاطمئنان، فليس هناك تفاؤل أو تشاؤم. إذ أنه تقدير عادي ومناسب للأحوال الاعتيادية، ويرمز له اختصاراً بالحرف (ح).

3- التقدير التشاؤمي (Pessimistic Time Estimate) هو الزمن الذي يشير إلى التقدير الأكثر تحفظاً لتوقع أسوأ الظروف من مشاكل ومعوقات تجعل احتمالات التنفيذ متدنيه لمصادفة سوء الحظ في كل خطوة مع استبعاد الظروف غير الطبيعية جداً. ويرمز له اختصاراً بالحرف (م).

وعملياً لا يمكن الأخذ بالأوقات الثلاثة سوياً. بل يجب احتساب متوسط لها يطلق عليه (الزمن المتوقع) ويرمز له بالحرف (ع) ويعبر الزمن المتوقع عن الوقت الذي يستغرقه أي نشاط في ضوء التقديرات الزمنية الثلاث السابقة. التي تأخذ الأوزان التالية:

أربعة أوزان للزمن الأكثر احتمالاً

وزن واحدة للزمن التفاؤلي

ووزن واحد للزمن التشاؤمي

وبذلك تكون معادلة احتساب الزمن المتوقع كالآتي:

$$\text{الزمن المتوقع (ع)} = \frac{\text{الزمن التفاؤلى} + 4(\text{الزمن الاكثر احتمالا}) + \text{الزمن التشاؤمى}}{6}$$

$$\text{أو ع} = \frac{\text{ف} + 4\text{ح} + \text{م}}{6}$$

ولتوضيح ذلك دعنا نفرض بأن الوقت المتفائل لنشـاط معـين (4) أسـابيع، والوقت الأكـثر احـتمالاً (5) أسـابيع والوقـت المتشـائم (12) أسـبوع، فـإن الوقـت المتوقع يكون:

$$\text{(ع)} = \frac{\text{ف} + 4\text{ح} + \text{م}}{6} = \frac{4 + (5 \times 4) + 12}{6} = \frac{36}{6} = 6 \text{ اسبوع}$$

إن احتساب متوسط الزمن المتوقع بموجب المعادلـة أعـلاه قـد تـم وفـق توزيع بيتا (Beta Distribution) وبالرغم من أن توزيع بيتا ليس له شكلاً وحيـداً إلا أنه يمكن التعبير عنه بالشكل أدناه وذلك بما يتعلق بالنشاط المشار إليه أعلاه:

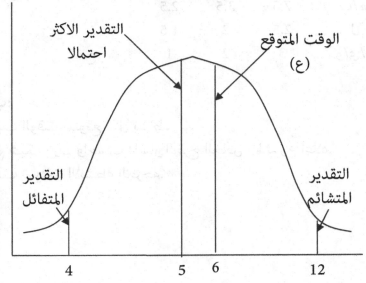

كيفية احتساب احتمال انجاز المشروع ضمن الوقت والتكلفة المتفق عليهما

مثال 1:

أعطيت لك البيانات الآتية والتي تخص الأنشطة اللازمة لتنفيذ مشروع الأمل والوقت اللازم لذلك:

الزمن اللازم بالأشهر

النشاط	ف	ح	م	النشاط السابق
أ	4	5	12	--
ب	1	1.5	5	--
ج	2	3	4	أ
د	3	4	11	أ
هـ	2	3	4	أ
و	1.5	2	2.5	ج
ي	1.5	3	4.5	د
ل	2.5	3.5	7.5	ب/هـ
ن	1.5	2	2.5	ل
ح	1	2	3	و/ي/ن

المطلوب:

1- احسب الوقت المتوقع لكل نشاط.

2- ارسم شبكة بيرت واحسب المسار الحرج الخاص بالمشروع أعلاه.

3- احسب تباينات الأنشطة الحرجة.

خطوات الحل:

1- احتساب الوقت المتوقع لكل نشاط وبالشكل والآتي:

النشاط	$ع = \frac{ف+4ح+م}{6}$
أ	6
ب	2
ج	3
د	5
هـ	3
و	2
ي	3
ل	4
ن	2
ح	2
المجموع	**32**

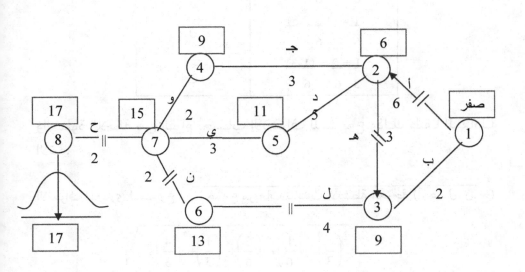

3- إيجاد التباين (ت) لأنشطة المسار الحرج وفق القانون التالي:

التباين (ب) = $\dfrac{\text{الوقت المتشائم – الوقت المتفائل}}{6}$

أو ت = $\dfrac{\text{م – ف}}{6}$

والجدول التالي يبين تباينات الأنشطة الحرجة وهي (أ، هـ ل، ن، ح)

الأنشطة الحرجة	**ت = $\dfrac{\text{م – ف}}{6}$**
أ	$\frac{4}{3} = \frac{8}{6} = \frac{(4-12)}{6}$
هـ	$\frac{1}{3} = \frac{(2-4)}{6}$
ل	$\frac{5}{6} = \frac{(2.5-7.5)}{6}$
ن	$\frac{1}{6} = \frac{(1.5-2.5)}{6}$
ح	$\frac{1}{3} = \frac{2}{6} = \frac{(1-3)}{6}$

والخطوة اللاحقة هي القيام بحساب الانحراف للمشروع وذلك طبقاً للمعادلة الآتية:

الانحراف المعياري للمشروع = $\sqrt{\text{مجموع مربعات تباينات الأنشطة الحرجة (أ، هـ ل، ن، ح)}}$

$$\sqrt{\left(\frac{1}{3}\right)^2+\left(\frac{1}{6}\right)^2+\left(\frac{5}{6}\right)^2+\left(\frac{1}{3}\right)^2+\left(\frac{4}{3}\right)^2} =$$

$$= \sqrt{0.11 + 0.03 + 0.69 + 0.11 + 1.78}$$

$$= \sqrt{2.72} = 1.65$$

وبعد اتمام الخطوات السابقة تبرز أهمية أسلوب بيرت في إيجاد الاحتمالات المختلفة لإكمال المشروع وفق الوقت المستهدف أو المتفق عليه والاحتمالات هذه تقاس برقم بين صفر وواحد صحيح حيث يمثل الرقم (0.99) أكبر احتمال ممكن، ويمثل الرقم (0.01) أقل احتمال ممكن لتحقيق الوقت المستهدف. ويحسب الاحتمال بالنسبة لأسلوب بيرت على أساس معدل الوقت المتوقع (المسار الحرج)، فطالما أن الوقت المتوقع يمثل متوسطاً محسوباً. فمن المتوقع أن تحصل على أرقام فعلية على يسار هذا المتوسط بنفس القدر الذي تحصل به على أرقام فعلية على يمين هذا المتوسط وبعد تحديد طول المسار الحرج والمتمثل بمعدل الوقت المتوقع لإنهاء المشروع. نضع هذا الرقم في منطقة الوسط حيث يقسم مظلة التوزيع الطبيعي الى قسمين متساويين (50% لكل قسم) وبالتطبيق على مثالنا السابق حيث إن المسار الحرج (17) إسبوعاً ينتج الشكل الاتي:

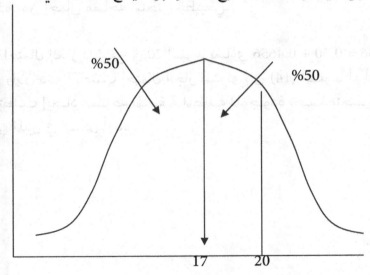

فلو أردنا احتساب احتمال إكمال المشروع في (20) أسبوعاً، فإننا في هذه الحالة نبحث عن المساحة المحصورة بين الرقمين (20-17) والمبينة في الشكل أعلاه والتي يطلق عليها بقيمة (ز)، (Z- Value) وتحسب وفق القانون التالي:

$$\text{ز} = \frac{\text{الوقت المستهدف} - \text{وقت المسار الحرج}}{\text{الانحراف المعيارى للمشروع}}$$

$$= \frac{20 - 17}{1.65} = 1.82$$

ومن أجل إيجاد مساحة المنحنى التي تمثل ناتج القسمة أعلاه نقوم باستخدام جدول التوزيع الطبيعي الموجود في نهاية الكتاب. وبالنظر تحت قيمة (Z) عمودياً إلى النقطة (1.8) وأفقياً إلى النقطة (0.02) ترى إن نقطة تقاطعهما تقرأ (0.4656)، وهذه تمثل مساحة المنحنى الواقعة بين النقطتين (20-17)، ومن أجل تحديد احتمال إنجاز المشروع في (20) أسبوعاً نقوم بإضافة المساحة المظللة الواقعة إلى اليسار من نقطة الوسط وواضحاً من الشكل أعلاه أن هذه المساحه تمثل 50% من إجمالي مساحة المنحنى الطبيعي.

إذن احتمال إنجاز المشروع في 20 أسبوعاً يساوي 0.4656 + 0.50 = 0.9656

والآن دعونا نحسب احتمال انجاز المشروع في (14) أسبوعاً أو أقل، فإن هذا يتطلب إيجاد مساحة المنطقة المظللة الموجودة تحت منحنى التوزيع الطبيعي المبين في الشكل أدناه:

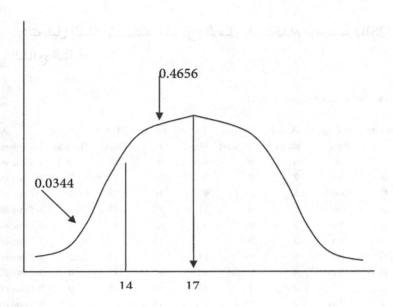

ومـن أجـل تحديـد هـذه المسـاحة يسـتلزم منـا أولاً أن نحـدد المسـاحة المحصورة بين النقطتين (17-14) ومـن ثـم نقـوم بطـرح تلـك المسـاحة مـن كامـل المساحة الواقعة إلى اليسار من نقطة الوسط (17) والبالغة 50% وبالشكل التالي:

$$= \frac{17 - 14}{1.65} = \frac{- \, 3}{1.65} = - \, 1.82$$

ومـن جـدول التوزيـع الطبيعـي المشـار إليـه في نهايـة الكتـاب نلاحـظ بـأن المسـاحة المقابلـة للرقـم (1.82) هـي (0.4656) وواضحـاً هنـا أنـه لا يوجـد فـرق بـين القيـم السـالبة والموجبـة في جـدول التوزيـع الطبيعـي، وإنـما ترشـدنا هـذه الإشـارة إلى موقـع المسـاحة المطلوبـة مـن نقطـة الوسـط. فعنـدما تكـون الإشـارة موجبـة هـذا يعنـي بـأن المسـاحة المطلوبـة قراءتهـا تقـع إلى يـمين نقطـة الوسـط، بيـنما الإشـارة السـالبة تشـير إلى أن المسـاحة تقـع إلى يسـارها. إذن فـإن احتـمال إنجـاز المشـروع في (14) أسـبوع أو أقل يساوي:

$$0.50 - 0.4656 = 0.0344$$

411

والتحليل التالي لمشكلة مشروع الأمل بإستخدام برمجية (Win QSB)
يعطي النتائج التالية:

Activity Analysis for Al Amal Company Project

02-06-2008 22:33:38	Activity Name	On Critical Path	Activity Mean Time	Earliest Start	Earliest Finish	Latest Start	Latest Finish	Slack (LS-ES)	Activity Time Distribution	Devi
1	A	Yes	6	0	6	0	6	0	3-Time estimate	1.33
2	B	no	2	0	2	7	9	7	3-Time estimate	0.66
3	C	no	3	6	9	10	13	4	3-Time estimate	0.33
4	D	no	5	6	11	7	12	1	3-Time estimate	1.33
5	E	Yes	3	6	9	6	9	0	3-Time estimate	0.33
6	F	no	2	9	11	13	15	4	3-Time estimate	0.16
7	G	no	3	11	14	12	15	1	3-Time estimate	0.5
8	H	Yes	4	9	13	9	13	0	3-Time estimate	0.83
9	I	Yes	2	13	15	13	15	0	3-Time estimate	0.16
10	J	Yes	2	15	17	15	17	0	3-Time estimate	0.33

Project   Completion   Time   =   17   weeks
Number of   Critical   Path(s)   =   1

مثال 2

يبين الجدول أدناه الأنشطة اللازمة لتنفيذ الصالة الرياضية في الجامعة والزمن اللازم لتنفيذ كل نشاط:

النشاط	مسار النشاط	الوقت المتفائل (ف)	الوقت الأكثر احتمالاً (ح)	الوقت المتشائم (م)
أ	2-1	2	6	10
ب	3-1	1	3	5
ج	4-2	4	7	10
د	4-3	3	4	5
هـ	5-1	6	8	10
و	6-5	5	8	17
ز	7-6	7	9	17
ح	7-4	10	16	34
ط	6-3	10	12	26

المطلوب:

1- احتساب الوقت المتوقع لكل نشاط طبقا لنموذج بيرت.

2- رسم شبكة العمل وفقا لنموذج بيرت.

3- تحديد المسار الحرج.

4- حساب الانحراف المعياري الخاص بالمشروع ككل.

5- إذا فرضنا أن التكلفة الاسبوعية اللازمة لتنفيذ المشروع 1000 دينار، فما هي الاحتمالات أن تكون تكلفة المشروع كما يلي:

35000 دينار أو أقل.

38000 دينار أو أقل.

40000 دينار أو أقل.

الحل:

1- تحديد الوقت المتوقع لكل نشاط:

النشاط	ع = <u>ف+4ح+م</u> 6
أ	6
ب	3
ج	7
د	4
هـ	8
و	9
ز	10
ح	18
ط	14

2- رسم شبكة العمل.

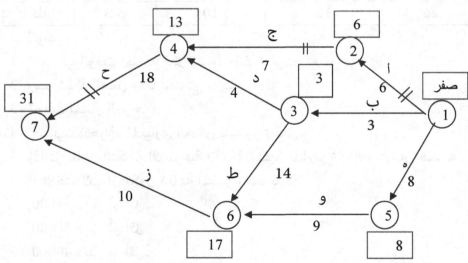

∴ الأنشطة التالية هي التي تحدد المسار الحرج أ، ج، ح = 31 أسبوعاً.

414

3- حساب الانحراف المعياري الخاص بالمشروع ككل وفق المعادلة التالية:

الانحراف المعياري للمشروع= $\sqrt{\text{مجموع مربعات تباينات الأنشطة الحرجة (أ، ج، ح)}}$

حيـث آن التبـاين لأي نشاط $= \dfrac{\text{م} - \text{ف}}{6}$

$\therefore$ تباين النشاط أ $= \dfrac{10-2}{6} = \dfrac{8}{6} (1\dfrac{1}{3})$

$\therefore$ تباين النشاط ج $= \dfrac{10-4}{6} = (1)$

$\therefore$ تباين النشاط ح $= \dfrac{24-10}{6} = \dfrac{24}{6} = (4)$

$\therefore$ الانحراف المعياري للمشروع $= \sqrt{\left(1\dfrac{1}{3}\right)^2 + (1)^2 + (4)^2}$

$= \sqrt{18\dfrac{7}{9}} = 4.333$

4- حيث أن تكلفة موارد المشروع 1000 دينار أسبوعياً.
لذلك تكون التكلفة المتوقعة للمشروع
= طول المسار الحرج المتوقع × الكلفة الأسبوعية
= 31 × 1000 = 31000 دينار.

$\therefore$ احتمال أن تكون تكلفة المشروع 35000 دينار أو أقل هي:

$$\dfrac{31-35}{4.333} = \dfrac{4}{4.333} = 0.92 \text{ تقريبا}$$

415

وعنـد الرجـوع إلى جـدول التوزيـع الطبيعـي في نهايـة الكتـاب نـرى بـأن المساحة المقابلة للرقم (0.92) تساوي 0.3212

∴ احتمال إنجاز المشروع وفق الكلفة أعلاه أو أقل تساوي

$$0.8212 = 0.5 + 0.3212$$

أما احتمال أن تكون تكلفة المشروع 38000 دينار أو أقل هي:

$$\frac{31-38}{4.333} = \frac{7}{4.333} = 1.62$$ تقريبا

وبالرجوع إلى الجدول التوزيع الطبيعـي نجـد أن المسـاحة المقابلـة للـرقم (1.62) تساوي (0.4474).

∴ احتمال إنجاز المشروع وفق الكلفة أعلاه يساوي 0.5 + 0.4474 = 0.9474

أما احتمال أن تكون تكلفة موارد المشروع 40000 أو أقل كالآتي:

$$\frac{31-40}{4.333} = \frac{9}{4.333} = 2.08$$ تقريبا

وبالرجوع إلى جدول التوزيع الطبيعي نجد أن المساحة المقابلة للرقم (2.08) هي (0.4812)

∴ احتمال إنجاز المشروع بالكلفة أعلاه يساوي 0.50 + 0.4812 = 0.9812

تمارين

1- أعطيت لك البيانات التالية والتي تخص الأنشطة اللازمة لإنشاء إحدى المجمعات السكنية بالجامعة والمتعاقد مع إحدى الشركات المحلية لتنفيذه بكلفة (50) ألف دينار.

النشاط	النشاط السابق	الزمن اللازم بالأشهر			النشاط	النشاط السابق	الزمن اللازم بالأشهر		
		ف	ح	م			ف	ح	م
س	-	10	12	16	هـ	ب	15	18	30
أ	س	2	8	36	و	ب	3	5	8
ب	س	1	4	5	ز	د/هـ	2	4	8
ج	س	2	3	4	ح	ج/و	6	9	12
د	أ	8	12	20	ط	ز/ح	4	6	14

المطلوب:

1- احسب المسار الحرج المتوقع لإنجاز المشروع أعلاه معتمداً البدايات والنهايات المبكرة.

2- احسب احتمال إنجاز المشروع ضمن التكلفة المتعاقد عليها إذا علمت بأن كلفة تنفيذ الشهر الواحد (1000) دينار.

3- حدد التواريخ المتأخرة لبدء العمل على الأنشطة (ج، و).

2- قرر المكتب الهندسي في الجامعة الاستفادة منك حيث أعطيت لك البيانات التالية التي تخص الأنشطة اللازمة لبناء المجمع الرياضي الشتوي والتي تم التعاقد مع أحد المقاولين المحليين لإنجازه بمدة (18) شهراً.

الزمن اللازم بالأشهر			النشاط السابق	النشاط	الزمن اللازم بالأشهر			النشاط السابق	النشاط
م	ح	ف			م	ح	ف		
11.5	7.5	6.5	ب	و	5	1.5	1	-	أ
13	9	5	د/هـ	ز	5	4	3	-	ب
5	4	3	ج	ح	3	2	1	أ	ج
4	3	2	ج	ط	6.5	5	3.5	أ	د
6	2.5	2	و/ز/ح	ي	12	5	4	ب	هـ

المطلوب:

1- احسب المسار الحرج المتوقع لإنجاز المشروع أعلاه معتمداً البـدايـات والنهايـات المبكرة.

2- حدد التواريخ المتأخرة لبدء العمل على الأنشطة (أ، ج)

3- احسب احتمال إنجاز المشروع ضمن المدة المتعاقد عليها.

دور أسلوب بيرت / تكلفة في التخطيط وتخصيص الموارد:

أن اسلوب بيرت يوضح فترة اتمام المشروع وادنى تكلفة ممكنة لتنفيذه، إلا أنه يمكن اختصار فترة التنفيذ هذه على حساب زيادة التكلفة ويطلق على التكلفة في تلك الحالة بالتكلفة المعجلة (Crash cost). ويتم ذلك باتباع الخطوات الآتية:

1- يتم رسم شبكة العمل كالمعتاد وتحديد الوقت والتكلفة لكل نشاط والمسار الحرج. ويعبر المسار الحرج عن اطول فترة لتنفيذ المشروع. ويطلق على الوقت والتكلفة في هذه الحالة الوقت العادي والتكلفة العادية.

2- يتم البحث عن بدائل متعددة لتنفيذ الأنشطة المختلفة على ان يتم تحديد وقت النشاط وتكلفته وفقا لكل بديل. ويوضح الشكل التالي البدائل الخاصة بنشاط معين.

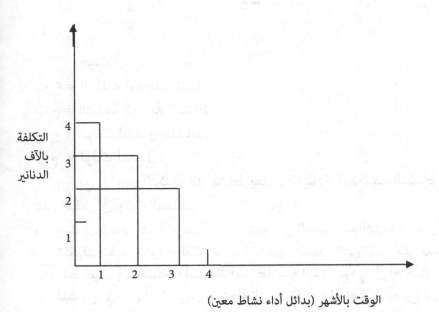

الوقت بالأشهر (بدائل أداء نشاط معين)

419

ان الشكل اعلاه يوضح وجود ثلاثة بدائل لتنفيذ النشاط وتفصيلاتها كالآتي:

	الوقت بالأشهر	التكلفة بالاف الدنانير
البديل الاول	3	2
البديل الثاني	2	3
البديل الثالث	1	4

وهكذا نجد أنه يمكن اختصار فترة تنفيذ المشروع مقابل زيادة التكاليف ويمكن ان يطلق على بدائل الوقت والتكلفة في هذه الحالة بدائل التكلفة المعجلة.

3- يحسب ميل التكلفة لكل بديل ولكل نشاط وفقا للمعادلة الآتية:

$$\text{ميل التكلفة} = \frac{\text{ت}_\text{ع} - \text{ت}_\text{م}}{\text{ق}_\text{ع} - \text{ق}_\text{م}}$$

حيث أن:-

ت ع = التكلفة المعجلة للنشاط

ت م = التكلفة العادية للنشاط

ق ع = الوقت العادي للنشاط

ق م = الوقت المعجل

أي أن ميل التكلفة لأي نشاط يعادل الزيادة في تكلفة النشاط مقسومة على النقص في وقت النشاط.

4- حيث أن الهدف هو اكبر قدر من التخفيض في الوقت مع اقل قدر من الزيادة في تكاليف تنفيذ المشروع، لذلك يجب تخفيض الأنشطة التي تقع على المسار الحرج فقط حيث أن تخفيض وقت تلك الأنشطة هو الذي يؤدي إلى اختصار فترة تنفيذ المشروع، في حين أن تخفيض للأنشطة التي لا تقع على المسار الحرج لن يؤدي إلى اختصار فترة تنفيذ المشروع، وانما يؤدي إلى زيادة التكاليف فقط، وعند تخفيض وقت الأنشطة الواقعة على المسار الحرج يراعى اختيار النشاط صاحب أقل ميل للتكلفة،

ويجب مراعاة المبادئ الآتية عند اجراء عملية التخفيض المـذكورة بالإضافة لمـا سبق ذكره:

أ- أن تخفيض أي نشاط على المسار الحرج يكون في حـدود الوقـت المسـموح بـه لتخفيض النشاط ويعادل الوقت المسموح به لتخفيض النشاط الفرق بـين الوقـت العـادي والوقت المعجل لتنفيذ النشاط فإذا كان الوقت العـادي لتنفيـذ النشاط (جـ) هو ثمانية أسابيع والوقت المعجل لتنفيـذ نفس النشاط خمسـة أسابيع فإن الوقت المسموح به لتخفيض هذا النشاط يعادل ثلاثـة اسابيع، أي انه لا يمكن تخفيض وقت ذلك النشاط أكثر من ثلاثة أسابيع.

ب- في حالة تعدد المسارات الحرجة وظهور اكثر من مسار حـرج في نفس الوقـت فإنه من الضروري تخفيض وقت المسارات الحرجة كلها معا وفي آن واحد عـلى أن تكون فترة التخفيض هي ادنى وقـت مسـموح بـه للأنشطة ذات اقـل ميـل تكلفة فإذا كان هناك مسارين حرجين يمكن تخفيض النشاط صاحب اقل ميـل تكلفة على المسار الحرج الأول بمقدار اسبوعين في حين أن النشاط صاحب اقل ميل تكلفة على المسار الحرج الثاني يمكن تخفيضه بمقدار ثلاثة أسابيع فإنه يتم تخفيض النشاطين صاحبا اقل ميل تكلفـة عـلى المسارين الحـرجين بمقـدار اسبوعين فقط.

ج- إذا كان هناك نشاط مشترك في مسارين حرجين (او اكثر) وبالرغم مـن ان هـذا النشاط المشترك قد لا يكون صاحب اقل ميل للتكلفـة إلا أن ميـل تكلفتـه قـد يقل عن مجموع ميل التكلفة الخاص بنشاطين كل مـنهما عـلى مسـار حـرج مختلف، لذلك يتم تخفيض النشاط المشترك في هذه الحالة بالرغم من انه ليس صاحب اقل ميل تكلفة.

د- يجب الانتباه عند اجراء عملية التخفيض لتفادي تحميل المنشأة تكاليف زائـدة لا مبرر لها، فإذا كانت المنشأة ترغب في تخفيض الوقـت بمقـدار ثلاثـة اسابيع مثلا، وكان لديها بديلين هما:

البديل الاول: تخفيض الوقت بمقدار خمسة اسابيع مقابل زيادة التكاليف بمقـدار ستة آلاف دينار، أي ان ميل التكلفة لذلك البديل (1.2).

البديل الثاني: تخفيض الوقت بمقدار ثلاثة اسابيع مقابل زيادة التكاليف بمقدار اربع الاف وخمسمائة دينار، أي ان ميل التكلفة لذلك البديل يعادل (1.5) .

اذا اختارت المنشأة البديل الأول لأنه صاحب اقل ميل للتكلفة فإن ذلك يؤدي إلى تحميل المنشأة مبلغ (1500) دينار زيادة لا مبرر لها طالما ان فترة التخفيض المستهدفة هي ثلاثة اسابيع فقط. وبناء على ذلك يجب على المنشأة في هذه الحالة اختيار البديل الثاني بالرغم من أن ميل تكلفته اكبر من ميل تكلفة البديل الأول.

وسنتناول بعض الأمثلة لتوضيح النقاط اعلاه.

مثال (1):

يبين الجدول التالي التكلفة العادية وبدائل التكلفة المعجلة الخاصة بالأنشطة المختلفة التي يتكون منها مشروع الأمل وكانت كالآتي:

الوقت بالأشهر والتكلفة بالاف الدنانير

النشاط ومساره	التكلفة العادية		بدائل التكلفة المعجلة			
			البديل الاول		البديل الثاني	
	وقت	تكلفة	وقت	تكلفة	وقت	تكلفة
أ (1-2)	5	10	4	12	3	18
ب (2-3)	7	21	6	30	4	50
جـ (3-4)	8	32	5	41	4	48

فإذا علمت أن الوقت المستهدف لاتمام المشروع هو (14) شهرا

المطلوب: استخدم بيرت / تكلفة في تخفيض التكاليف إلى ادنى حد ممكن بشرط مراعاة الوقت المستهدف في العقد لاتمام المشروع.

الحل:

1. رسم شبكة العمل وحساب المسار الحرج

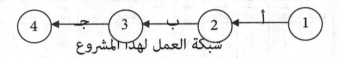

شبكة العمل لهذا المشروع

نلاحظ من شبكة العمل أعلاه بأنه لا يوجد سوى مسار واحد وهو المسار الحرج، كما أن فترة اتمام المشروع وتكاليفه العادية كالآتي:

النشاط	التكلفة العادية بالآف الدنانير	الوقت العادي بالأشهر
أ	10	5
ب	21	7
جـ	32	8
المجموع	63	20

والمطلوب هو تخفيض فترة اتمام المشروع من (20) شهرا إلى (14) شهر بشرط ان يؤدي هذا التخفيض في الوقت إلى أقل زيادة ممكنة في التكاليف، لذلك نحسب ميل التكلفة وحدود فترة التخفيض لكل نشاط كما هو موضح في الجدول التالي:

423

2- احتساب ميل التكلفة وحدود فترة التخفيض لكل نشاط

النشاط	التكلفة العادية		بدائل التكلفة المعجلة											
			البديل الأول						البديل الثاني					
	تكلفة	وقت	تكلفة	وقت	زيادة التكلفة	نقص الوقت	ميل التكلفة	حدود التكلفة	تكلفة	وقت	زيادة التكلفة	نقص الوقت	ميل التكلفة	حدود التكلفة
أ	10	5	12	4	2	1	2	1	18	3	6	1	6	1
ب	21	7	30	6	9	1	9	1	50	4	20	2	10	2
ج	32	8	41	5	9	3	3	3	48	4	7	1	7	1

ويلاحظ أن ميل التكلفة وحدود فترة التخفيض في حالة البديل الثاني للتكلفة المعجلة قد حسبا منسوبين إلى البديل الأول وليس التكلفة العادية.

3- ترتيب أولوية البدائل:

من الجدول السابق يمكن ترتيب اولوية البدائل التي يمكن إستخدامها لتخفيض الوقت مقابل أقل ارتفاع في التكاليف، تعطى اولوية للبديل صاحب اقل ميل تكلفة ثم البدائل التي تليها ويكون الترتيب كالآتي:

1- البديل الأول للنشاط أ ميل التكلفة 2
2- البديل الأول للنشاط جـ ميل التكلفة 3
3- البديل الثاني للنشاط أ ميل التكلفة 6
4- البديل الثاني للنشاط جـ ميل التكلفة 7
5- البديل الأول للنشاط ب ميل التكلفة 9
6- البديل الثاني للنشاط ب ميل التكلفة 10

4- تعديل الوقت والتكلفة وفقا للبدائل اعلاه

باستخدام تلك البيانات يمكن اعداد الجدول التالي الذي يبدأ بأكبر وقت وأقل تكلفة (الوقت العادي والتكلفة العادية) ثم تعديل الوقت والتكلفة وفقا لترتيب ميل التكلفة حتى نصل إلى اقل وقت وأكبر تكلفة. وتكون اقل تكلفة ممكنة في حدود الوقت المستهدف هي التكلفة المقابلة لذلك الوقت.

الوقت بالأشهر والتكلفة بالاف الدنانير

	الأنشطة						المجموع	
	أ		ب		جـ			
بيان	وقت	تكلفة	وقت	تكلفة	وقت	تكلفة	وقت	تكلفة
اطول وقت/اقل تكلفة	5	10	7	21	8	32	20	63
التعديل الاول	1 -	2 +	-	-	-	-	1 -	2 +
الخطة الاولى المعدلة	4	12	7	21	8	32	19	65
التعديل الثاني	-	-	-	-	3-	9+	3-	9+
الخطة المعدلة الثانية	3	18	7	21	5	41	16	74
التعديل الثالث	1 -	6 +	-	-	-	-	1-	6+
الخطة الثالثة المعدلة	3	18	7	21	5	41	15	80
التعديل الرابع	-	-	-	-	1-	7+	1-	7+
الخطة الرابعة المعدلة	3	18	7	21	4	48	14	87
التعديل الخامس	-	-	1-	9+	-	-	1-	9+
الخطة الخامسة المعدلة	3	18	6	30	4	48	13	96
التعديل السادس	-	-	2-	20+	-	-	2-	20+
الخطة النهائية وتمثل "أقل وقت/اكبر تكلفة"	3	18	4	50	4	48	11	116

من الجدول أعلاه يتضح أن أطول وقت لاكمال المشروع (20) شهراً وبتكلفة مقدرها (63) الف دينار. ولكن طالما أن الوقت المحدد في العقد هو (14) شهر لذلك فإن الخطة الرابعة المعدلة تمثل الحل المطلوب حيث يتم إنجاز المشروع في (14) شهر وبتكلفة مقدرها (87) الف دينار وتكون الخطة كالآتي:

النشاط	الوقت بالأشهر	التكلفة بالاف الدنانير
أ	3	18
ب	7	21
ج	4	48
المجموع	14	87

مثال 2:

يبين الجدول التالي التكلفة العادية والتكلفة المعجلة للانشطة اللازمة لتنفيذ مشروع السكن الجامعي وبالشكل التالي:

النشاط ومساره		التكلفة العادية		التكلفة المعجلة	
		الوقت بالاسبوع	التكلفة بالاف الدنانير	الوقت بالاسبوع	التكلفة بالاف الدنانير
أ	(2-1)	16	200	12	400
ب	(3-1)	8	300	4	700
جـ	(4-2)	4	100	2	180
د	(5-2)	20	200	10	800
هـ	(4-3)	10	200	2	400
و	(5-4)	6	160	2	200

المطلوب:

1- أرسم شبكة العمل وفقا للتكلفة العادية مبينا عليها الوقت المبكر والوقت المتأخر لكل حدث (Event) فيها.

2- رسم شبكة العمل وفقا للتكلفة المعجلة مبينا عليها الوقت المبكر والوقت المتأخر لكل حدث.

3- استخدام اسلوب بيرت / تكلفة في دراسة امكانية خفض فترة تنفيذ المشروع إلى اقل فترة زمنية ممكنة.

الحل:

1- شبكة العمل وفقا للتكلفة العادية.

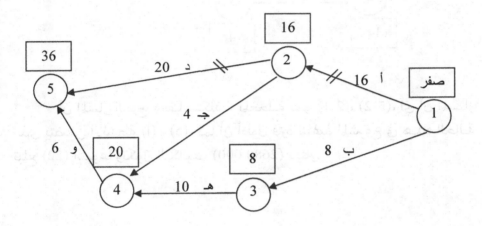

ويلاحظ أن المسار الحرج هو المسار من (1-2)، (2-5) وطوله (36) اسبوع. أي أن المسار الذي يتضمن الانشطة (أ) ، (د) وبذلك تكون اطول فترة لتنفيذ المشروع (36) اسبوعا وتكون ادنى تكلفة (000 1160) دينار.

2- شبكة العمل وفقا للتكلفة المعجلة

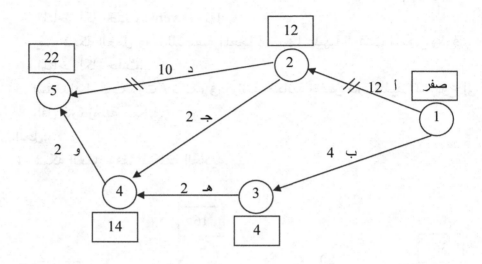

أن المسار الحرج وفقا للتكلفة المعجلة هو (2-1)، (5-2)، أي أن المسار الذي يتضمن الأنشطة (أ) ، (د)، كما أن أطول فترة لتنفيذ المشروع في هـذه الحالـة تبلغ (22) اسبوعا وتكون التكاليف (2680 000) دينار.

3- استخدام اسلوب بيرت / تكلفة في دراسة امكانية خفض فترة تنفيذ المشروع.

حتى يمكن استخدام أسلوب بيرت / تكلفة يجب حساب ميل التكلفة لكل نشاط وحدود فترة التخفيض وذلك مبين في الجدول الآتي:

النشاط	التكلفة العادية		التكلفة المعجلة				
	تكلفة	وقت	تكلفة	وقت	الزيادة في التكلفة	نقص الوقت وحدود فترة التخفيض	ميل التكلفة
أ (1-2)	200	16	400	12	200	4	50
ب (1-3)	300	8	700	4	400	4	100
ج (2-4)	100	4	180	2	80	2	40
د (2-5)	200	20	800	10	600	10	60
هـ(3-4)	200	10	400	2	200	8	25
و (4-5)	160	6	200	2	40	4	10

يلاحظ بأن ميل التكلفة لكل نشاط يحسب من خلال قسمة الزيادة في التكلفة على مقدار النقص في الوقت.

وحتى يمكن تخفيض فترة تنفيذ المشروع بأقل زيادة في التكاليف فيجب البدء بتخفيض وقت الانشطة الواقعة على المسار الحرج فقط، على أن نبدأ بالنشاط (أ) ومساره (1-2) وميل تكلفته (50) والنشاط (2) ومساره (2-5) وميل تكلفته (60)، لذلك نبدأ بتخفيض النشاط (أ) باعتبار أن ميل تكلفته اقل ويجب ان يلاحظ بان اقصى فترة يمكن تخفيض هذا النشاط بها هي أربعة اسابيع.

ويجب الأخذ في الاعتبار أنه ربما ينشأ مسار حرج جديد قبل الوصول إلى اقصى تخفيض للنشاط صاحب أقل ميل تكلفة الواقع على المسار الحرج الحالي. ففي مثالنا هذا قد ينشأ مسار حرج غير موجود حاليا قبل إكمال تخفيض النشاط (أ) بكامل الأسابيع الأربعة ، أي أن المسار الحرج الجديد ربما يظهر بعد بدء تخفيض النشاط (أ)

وقبل الانتهاء من تخفيضه بمقدار اربعة اسابيع وهـي اقصى ـ فتـرة يمكـن تخفيض نشاط (أ) بها.

وأحـدى الطرق التي يمكن اتباعها للتنبؤ بظهور مسار حـرج جديد هـي أن نأخذ في الاعتبار الراكد الحر (Free float) للأنشطة الغيـر حرجـه. ويحـدد الراكـد الحر على اساس افتراض ان كل الانشطة ستبدأ مبكرا قدر الامكان. كمـا أن الراكـد الحر لنشاط معين مستقل عن اوقات البداية للأنشطة الأخرى. ويحسب الراكـد الحر لنشاط معين وفقا للمعادلة الآتية:

الراكد الحر للنشاط = الوقت المبكر لحدث نهاية النشاط – الوقت المبكـر لحـدث بداية النشاط – وقت النشاط.

يحسب الراكد الحر للانشطة المختلفة بإعتماد المعادلة أعلاه وبالشكل الاتي:

الراكد الحر العمود (3)-(2)-(1)	وقت النشاط عمود رقم (3)	الوقت المبكر لحدث بداية النشاط عمود رقم (2)	الوقت المبكر لحدث نهاية النشاط عمود رقم (1)	النشاط
صفر	16	صفر	16	أ (1-2)
صفر	8	صفر	8	ب (1-3)
صفر	4	16	20	ج (2-4)
صفر	20	16	36	د (2-5)
2	10	8	20	هـ (3-4)
10	6	20	36	و (4-5)

ويلاحظ أن الراكد الحر للانشطة الواقعة على المسـار الحـرج يكـون دائمـاً يساوي صفر، وعليه اثناء فترة التخفيض اذا أصبح الراكد الحر لنشـاط معيـن صـفر فهذا يؤشر أن هناك امكانية ان ذلك النشـاط قـد يصبح حرجاً. ومـن هنـا يجـب دراسة امكانية تخفيض الانشطة الحرجـة في ضوء الراكـد الحر الموجب للأنشطة ويتم ذلك بالطريقة الآتية:

1- يتم تحديد الانشطة التي لها راكد حر موجب مع تحديد قيم الراكد الحر الموجب.

2- يتم تحديد النشاط الحرج صاحب أقل ميل تكلفة الذي سوف يتم ضغط وقته وذلك وفقاً للحدود التي يتم تخفيض هذا النشاط في اطارها.

3- يتم تخفيض وقت النشاط الحرج بمقدار الراكد الحر الموجب أو حدود فترة التخفيض للنشاط الحرج ايهما أقل.

وبتطبيق ذلك على المثال السابق نجد:

مقدار الراكد الحر للنشاط هـ = 2

مقدار الراكد الحر للنشاط و = 10

حدود فترة التخفيض للنشاط الحرج أ = 4

∴ يتم تخفيض النشاط أ بمقدار 2 (القيمة الأقل) وذلك لأنه اذا تم التخفيض باكثر من ذلك فإن هناك احتمال أن يدخل النشاط هـ ضمن الانشطة الحرجة.

وتكون شبكة الاعمال كالآتي بعد تنفيذ ما تقدم:

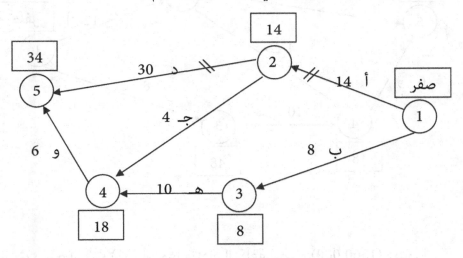

من الشكل اعلاه تجد أن المسار الحرج ما زال يتمثل بالانشطة (أ، د) في حين أن فترة تنفيذ المشروع قد انخفضت من 36 اسبوع إلى 34 اسبوع وارتفعت التكاليف بمقدار:

431

(2 × 50000) = 100000 دينار وبذلك

أصبحت تكاليف تنفيذ المشروع (1260 000) دينار بدلا من (1160 000) دينار.

4- يتم إحتساب التخفيض الثاني على نفس اسلوب التخفيض الاول ، حيث إن:

- مقدار الراكد الحر الموجب للنشاط و = 10

- حدود فترة التخفيض للنشاط أ = 2 (حيث سبق تخفيض ذلك النشاط بمقدار اسبوعين وبالتالي انخفضت فترة تخفيضه من 4 إلى 2).

∴ يتم تخفيض النشاط أ بمقدار اسبوعين وتكون شبكة الاعمال بعد تنفيذ التخفيض كالآتي:

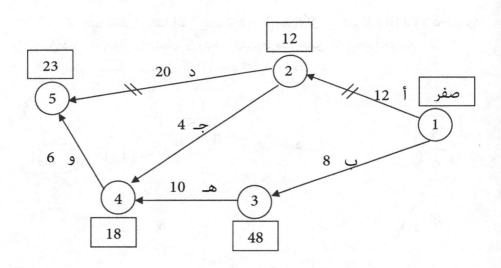

حيث يصبح الوقت (32) اسبوعا وتزداد التكلفة ليصبح (1360 000) دينار.

5- حيث أن النشاط (أ) قد تم تخفيضه إلى اقصى حد ممكن حيث لا يمكن تخفيضه اكثر من ذلك. وعلى ذلك نبدأ بتخفيض النشاط د لأنه يقع على المسار الحرج ويحسب مقدار التخفيض لهذا النشاط بنفس الطريقة السابقة وبالشكل الآتي:

حدود فترة تخفيض للنشاط   د = 10
الراكد الحر للنشاط   و = 8

∴ يمكن تخفيض النشاط د في حدود 8 (10 أو 8 أيهما اقل) وتكون شبكة الاعمال بعد تنفيذ تخفيض النشاط د كالآتي:

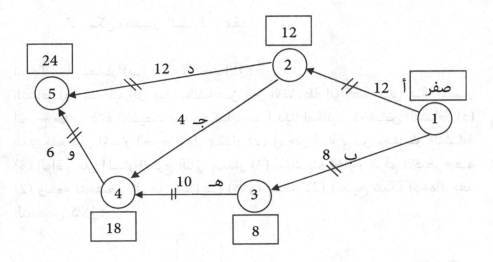

وبفحص الشكل اعلاه يتضح أن فترة تنفيذ المشروع قد انخفضت إلى (24) اسبوع وارتفعت التكاليف الكلية إلى:

$$1360\ 000 + (8 \times 60\ 000) = 1840\ 000$$ دينار.

لقد نشأ الآن مسارين حرجين هما المسار (أ، د) والمسار (ب، هـ، و) وظهر المسار الحرج الجديد نتيجة تخفيض النشاط د بمقدار (8) اسابيع فقط، أي أن حدود فترة التخفيض لذلك النشاط هي (10) اسابيع وهذا يبين أهمية اتباع اسلوب الراكد الحر للتعرف على احتمال ظهور مسار أو مسارات حرجة جديدة متزامنه مع بعضها.

433

6- أن ظهور مسار حرج جديد يعني ضرورة تخفيض المسار الحرج الجديد والمسار الحرج القديم بشكل متزامن وفي آن واحد. ويتم التخفيض وفقا لنفس القواعد السابقة، بالنسبة للمسار (أ، د) نجد الآتي:

- حدود فترة التخفيض للنشاط   د = 2
- مقدار الراكد الحر الموجب للنشاط جـ = 2

∴ يمكن تخفيض النشاط د بمقدار 2

اما بالنسبة للمسار (ب، هـ و) فنجد الآتي:
النشاط (و) صاحب اقل ميل تكلفة من بين الانشطة الواقعة على هذا المسار الحرج حدود فترة تخفيضه (4) وهكذا نجد لدينا امكانية تخفيض النشاط (د) الذي يقع على المسار الحرج الأول بمقدار (2) في حين أنه يمكن تخفيض النشاط (و) الواقع على المسار الحرج الثاني بمقدار (4) لذلك يتم اختيار الرقم الاصغر وهو (2) ونقوم بتخفيض كل من النشاطين (د، و) بمقدار (2) وتصبح شبكة الاعمال بعد التخفيض كالاتي:

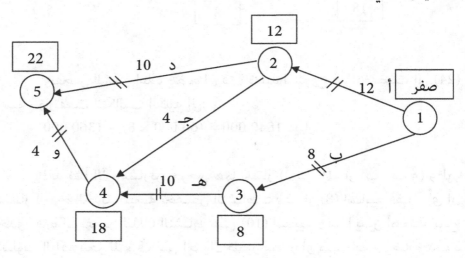

يتضح من الشكل اعلاه أن المساران الحرجان ما زالا كما هما وأنه لا يمكن تخفيض فترة تنفيذ المشروع أكثر من ذلك، حيث أن النشاط (أ)، والنشاط (د) تم

تخفيضهما إلى اقصى حد ممكن. وبذلك تكون ادنى فترة لتنفيذ المشروع (22) اسبوع وتكون تكاليف التنفيذ كالاتي.

$$1840\,000 + (2\times 10\,000) + (2\times 60\,000) = 1980\,000$$ دينار

يلاحظ إن استخدام اسلوب بيرت / تكلفة حقق الوقت المستهدف لاكمال المشروع في (22) أسبوع وبكلفة بلغت (1980 000) دينار ، في حين إن التكلفة المعجلة، كما تم توضحه في بداية الحل، تبلغ (2680 000) دينار بالرغم من أن فترة التنفيذ في ظل التكلفة المعجلة (22) اسبوع ايضا.

مثال: 3

الشبكة التالية تمثل الانشطة الخاصة بتنفيذ مشروع معين

2

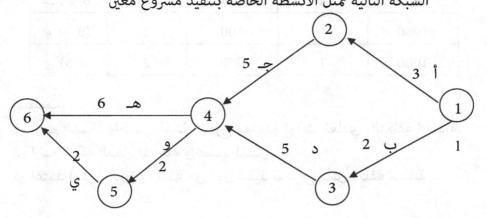

والبيانات التالية تخص الوقت والتكلفة العادية والمعجلة مبينة أدناه:-

النشاط	التكلفة العادية		التكلفة المعجلة	
	وقت	تكلفة	وقت	تكلفة
أ (1-2)	3	800	2	1400
ب (1-3)	2	1200	1	1900
ج (2-4)	5	2000	3	2800
د (3-4)	5	1500	3	2300
هـ (4-6)	6	1800	4	2800
و (4-5)	2	600	1	1000
ي (5-6)	2	500	1	1000

المطلوب:

1- ارسم الشبكة واحسب المسار الحرج معتمدا الوقت العادي والتكلفة العادية.

2- ارسم شبكة العمل المعجلة وأحسب المسار الحرج.

3- اعتمد اسلوب بيرت/ تكلفة من أجل تنفيذ المشروع بأقل تكلفة ممكنة.

1- المسار الحرج والكلفة العادية تكون:-

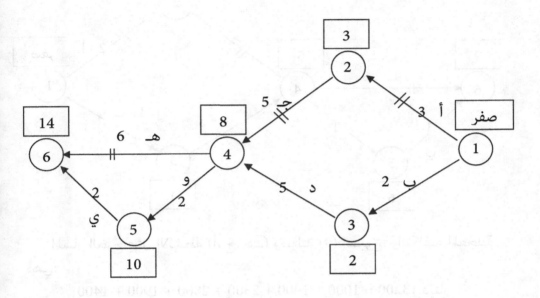

المسار الحرج يتمثل بالانشطة (أ، جـ هـ) وطوله (14) اسبوعا، والكلفة العادية هي:

800 + 1200 + 2000 + 1500 + 1800 + 600 + 500 = 8400 دينار

2- وفقاً للشبكة المعجلة تكون الكلفة المعجلة والمسار الحرج كما يلي:

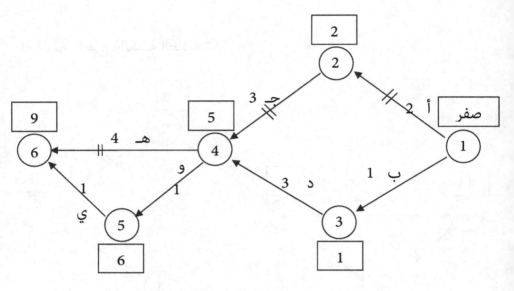

المسار الحرج يمثل الانشطة (أ، ج، هـ) وطولـه (9) اسبوع، والتكلفـة المعجلـة هي:

1400 + 1900 + 2800 + 2300 + 1000 + 1000 = 13200 دينار

3- استخدام اسلوب بيرت / تكلفة لدراسة امكانيـة تخفيض الوقـت وباقـل زيـادة ممكنة في التكلفة:

438

1- احتساب ميل التكلفة للانشطة وبالشكل التالي:

النشاط	التكلفة العادية		التكلفة المعجلة			نقص الوقت	ميل التكلفة	حدود التخفيض
	وقت	تكلفة	وقت	تكلفة	زيادة التكلفة			
أ	3	800	2	1400	600	1	600	1
ب	2	1200	1	1900	700	1	700	1
جـ	5	2000	3	2800	800	2	400	2
د	5	1500	3	2300	800	2	500	2
هـ	6	1800	4	2800	1000	2	500	2
و	2	600	1	1000	400	1	400	1
ي	2	500	1	1000	500	1	500	1

2- احتساب الراكد الحر للانشطة اعلاه وبالشكل التالي:

النشاط	الوقت المبكر لحدث النهاية عمود رقم (1)	الوقت المبكر لحدث البداية عمود رقم (2)	وقت النشاط عمود رقم (3)	الراكد الحر = (1-2-3)
أ	3	صفر	3	صفر
ب	2	صفر	2	صفر
ج	8	3	5	صفر
د	8	2	5	1
هـ	14	8	6	صفر
و	10	8	2	صفر
ي	14	10	2	2

يتم الان دراسة امكانية تخفيض الانشطة الحرجة في ضوء الراكد الحر الموجب لأنشطة الشبكة ويتم ذلك وفقاً لماياتي:

أ- يتم تحديد الانشطة التي لها راكد حر موجب مع تحديد قيم الراكد الحر هذا.

ب- يتم تحديد النشاط الحرج صاحب أقل ميل تكلفة الذي يتم ضغط وقتـه عـلى أن تحدد الحدود التي يتم تخفيض هذا النشاط في اطارها.

ج- يتم تخفيض وقت النشاط الحرج بمقدار الراكد الحر الموجب أو حـدود فـترة التخفيض للنشاط الحرج أيهما اقل، وبتطبيق ذلك على مثالنا اعلاه نجد

مقدار الراكد الحر للنشاط   د = 1

مقدار الراكد الحر للنشاط   ي = 2

حدود فترة التخفيض للنشاط جـ = 2

∴ يتم تخفيض النشاط جـ بمقدار (1) اسبوع (القيمة الاقل)، وذلك لأنـه اذا تم التخفيض اكثر من ذلك فهناك احتمال أن يدخل النشاط (د) ضمن الانشطة الحرجة ولذلك يخفض النشاط ج بالقيمة الاقل. وتكون شبكة الاعمال المعدلة كـما يلي:

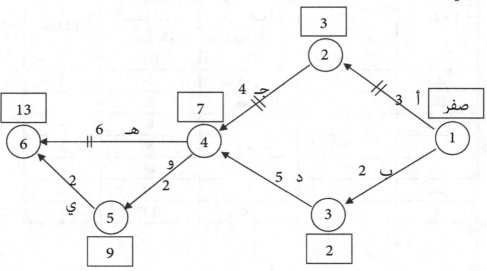

نلاحظ من الشبكة أعلاه أن الانشطة (أ، جـ هـ) ما زالت تمثل المسار الحرج ولكن الوقت اللازم لانجازها قد انخفض إلى (13) اسبوعا. يلاحظ ظهور مسار حرج متزامن مع المسار الحرج الاول وتمثل بالانشطة (ب، د، هـ) وطوله (13) أسبوع. التكلفة المعدلة بعد تخفيض النشاط (جـ) كما يلي:

8400 + (1× 400) = 8800 دينار

نعيد احتساب الراكد الحر للشبكة المعدلة الجديدة وبنفس الطريقة السابقة وبالشكل التالي:

الوقت الراكد الحر (1-2-3)	وقت النشاط (3)	الوقت المبكر لحدث البداية (2)	الوقت المبكر لحدث النهاية (1)	النشاط
صفر	3	صفر	3	أ
صفر	2	صفر	2	ب
صفر	4	3	7	ج
صفر	5	2	7	د
صفر	6	7	13	هـ
صفر	2	7	9	و
2	2	9	13	ي

نلاحظ أن مقدار الراكد الحر للنشاط ي = 2

حدود فترة التخفيض للنشاط   جـ = 1

وحدود فترة التخفيض للنشاط   د = 2

حيث يتم تخفيض النشاط (جـ) بمقدار اسبوع واحد وكذلك النشاط (د) بمقدار اسبوع واحد ايضا وذلك لأن الجزء الأول من الشبكة كما إشير سابقا اصبح حرجا بكامله وتكون الشبكة المعدلة كما يلي:

441

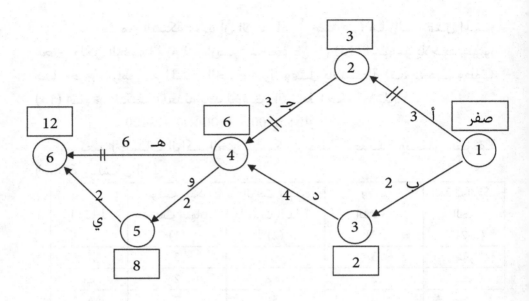

نلاحظ من الشبكة المعدلة اعلاه أن المسارين (أ، جـ هـ) والمسار (ب،د، هـ) ما زالى يمثلان الجزء الحرج في الشبكة أعلاه والوقت اللازم لانجازهما قد تقلص إلى (12) اسبوع والتكلفة اصبحت:

8800 + (1× 400) + (1×500) = 9600 دينار.

والان نقوم باحتساب الراكد الحر وبالشكل التالي:

الوقت الراكد الحر (1-2-3)	وقت النشاط (3)	الوقت المبكر لحدث البداية (2)	الوقت المبكر لحدث النهاية (1)	النشاط
صفر	3	صفر	3	أ
صفر	2	صفر	2	ب
صفر	3	3	6	جـ
صفر	4	2	6	د
صفر	6	6	12	هـ
صفر	2	6	8	و
2	2	8	12	ي

والان نقوم بتخفيض النشاط المشترك بين المسارين الحرجين المشار اليهما سابقاً وهو النشاط (هـ) ويحدد مقدار التخفيض بالشكل الاتي:

الراكد الحر للنشاط (ي) = 2

وحدود التخفيض للنشاط (هـ) = 2

اذن يتم تخفيض النشاط (هـ) بمقدار (2) اسبوع وتكون الشبكة المعدلة كالاتي:

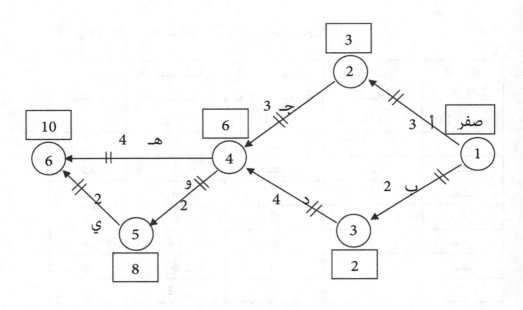

من خلال تخفيض النشاط (هـ) تم   خفض المسارين الحرجين بمقدار إسبوعين والتكلفة المعدلة هي:

$$9600 + (2 \times 500) = 10600 \text{ دينار}$$

ولكن نلاحظ بعد إجـراء التعـديل عـلى الشـبكة اعـلاه بـأن الشـبكة كلهـا اصبحت حرجة ويستلزم الان تخفيض الشبكة بمقدار اسبوع واحد فقط، وهـذا يتطلب تخفيض كل المسارات بمقدار اسبوع واحد وذلك حسبما تسمح بـه حـدود التخفيض، حيـث أن النشـاط (أ) يخضع للتخفيض فقـط لأن النشاطين الاخيرين اللذين على المسار الحرج القديم وهـما (جـ هـ) قـد اسـتكملا حـدود التخفيض المسموح بها، ويستلزم ايضا خفض المسار الحرج الجديد بمقدار اسبوع واحد وهذا يتطلب اختيار النشاط صاحب اقل ميل تكلفـة عـلى هـذا المسار، ومـن خـلال مراجعة جدول ميل التكلفة السابق نجد أن النشاط (د) هو صاحب الميـل الاقـل، وتكون الشبكة المعدلة كما يلي:

444

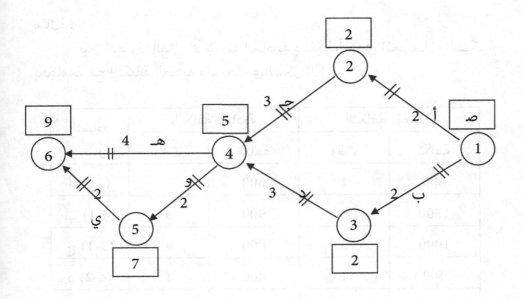

ونلاحظ أن وقت المسارات الحرجة قد تقلص إلى (9) اسبوع وتكون تكلفة انجاز الشبكة اعلاه كما يلي:

10600 + (1 × 600) + (1 × 400) = 11600 دينار.

نلاحظ أن اسلوب بيرت/ تكلفة تمكن من تقليص مدة الانجاز إلى (9) اسابيع وبزيادة تكلفة قدرها 3200 دينار (11600 – 8400) فقط، أي أن هذه الدراسة تمكن متخذ القرار القيام بالمقارنة مع التكلفة المعجلة السابقة واتخاذ القرار الملائم من أجل تعجيل تنفيذ شبكة المشروع المذكور أعلاه.

مثال: 4

يبين الجدول التالي الأنشطة الخاصة بتنفيذ أحدى المجمعات السكنية بالجامعة مع التكلفة العادية والمعجلة وبالشكل الآتي:

النشاط ومساره	التكلفة العادية		التكلفة المعجلة	
	وقت	تكلفة	وقت	تكلفة
أ (1-2)	2	500	1	800
ب (1-4)	5	900	3	1300
ج (1-3)	4	800	3	1000
د (2-4)	1	400	1	400
هـ (3-4)	3	1200	2	1800
و (4-5)	6	700	4	900
ي (3-5)	8	600	4	1200

المطلوب:

استخدام اسلوب بيرت/ تكلفة من اجل دراسة امكانية تخفيض الوقت المستهدف (المعجل) وبأقل زيادة ممكنة في التكاليف الكلية.

446

الحل:

1- رسم الشبكة العادية:

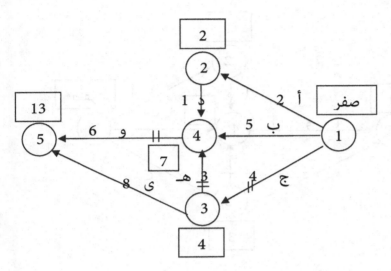

∴ المسار الحرج = 13 اسبوعا.

ويمثل الانشطة الحرجة (جـ، هـ، و)

التكلفة العادية= 500 + 900 + 800 + 400 + 1200 + 700 + 600 + 5100 دينار

447

2- رسم الشبكة المعجلة:

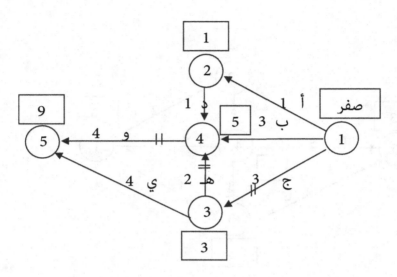

∴ المسار الحرج المعجل يساوي 9 أسبوع
ويتمثل بالانشطة (جـ هـ و)
التكلفـــة المعجلـــة= 1800 + 1300 + 1000 + 400 + 1800 + 900 + 1200 =
7400 دينار

أ- احتساب ميل التكلفة وحدود التخفيض:

حدود التخفيض	ميل التكلفة	النشاط
1	300	أ
2	200	ب
1	200	جـ
صفر	صفر	د
1	600	هـ
2	100	و
4	150	ي

448

ب- احتساب الراكد الحر وبالشكل التالي:

الراكد الحر = (3-2-1)	وقت النشاط (3)	الوقت المبكر لحدث البداية (2)	الوقت المبكر لحدث النهاية (1)	النشاط
صفر	2	صفر	2	أ
2	5	صفر	7	ب
صفر	4	صفر	4	جـ
4	1	2	7	د
صفر	3	4	7	هـ
صفر	6	7	13	و
1	8	4	13	ي

عنـد الرجـوع إلى جـدول ميـل التكلفـة نلاحـظ أن النشـاط (و) هـو اقـل الانشطة الحرجة ميل تكلفة لذا يتم اختياره اولا للتخفيض، وكما يلاحظ من جدول الراكد الحر المشار إليه اعلاه بأن الانشطة التي عندها راكد حر موجب (اكبر مـن صفر) هي:

الراكد الحر للنشاط   ب = 2
الراكد الحر للنشاط   د = 4
الراكد الحر للنشاط   ي = 1
وحدود التخفيض للنشاط و = 2

ووفقا للقاعدة السابقة والتي تنص على إن التخفيض يـتم بموجـب مقـدار حدود التخفيض للنشاط أو مقدار الراكد الحر ايهما اقل ويلاحظ ان اصغر رقـم في الراكد الحر مقداره (1) اذن يتم تخفيض وقـت النشـاط (و) بمقـدار اسبوع واحـد وتكون الشبكة المعدلة كما يلي:

449

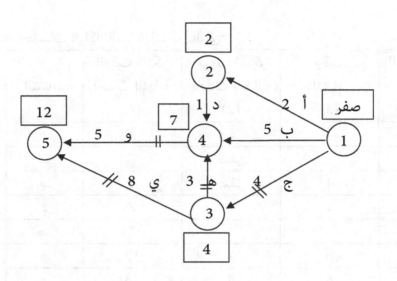

التكلفة المعدلة = 5100 + (1× 100) = 5200 دينار

ويصبح طول المسار الحرج القديم والمتمثل بالانشطة (جـ هـ و) يساوي (12) اسبوعا. ونلاحظ ظهور مسار حرج آخر متمثل بالانشطة (جـ ي) وطوله (12) اسبوع ايضا.

والآن نخفض النشاط (ج) بأسبوع واحد والنشاط (ي) بأسبوع واحد كذلك، كما يتم تخفيض النشاط (و) بأسبوع واحد ايضا وتكون الشبكة المعدلة كما يلي:

450

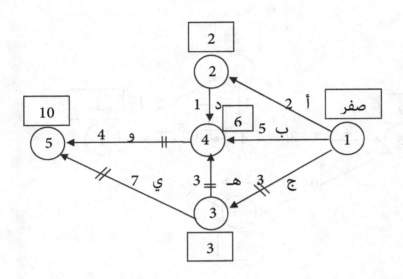

والتكلفة المعدلة هي:

$$(150 \times 1) + (100 \times 1) + (200 \times 1) + 5200$$

$$= 5200 + 450 = 5650 \text{ دينار}$$

والآن يتم تخفيض النشاطين (هـ ي) بأسبوع واحد لكلا منهما وتكون الشبكة المعدلة كما يلي:

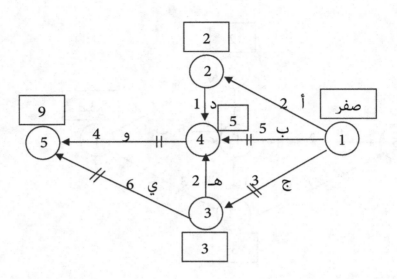

والتكلفة المعدلة هي:

$(150 \times 1) + (600 \times 1) + 56500$

$5650 + 750 = 6400$ دينار.

مثال: 5

يبين الجدول ادناه التكلفة العادية والتكلفة المعجلة للانشطة اللازمة لتوسعة مستشفى الجامعة وبالشكل التالي:

النشاط ومساره	التكلفة العادية		التكلفة العاجلة	
	وقت	تكلفة	وقت	تكلفة
أ (1-2)	8	12000	6	13600
ب (2-3)	3	14000	2	17000
ج (1-3)	10	6000	7	10500
د (2-4)	6	8000	4	10000
هـ (3-4)	5	7000	2	9700

المطلوب:

استخدام اسلوب بيرت / تكلفة من اجل دراسة امكانية تخفيض الوقت المستهدف (المعجل) وبأقل زيادة ممكنة في التكاليف الكلية

الحل:

1- رسم شبكة بيرت للوقت العادي:

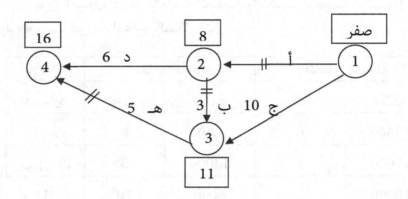

المسار الحرج العادي المتمثل بالانشطة (أ ، ب، هـ) وطوله (16) اسبوعا

التكلفة العادية = 12000 + 14000 + 6000 + 8000 + 7000 = 47000 دينار

2- شبكة بيرت المعجلة كما يلي:

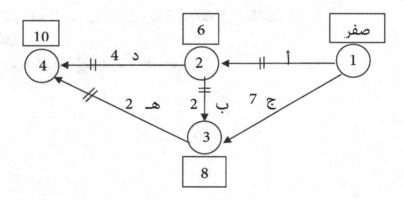

يلاحظ من الشبكة اعلاه بـأن هنـاك مسـارين حـرجين وهـما (أ، ب، هـ) وطوله (10) اسبوع، والمسار الآخر (أ، د) وطوله (10) اسبوع ايضا.

التكلفـة المعجلـة = 13600 + 17000 + 10500 + 10000 + 9700 = 60800 دينار

3- كيفية اعتماد اسلوب بيرت / تكلفة في دراسة امكانية تخفيض الوقت العادي

أ- احتساب ميل التكلفة وحدود التخفيض للانشطة:

النشاط	ميل التكلفة	حدود التخفيض
أ	800	2
ب	3000	1
ج	1500	3
د	1000	2
هـ	900	3

ب- احتساب الراكد الحر للأنشطة المختلفة:

النشاط	الوقت المبكر لحدث النهاية (1)	الوقت المبكر لحدث البداية (2)	وقت النشاط (3)	الراكد الحر = (1-2-3)
أ	8	صفر	8	صفر
ب	11	8	3	صفر
جـ	11	صفر	10	1
د	16	8	6	2
هـ	16	11	5	صفر

يلاحظ من جدول ميل التكلفة ان النشاط (أ) وهو أحد الانشطة الحرجة يعتبر صاحب اقل ميل تكلفة لذا يتم اختياره لتخفيض وقته ومقدار التخفيض يتحدد وفقا إلى حدود التخفيض لهذا النشاط ومقدار الراكد الحر للانشطة الموجبة ايهما اقل.

واضحا من جدول الراكد الحر بأن الانشطة ذات الراكد الحر الموجب هي:

الراكد الحر للنشاط جـ = 1

الراكد الحر للنشاط د = 2

وحدود التخفيض للنشاط أ = 2

اذن يخفض النشاط (أ) بمقدار اسبوع واحد وتكون الشبكة المعدلة كما يلي:

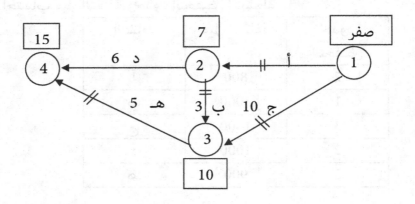

التكلفة المعدلة = 47000 + (1 × 800) = 47800 دينار

نلاحظ من الشبكة اعلاه بأن هناك مسارين حرجين هما المسار (أ، ب، هـ) والمسار (جـ هـ) وطول كل منهما (15) اسبوعا.

يتم تخفيض النشاط المشترك بين هاذين المسارين هو النشاط (هـ) بمقدار اسبوعين علما بأن هـذا النشـاط هـو صـاحب اقل ميـل تكلفـة مقارنـة بالأنشـطة الحرجة الأخرى، وتكون الشبكة المعدلة كما يلي:

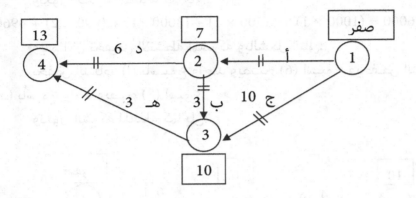

والتكلفة المعدلة = 47800 + (2 × 900) = 49600 دينار

وبعد التعديل اعلاه نلاحظ أن جميع أنشطة الشبكة أصبحت حرجة حيث انها تحتوي الان على ثلاثة مسارات حرجة ممثلة بالأنشطة التالية:

المسار الأول   (أ، ب، هـ)

المسار الثاني   (أ ، د)

المسار الثالث   (جـ هـ)

وطول كل منهما (13) اسبوعا

ويتم تخفيض النشاط (د) في اسبوعين، والنشاط (ب) في اسبوع واحد، والنشاط (هـ) في اسبوع واحد والنشاط (جـ) في اسبوع واحد وتكون الشبكة المعدلة كما يلي:

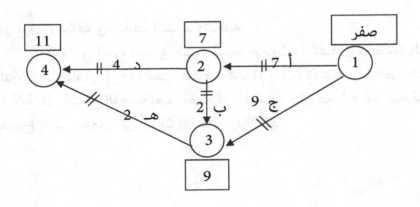

وتكون التكلفة المعدلة كما يأتي:

$49600 + (2 \times 900) + (1 \times 3000) + (1 \times 1500) + (1 \times 1000) = 56000$ دينار

ويتم الان تخفيض الانشطة المشتركة وبالشكل التالي:

يخفض النشاط (أ) بأسبوع واحد ويصبح (6) اسبوع ويخفض النشاط (جـ) بأسبوع واحد ويصبح (8) اسبوع.

وتكون الشبكة المعدلة كما يلي:

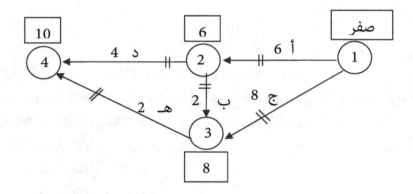

ويلاحظ بأن الوقت المستهدف قد تم تخفيضه إلى (10) اسبوع ولكن الشبكة بكاملها قد تحولت إلى شبكة حرجة. والتكلفة المعدلة هي:

$56000 + (1 \times 800) + (1 \times 1500)$

$= 58300$ دينار

دور بيرت / تكلفة في متابعة التنفيذ والرقابة

أوضحنا في الجزء السابق كيفية استخدام بيرت/ تكلفة في تخطيط الوقت والتكاليف. ونناقش في هذا الجزء كيفية استخدام بيرت/ تكلفة في متابعة التنفيذ والرقابة على النتائج الفعلية بعد مصادقة المنشأة على الخطة النهائية لتنفيذ المشروع والتي تشمل على أوقات الانشطة وتكاليفها.

ان التكاليف الفعلية والوقت المستنفذ فعلا للأنشطة التي تم تنفيذها يجب ان يتم ربطها ومقارنتها بالتكاليف المقدرة والوقت المتوقع لانجاز تلك الانشطة. أن زيادة الوقت الفعلي عن الوقت المتوقع لأي نشاط يقع على المسار الحرج سيؤدي إلى زيادة الفترة الكلية اللازمة لانجاز المشروع عما هو مقدر له مسبقاً. ولكن اذا تجاوز (زاد) الوقت الفعلي لتنفيذ نشاط ما عن الوقت المتوقع لهذا النشاط علما بأن هذا النشاط لا يقع على المسار الحرج فإن زيادة الوقت الفعلي لن تؤدي إلى زيادة الفترة الكلية لاتمام المشروع، بشرط أن لا تؤدي الزيادة في الوقت إلى جعل المسار الذي يتضمن ذلك النشاط مساراً حرجا.

وبما إن تكاليف تنفيذ المشروع تتضمن تكاليف كل الانشطة ولا تقتصر على الانشطة الواقعة على المسار الحرج فقط، لذلك فإن تحليل انحرافات التكاليف الفعلية عن التكاليف المقدرة يجب ان لا يقتصر على الانشطة الحرجة فقط بل يجب أن يشمل جميع الانشطة. ولتوضيح ذلك نورد الامثلة التالية:

مثال: 1

الجدول التالي يبين الكلف التقديرية لانشطة مشروع معين.

النشاط	الكلف التقديرية (بالدينار)	الوقت المتوقع (بالاشهر)
أ (1-2)	10000	2
ب (1-3)	30000	3
ج (2-4)	3000	1
د (3-4)	6000	3
هـ (3-5)	20000	2
و (4-6)	10000	2
ي (5-6)	8000	1
	87000 الكلف الكلية المتوقعة	

فلو فرضنا عند نهاية الشهر الرابع من تنفيذ المشروع اعلاه كانت الكلف الفعلية ونسب الانجاز للأنشطة كما يلي:

النشاط	الكلف الكلية	نسبة الانجاز%
أ	120000	%100
ب	30000	%100
جـ	1000	%50
د	2000	%33
هـ	10000	%25
و	صفر	صفر
ي	صفر	صفر
	55000 الكلف الكلية الفعلية	

عمل تحت التشغيل

المطلوب:

استخدام بيرت / تكلفة لتحليل تكاليف تنفيذ المشروع أعلاه

الحل:

النشاط	الكلفة الفعلية	الكلف التخمينية (ت=نسبة الانجاز× الكلفة التخمينية)	الانحرافات (الكلف الفعلية-الكلف التخمينية)
أ	12000	10000	2000
ب	30000	30000	صفر
جـ	1000	1500	500 -
د	2000	2000	صفر
هـ	10000	5000	5000
و	صفر	صفر	صفر
ي	صفر	صفر	صفر
	55000	48500	6500 دينار الزيادة الكلية في تكاليف المشروع لحد نهاية الشهر الرابع

مثال: 2

إذا فرضنا ان البيانات التالية قد توافرت حول تنفيذ أحد المشروعات في الجامعة:

النشاط ومساره	بيانات تقديرية		بيانات فعلية	
	الوقت المتوقع بالاسبوع	التكلفة التقديرية بالاف الدنانير	الوقت الفعلي بالاسبوع	التكلفة الفعلية بالاف الدنانير
أ (1-2)	4	20	6	28
ب (1-3)	6	15	5	14
جـ (1-4)	8	16	10	21
د (2-5)	5	24	لم يتم تنفيذ تلك الانشطة بعد	
هـ (3-5)	3	10		
و (4-5)	5	19		
ط (5-6)	9	27		

المطلوب:
1- رسم شبكة بيرت للمشروع مع اظهار البيانات التقديرية والفعلية.
2- مناقشة الانحرافات بين البيانات التقديرية والبيانات الفعلية.
الحل:
1- رسم شبكة بيرت للمشروع إعلاه :

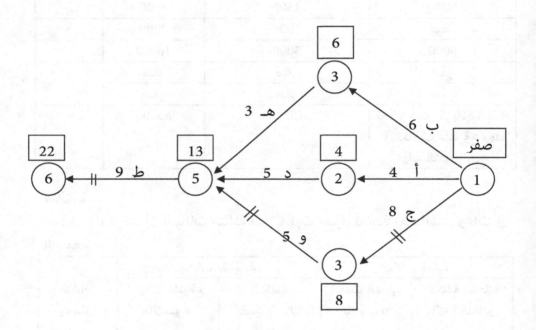

2- مناقشة الانحرافات بين البيانات التقديرية والبيانات الفعلية:
أن دراسة شبكة المشروع اعلاه توضح أن المسار الحرج هو المسار الـذي
يتكون من الانشطة (جـ، و، ط) حيث أن هذا المسار هو اطول المسارات وقتا اذ
يبلغ طوله (8+5+9) =22 اسبوعا.

لقد تم تنفيـذ الانشـطة (أ، ب، جــ) في حـين أن الانشـطة الاخـرى لم يبـدأ تنفيذها بعد وبدراسة الارقام التقديرية والأرقام الفعلية للانشطة التي تم تنفيذها يمكن الوصول إلى الحقائق التالية:

1- بالنسبة للنشاط (ب)   ينفذ بشكل جديد.

2- بالنسبة للنشاط (أ) هناك تأخير (انحراف) ممكن التحكم به.

3- بالنسبة للنشاط (جـ)   هناك انحراف (بما إن نشاط جـ يقع عـلى المسـار الحرج وحدث له تاخير لذا يستلزم معالجة هذا التاخير فوراً لكي لا يتسـبب في تأخير المشروع ككل.

تمارين

1- الآتي بيانات عن تنفيذ احدى المجمعات الصناعية والمتعاقد مع احدى الشركات الاجنبية لتنفيذه بمده (40) شهرا

النشاط	النشاط السابق	الزمن اللازم لكل نشاط بالأشهر		
		ف	ح	م
أ	-	3	4	6
ب	أ	2	3	5
جـ	أ	4	6	7
د	ب	1	3	4
هـ	أ	8	9	11
و	جـ/د	2	4	5
ز	ب	4	6	7
ح	د/جـ	10	12	13
ط	و/هـ	2	5	6
ي	ب	6	8	12
ك	ز/ح/ط	4	5	6
ل	ز/ح/ط	5	6	7
م	ي/ك	1	2	3
ن	هـ/و	4	6	7
س	ز/ح/ط	3	7	11
ع	م/ل	1	3	4

المطلوب:

1- رسم شبكة بيرت لانجاز المشروع اعلاه.

2- احتساب احتمال انجاز المشروع ضمن المدة المتعاقد عليها.

2- الآتي بيانات عن تنفيذ أحد البرامج التدريبية لاحدى شركات القطاع العام والمتعاقد مع احدى الجامعات لتنفيذه بمدة (20) اسبوع.

الزمن اللازم لانجازه بالاسبوع			النشاط السابق	النشاط
م	ح	ف		
2.5	2	1.5	-	أ
6	2.5	2	أ	ب
3	2	1	-	جـ
2.5	2	1.5	جـ	د
1.5	1	0.5	ب/د	هـ
3	2	1	هـ	و
7	3.5	3	ب/د	ز
5	4	3	ز	ح
2.5	2	1.5	و/ح	ط

المطلوب:

1- أرسم شبكة بيرت ومن ثم احسب المسار الحرج للمشروع اعلاه.

2- حدد احتمال انجاز البرنامج ضمن المدة المتفق عليها.

3- اعطيت لك الكلف التقديرية والوقت المتوقع لانشطة مشروع معين وبالشكل التالي:

النشاط	الوقت المتوقع	الكلف التقديرية (بالدينار)
أ (1-2)	3	6000
ب (2-3)	2	4000
ج (1-4)	8	16000
د (3-4)	صفر	صفر
هـ (3-5)	6	18000
و (4-5)	4	20000
ي (5-6)	5	15000
ز (5-7)	1	2000
ت (6-7)	صفر	صفر
س (6-8)	5	5000
ص (7-8)	6	12000

وبعد (12) أسبوع من البدء بتنفيذ المشروع اعلاه توافرت لك المعلومات التالية:

النشاط	الكلف الفعلية (بالدينار)	نسبة الاكمال
أ	5000	%100
ب	4000	%100
ج	18000	%100
هـ	9000	%50
و	18000	%75

المطلوب:

اعتمد اسلوب بيرت/ تكلفة من اجل تحليل التكاليف للتاكد من إن تنفيذ الانشطة يسير حسبما مخطط لها.

4- البيانات التالية تخص بناء أحدى المشاريع السكنية:

النشاط ومساره	التكلفة العادية		التكلفة المعجلة	
	وقت	تكلفة	وقت	تكلفة
أ (1-2)	6	250	5	360
ب (2-3)	2	300	1	480
جـ (2-4)	1	100	1	100
د (2-5)	7	270	6	480
هـ (3-4)	2	120	1	200
و (4-5)	5	200	1	440

المطلوب:

1- ارسم شبكة بيرت العادية والمعجلة واحسب المسار الحرج لكلا منهما وكذلك التكلفة العادية والمعجلة.

2- اعتمد اسلوب بيرت/ تكلفة لدراسة امكانية تحقيق الوقت المستهدف بأقل زيادة ممكنة في التكلفة.

5- البيانات التي تخص تنفيذ أحدى المشروعات وكذلك البيانات التي تخص الوقت والتكلفة المعجلة مبينة في الجدول ادناه:

النشاط ومساره	التكلفة العادية		التكلفة المعجلة	
	وقت	تكلفة	وقت	تكلفة
أ (1-2)	2	10	1	15
ب (2-4)	6	8	5	18
جـ (2-3)	2	15	1	21
د (2-5)	8	30	6	52
هـ (3-4)	2	7	2	7
و (4-5)	3	21	1	33
ي (1-5)	8	20	5	41

المطلوب:

استخدم اسلوب بيرت/ تكلفة لدراسة امكانية تخفيض الوقت المستهدف إلى اقصى حد ممكن.

6- الجدول التالي يبين التكلفة العادية والمعجلة للشبكة المرفقة ادناه:

النشاط ومساره	التكلفة العادية		التكلفة المعجلة	
	وقت	تكلفة	وقت	تكلفة
أ	3	50	2	100
ب	6	140	4	260
جـ	2	25	1	50
د	5	100	3	180
هـ	2	80	2	80
و	7	115	5	175
ي	4	100	2	240
		610 دينار		1085دينار

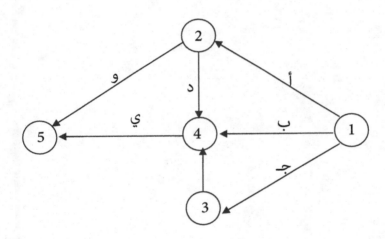

المطلوب:

اعتمد اسلوب بيرت / تكلفة لدراسة امكانية تخفيض الوقت المستهدف وبأقل زيادة في التكاليف الكلية.

469

الباب الثالث

اتخاذ القرارات تحت حالة عدم التأكد

يقوم متخذ القرار تحت هذه الحالة باتخاذ القرارات في ظل عدم التأكد من احتمالات حدوث نتائج حالات الطبيعة، ليس هناك أي احتمالات معروفة لحدوث تلك النتائج، وما عليه إلا أن يعتمد توقعاته الشخصية لهذه النتائج واحتمالات حدوثها مبنية على تجاربه الماضية وخبراته في ذلك المجال.

ويتناول الفصل اللاحق بعض المعايير المعتمدة في اتخاذ القرارات تحت حالة عدم التأكد.

الفصل الثالث عشر:

معايير اتخاذ القرارات

يستعرض هـذا الفصل مجموعـة مـن المعايير التـي يمكن لمتخـذ القرار استخدامها تحت حالة عدم التأكد لاتخاذ القرارات، وأهم هذه المعايير هي:

أولاً: المعيار المتشائم (Maximin) Maximum of Minimum

يعتمد متخذ القرار هذا المعيار مـن أجـل الحصـول عـلى أقل نتيجـة مـن النتائج المتأكد منها وهذه النتيجة هي سواء أكانت أكبر كلفة أم أقل عائد مرافـق لكل بديل تحت كل حالة مـن حـالات الطبيعـة، وبعـد ذلك يقـوم متخذ القرار باختيار أفضل أسوء هذه النتائج للبدائل مجتمعة، وواضع هـذا المعيـار شخص يدعى إبراهام والد.

وسيتم توضيح هذا المعيار على مثال لاحقاً.

ثانياً: المعيار المتفائل (MaxiMax) Maximum of Maximum

هذا المعيار هو عكس معيار التشاؤم حيث يتم اختيار أفضل النتائج (أكبر الأرباح أو أقل التكاليف) تحت كل حالة من حالات الطبيعة لكل بـديل ومـن ثم يتم اختيار أفضل النتائج للبدائل مجتمعة، ومن المأخذ على هذا المعيار هـو عـدم منطقيته في المفاضلة بين البدائل، ولذلك أصبح ملحاً التفكير في المعيار التالي:

ثالثاً: المعيار التوفيقي (معيار الوسط بين التشاؤم والتفاؤل)

ويسمى أحيانـاً باسم الشخص الـذي وضعه ويطلق عليـه معيـار ليونيـد هـورويز، وفحـواه هو الجمع بين أسوأ نتائج وأفضل نتائج لكل بديل. ولكي يحـدد مقدار التفاؤل فعلى متخذ القرار أن يختار رقماً بين الصفر والواحد الصحيح (صـفر – 1) فعندما يكون متخذ القرار غير متفائلاً فالرقم المختار مقابل التفاؤل يكون أقرب إلى الصفر، أما إذا كان متفائلاً بشكل كبير فيختـار رقمـاً أقرب إلى الواحـد الصحيح. وحتى يكون متخذ القرار موضوعياً فعليـه أن يختـار رقمـاً بين (0.5 والواحد الصحيح) للتعبير عن تفاؤله وباقي الواحد الصحيح للتعبير عـن تشاؤمه. فمثلاً إذا اختار 0.7 دليلاً للتفاؤل يختار 0.3 دليلاً للتشاؤم.

ويقوم متخذ القرار بضرب أعلى نتيجة لكل بديل بدليل التفاؤل وبضرب أقل نتيجة بديل التشاؤم لكل بديل وبعد ذلك يجمع الرقمان ويتم اختيار البديل الذي يحقق أعلى قيمة إذا كان متخذ القرار يهدف إلى تحقيق أقصى الأرباح. ويتم اختيار البديل صاحب أقل قيمة إذا كان متخذ القرار يهدف الوصول إلى أقل كلفة.

رابعاً: معيار لابلاس Laplace (معيار الوسط الحسابي)

يفترض هذا المعيار حدوث متساوي لجميع نتائج حالات الطبيعة، وهذا الافتراض ناتج على أساس عدم توافر المعلومات لدى متخذ القرار عن تلك النتائج، لذا فإن متخذ القرار يقوم بحساب الوسط الحسابي لنتائج كل بديل تحت حالات الطبيعة المختلفة ثم يأخذ أكبرها إذا كان يهدف إلى تحقيق أقصى الأرباح، وأقلها إذا كان يهدف إلى تحقيق أقل كلفة.

خامساً: معيار الأسف أو الندم (Mini-Max Regret) Minimum of Maximum of Regret

ركز هذا المعيار على الندم الذي يشعر به متخذ القرار بعد اتخاذه للقرار، وأحياناً يسمى هذا المعيار باسم الشخص الذي وضعه (سافيج).

ويمكن تلخيص خطوات إعتماده بالشكل الاتي:

1- إذا كان هدف مشكلة القرار الوصول إلى أقصى ربح، يختار متخذ القرار أكبر قيمة (نتيجة) مقابلة لكل بديل تحت كل حالة من حالات الطبيعة (بشكل عمودي) ويطرح النتائج الأخرى منها، أما إذا كان هدف مشكلة القرار أقل كلفة فإنه يختار وبنفس الأسلوب أعلاه أقل نتيجة ويطرحها من النتائج الأخرى. وبعد ذلك نحصل على مصفوفة الندم.
2- ننظر إلى مصفوفة الندم أعلاه أفقياً ونأخذ أكبر قيمة ندم مرافقة لكل بديل سواء كانت مصفوفة أرباح أو تكاليف وبعد إتمام هذه الخطوة نحصل على ما يسمى بعمود الندم.

3- يتم اختيار أقل ندم من عمود الندم أعلاه بغض النظر عن هدف مشكلة القرار، والبديل الذي يقابل أقل ندم يعتبر البديل الأفضل سواء كان ربحاً أو كلفة.

وسيتم تناول أمثلة لتوضيح المعايير أعلاه

توضيح كيفية استخدام معايير القرار

مثال 1:

تمثل المصفوفة التالية أرباح مجموعة بدائل تتمثل في ب1، ب2، ب3، ب4 تحت حالات الطبيعة ح1، ح2، ح3، ح4

حالات الطبيعة / البدائل	ط1	ط2	ط3	ط4
ب1	7	10	11	18
ب2	13	10	11	14
ب3	12	7	5	8
ب4	9	10	3	6

المطلوب:

استخدام المعايير التالية لتحديد أفضل بديل:

أولاً: معيار التشاؤم

ب1 7

ب2 10 ←

ب3 5

ب4 3

ثانياً: معيار التفاؤل

ب1 18 ⟶

ب2 14

ب3 12

ب4 10

ثالثاً: المعيار التوفيقي بين التشاؤم والتفاؤل

وهذا يتم من خلال إعطاء معامل (ترجيحي) للنتائج التي تم التوصـل لهـا باعتماد المعيارين أعلاه، وعادة يتم إعطاء هذا المعامل بين الصـفر وواحـد صـحيح وعادة يعطى المعيار التفاؤلي رقم أكبر من (0.5)، مثلا يكون (0.6) للمعيار التفاؤلي وباقي الكسر يعطى إلى المعيار التشاؤمي ويساوي (0.4) ويطبق هـذا الكـلام عـلى مثالنا السابق وبالشكل الآتي:

ب1 = (0.6×18) + (0.4×7) = 13.6 ⟶

ب2 = (0.6×14) + (0.4×10) = 12.4

ب3 = (0.6×12) + (0.4×5) = 9.2

ب4 = (0.6×10) + (0.4×3) = 7.2

رابعاً: معيار لابلاس (معيار الوسط الحسابي)

$$ب1 = \frac{18 + 11 + 10 + 7}{4} = 11.5$$

$$ب2 = \frac{14 + 11 + 10 + 13}{4} = 12 \quad \longrightarrow$$

$$ب3 = \frac{8 + 5 + 7 + 12}{4} = 8$$

478

$$ ب4 = \frac{6 + 3 + 10 + 9}{4} = 7 $$

خامساً: معيار الأسف (الندم)

وتهدف هذه الطريقة إلى جعل مستوى الندم الذي يشعر به متخذ القرار عند اختيار البديل دون آخر تحت الحالات الطبيعية المختلفة أقل ما يمكن ويتم هذا من خلال:

1- تحديد أكبر قيمة في كل عمود.

2- طرح القيم الأخرى في ذلك العمود منها.

3- يتم اختيار أكبر (أعلى) ندم لكل بديل تحت حالات الطبيعة.

4- يتم اختيار أقل ندم مرافق لبديل أو أكثر وبتطبيق ذلك على مثالنا السابق تكون النتائج كما يلي:

مصفوفة الندم:

أكبر ندم	ط4	ط3	ط2	ط1	حالات الطبيعة / البدائل
6	Ø	Ø	Ø	6	ب1
4	4	Ø	Ø	Ø	ب2
10	10	6	3	1	ب3
12	12	8	Ø	4	ب4

مثال 2:

تمثل مصفوفة القرارات التالية تكاليف مجموعة من البدائل ب1، ب2، ب3، ب4 تحت حالات الطبيعة ط1، ط2، ط3، ط4.

المطلوب: استخدام الطرق أو المعايير السابقة لتحديد البديل أو البدائل الأفضل.

حالات الطبيعة / البدائل	ط1	ط2	ط3	ط4
ب1	5	7	8	4
ب2	9	4	7	5
ب3	10	8	6	4
ب4	7	9	6	3

أولاً: معيار التشأم

ب1	8	←
ب2	9	
ب3	10	
ب4	9	

ثانياً: معيار التفائل

ب1	4	
ب2	4	
ب3	4	
ب4	3	←

ثالثاً: المعيار التوفيقي (0.6، 0.4)

$$ب1 = (0.6×4) + (0.4×8) = 5.6$$
$$ب2 = (0.6×4) + (0.4×9) = 6$$
$$ب3 = (0.6×4) + (0.4×10) = 6.4$$
$$ب4 = (0.6×3) + (0.4×9) = 5.4 \longrightarrow$$

رابعاً: طريقة لابلاس (طريقة الاحتمالات المتساوية)

$$ب1 = \frac{4 + 8 + 7 + 5}{4} = 6 \longrightarrow$$

$$ب2 = \frac{5 + 7 + 4 + 9}{4} = 6.25$$

$$ب3 = \frac{4 + 6 + 8 + 10}{4} = 7$$

$$ب4 = \frac{3 + 6 + 9 + 7}{4} = 6.25$$

خامساً: معيار الندم (الأسف)

ويتم من خلال تحديد أقل قيمة في كل عمود وطرحها من القيم الأخرى وبعدها يتم اتباع نفس الخطوات السابقة.

مصفوفة الندم:

حالات الطبيعة / البدائل	ط1	ط2	ط3	ط4	أكبر ندم
ب1	Ø	3	2	1	3 ←
ب2	4	Ø	1	2	4
ب3	5	4	Ø	1	5
ب4	2	5	Ø	Ø	5

مثال 3:

ترغب إحدى المؤسسات الصناعية شراء آلة والمعروض في السوق ثلاثة أنواع من الآلات كما يلي:

أ- آلة طاقتها الإنتاجية السنوية (5000) وحدة، التكاليف الثابتة السنوية (10) آلاف دينار، والتكلفة المتغيرة للوحدة (6) دينار.

ب- آلة طاقتها الإنتاجية السنوية (20) ألف وحدة، وتكلفتها الثابتة (30) ألف دينار، والتكلفة المتغيرة للوحدة (5.5) دينار.

ج- آلة طاقتها الإنتاجية السنوية (50) ألف وحدة، والتكاليف الثابتة (50) ألف دينار، والتكلفة المتغير للوحدة (5) دينار، وكانت مستويات الطلب السنوية المتوقعة هي (10) آلف، (15) ألف، (20) ألف، (50) ألف. والسعر المتوقع للوحدة المباعة (10) دنانير، والوحدة التي لا تباع في نفس الموسم تباع بعد ذلك بنصف الثمن، المطلوب اختيار أفضل البدائل أعلاه معتمداً معايير القرار.

خطوات الحل:

1- تحديد حصة الوحدة من التكاليف الثابتة.

2- احتساب التكلفة الكلية للوحدة.

3- نحسب أرقام النتائج (Pay Off) من خلال أخذ أرقام الطاقة الإنتاجية مع مقدار الطلب.

حصة الوحدة من التكاليف الثابتة وتحسب الشكل الآتي:

$$= \frac{\text{التكاليف الثابتة}}{\text{الطاقة السنوية}}$$

بالنسبة للآلة أ = $\frac{10000}{5000}$ = 2 دينار

بالنسبة للآلة ب = $\frac{30000}{20000}$ = 1.5 دينار

بالنسبة للآلة ج = $\frac{50000}{50000}$ = 1 دينار

2- التكلفة الكلية للوحدة = حصة الوحدة من التكاليف الثابتة + كلفة الوحدة المتغيرة.

بالنسبة للآلة أ = 2+6 = 8 دينار.

بالنسبة للآلة ب = 1.5 + 5.5 = 7 دينار.

بالنسبة للآلة ج = 1+5 = 6 دينار.

الطلب / الطاقة	ط1 10000	ط2 15000	ط3 20000	ط4 50000
(ب1) 5000	10000	10000	10000	10000
(ب2) 20000	10000	35000	60000	60000
(ب3) 50000	صفر	25000	50000	200000

اعتماد المعايير التالية:

1- معيار التشاؤم:

ب1   10000 ⟶

ب2   10000 ⟶

ب3   صفر

أفضل بديل ب1 أو ب2

2- معيار التفاؤل

ب1   10000

ب2   60000

ب3   200000 ⟶

أفضل بديل ب3

3- المعيار التوفيقي وإعطاء التفاؤل 60%

ب1 = (0.6×10000) + (0.4×10000) = 10000

ب2 = (0.6×60000) + (0.4×10000) = 40000

ب3 = (0.6×200000) + صفر = 120000 ⟶

يختار متخذ القرار شراء الآلة الثالثة.

4- معيار لابلاس:

$$ب1 = \frac{10000 + 10000 + 10000 + 10000}{4} = 10000$$

$$ب2 = \frac{60000 + 60000 + 35000 + 10000}{4} = 41250$$

$$ب3 = \frac{صفر + 25000 + 50000 + 200000}{4} = 68750 \longrightarrow$$

يختار متخذ القرار شراء الآلة الثالثة.

معيار الأسف:
مصفوفة الأسف (الندم):

أكبر ندم	50000	20000	15000	10000	الطلب \ الطاقة
190000	190000	50000	25000	صفر	5000
140000	140000	صفر	صفر	صفر	20000
10000	صفر	10000	10000	10000	50000

ويتم اختيار الآلة الثالثة.

485

مثال: 4

مدير إحدى الشركات يرغب في تقدير كمية المشتريات من سلعة معينة بحيث نحقق له أقصى الأرباح وكانت البدائل التي يرغب في الاختيار من بينها تتمثل في شراء 100، 110، 120، 130، أو 140 وحدة وكان الطلب المتوقع 120، 130، 140، 150، 160 وحدة على التوالي وتكلفة الوحدة 4 قروش وسعر بيعها 5 قروش والوحدة التي لا تباع تفقد قيمتها.

المطلوب: اختيار أفضل البدائل معتمداً معايير القرار.

خطوات الحل:

1- نضرب حجم الشراء في تكلفة الوحدة المشتراه، وبعد ذلك نطرح تلك التكلفة من العائد المستحصل من بيع كمية الشراء.

2- يجب ملاحظة أن مقدار المبيعات يتأثر في حجم الطلب.
كيفية احتساب النتائج (Pay off) تحت حالات الطلب يتم بالشكل الآتي:
في حالة شراء 100وحدة تحسب النتيجة بالشكل الآتي:
كلفة الشراء = كمية الشراء × كلفة شراء الوحدة
= 100 × 4 = 400 دينار
يحسب العائد علماً بأن الطلب أكبر من كمية الشراء لذا فإنها ستباع بالكامل وتساوي:
100× 5 = 500 دينار.
إذن مقدار الربح المتحقق (Pay off) يساوي:
500 – 400 = 100 دينار.

وهذا الربح سيكون تحت جميع حالات الطلب الأخرى لأن الطلب أكبر من حجم الشراء أما عندما يكون حجم الشراء (120) وحدة فنلاحظ أن المباع سيكون جميع الكمية المشتراة وعندئذ تحسب بنفس الطريقة أعلاه.

ولكن عندما يكون حجم الشراء (130) وحدة فإن المباع تحت حالة الطلب الأولى هو (120) وحدة فقط، لذا فإن هناك وحدات لم تباع فإن المشتري سيتحمل كامل الكلفة لدفعة الشراء (130) وتحسب بالشكل الآتي:

التكلفة = 130×4 = 520 دينار.

والعائد = 120×5 = 600 دينار.

إذن الربح المتحقق (Pay off) يساوي:

600 - 520 = 80

وبنفس الطريقة نحسب النتائج الأخرى تحت حالات الطلب المختلفة وتكون مصفوفة العائد مبين أدناه.

ط5	ط4	ط3	ط2	ط1	حجم الطلب / كمية الشراء	
160	150	140	130	120		
100	100	100	100	100	100	ب1
110	110	110	110	110	110	ب2
120	120	120	120	120	120	ب3
130	130	130	130	80	130	ب4
140	140	140	90	40	140	ب5

487

اعتماد المعايير التالية:

1- معيار التشاؤم

ب1 = 100

ب2 = 110

ب3 = 120 ⟵

ب4 = 80

ب5 = 40

أفضل بديل وهو حجم شراء (120) وحدة.

2- معيار التفاؤل

ب1 = 100

ب2 = 110

ب3 = 120

ب4 = 130

ب5 = 140 ⟵

أفضل بديل حجم شراء (140) وحدة.

3- المعيار التوفيقي وإعطاء التفاؤل 60%

$100 = (0.4\times100) + (0.6\times100)$

$110 = (0.4\times110) + (0.6\times110)$

$120 = (0.4\times120) + (0.6\times120)$ ⟵

$110 = (0.4\times80) + (0.6\times130)$

$100 = (0.4\times40) + (0.6\times140)$

أفضل بديل هو حجم شراء (120) وحدة

4- معيار لابلاس

$$ب1 = \frac{100 + 100 + 100 + 100 + 100}{5} = 100$$

$$ب2 = \frac{110 + 110 + 110 + 110 + 110}{5} = 110$$

$$ب3 = \frac{120 + 120 + 120 + 120 + 120}{5} = 120$$

$$ب4 = \frac{130 + 130 + 130 + 130 + 80}{5} = 120$$

$$ب5 = \frac{140 + 140 + 140 + 90 + 40}{5} = 130 \longrightarrow$$

أفضل بديل هو حجم شراء (140) وحدة.

تمارين

1- مدير شركة الشرق الأوسط للتجارة العالمية يرغب في تقدير كمية المشتريات من سلعة معينة بحيث تحقق أقصى ربح ممكن وكانت البدائل التي يرغب في الاختيار من بينها على التوالي 200، 250، 300/ 350، 400 وحدة، وكان الطلب المتوقع على التوالي 250، 260، 270، 280، 290 وحدة. وكلفة شراء الوحدة 5 قروش وسعر بيعها 6 قروش والوحدة التي لا تباع تفقد قيمتها.

المطلوب: اعتمد معايير القرار أعلاه للوصول لأفضل بديل.

الفصل الرابع عشر:

نظرية المباريات

Game Theory

المفهوم والشروط:

نظرية المباريات هـي عبـارة عـن تكنيك يستخدم عند الرغبـة في اتخـاذ القرارات التـي تتطلب أخـذ استراتيجيات الأطراف الأخرى ذوي المصالح المتعارضة في الاعتبـار. فالإسـتراتيجيـة التـي تتبعهـا المنشـأة أو الحكومة قـد تتوقـف عـلى الإستراتيجية أو (الإستراتيجيات) التي تتبعها المنشأة المنافسة أو الشركة. ويحقـق استخدام نظرية المباريات في مثل هذه المواقف فائدة كبيرة لمتخذي القرارات.

وتدل كلمة المباريات في موضوعنا هذا كوصف لجميع الأوضاع التـي تعبر عن وجود صراع أو تعارض في التفضيلات من نوع لآخر. وفي مثل هـذه الأوضـاع هناك انفصال بين الدوافع التي تحرك كل من أطراف النـزاع. كـما أن نجـاح أحـد هذه الأطراف يكون على حسـاب الطرف الآخر أو الأطراف الأخـرى. لـذا تكون العلاقة فيما بين الأطراف علاقة تنافس وتناقض في المصالح ومع هـذا فلا شـك أن محاولة التوصل إلى اتفاق ما بين العديد من الإمكانات المتاحـة يكون أفضل مـن عدم التوصل إلى أي اتفاق هذا مـن وجهـة نظر الأطراف المعنيـة. لـذا فإن مـن مصلحة الجميع أن يتعاونوا سوياً ويحاولوا المسـاهمة في المراحـل التـي يمكن مـن خلالها التوصل إلى اتفاق واتخاذ قرار معين.

التحليل الرياضي لنظرية المباريات – عند التوسع في دراستها – على جانـب كبير من التعقيد والصعوبة. لذا سنتناول بالدراسة أسهل النماذج المعروفة وذات طابع تطبيقي وهذا النموذج يسمى بلعبة الاثنين ذات المجموع الصفري.

وتوصف المباريات (اللعبة) بأنها ذات مجموع صفري عندما يتحقق الآتي:

1- عندما يكون الترتيب السلمي لعائد الطرف الأول هـو المعكوس التـام للترتيـب السلمي لعائد الطرف الآخر.

2- عندما تكون المنفعة للطرفين بالنسبة للنتائج التي تـم التوصل إليها ذات مجموع صفري وذلك بالنسبة لأي عائد معين. بعبارة أخرى، هذا يعني أن القيمة المنفعية

لعائد موجب معين بالنسبة للطرف الأول تساوي القيمة المنفعية السالبة بالنسبة للطرف الثاني.

الإستراتيجيات ونقطة التوازن:
مثال 1:
الحالة – تجديد امتياز

تصور أن أحد عقود الامتيازات الفوسفاتية الممنوح لإحدى الشركات العالمية المنقبة عن الفوسفات قد قارب إلى الانتهاء. وأنه يجب التفاوض من جديد بين الحكومة وبين تلك الشركة لوضع عقد جديد وذلك قبل انتهاء الامتياز الأول.

لنفرض أن الفريق الحكومي في المفاوضات قرر استخدام الإستراتيجيات التالية:

1- الإستراتيجية الأولى (س1) اللجوء إلى الشدة في المساومة لكسب أكبر ما يمكن.
2- الإستراتيجية الثانية (س2) اللجوء إلى التفاهم والأسلوب المنطقي.
3- الإستراتيجية الثالثة (س3) اللجوء إلى الأسلوب القانوني والعرف السائد.
4- الإستراتيجية الرابعة (س4) اللجوء إلى الموافقة وأسلوب التقارب والتنازل.

وتتوقف الإستراتيجية المثلى للفريق المفاوض الحكومي على الإستراتيجية التي يتبعها فريق الشركة المفاوض، ومن الطبيعي أن الفريق الأول لا يعرف إستراتيجيات الفريق الثاني، ولكن لو فرضنا أن الإستراتيجيات التي اتبعتها الشركة في الماضي كانت مجموعة الإستراتيجيات التالية:

1- الإستراتيجية الأولى (ش1) اللجوء إلى الشدة والمساومة بغية دفع أقل ما يمكن.
2- الإستراتيجية الثانية (ش2) اللجوء إلى التفاهم والأسلوب المنطقي.
3- الإستراتيجية الثالثة (ش3) اللجوء إلى الأسلوب القانوني والعرف السائد.
4- الإستراتيجية الرابعة (ش4) اللجوء إلى الموافقة وأسلوب التقارب والتنازل.

وعليه، فإنه علينا أن نتبين النتائج المترتبة على كل إستراتيجية يتبعها فريق الحكومة المفاوض، علماً بأن فريق الشركة يتبنى أي إستراتيجية معينة من إستراتيجياتهم. وبفرض أننا استطعنا وضع الجدول التالي الذي يوضح الإستراتيجيات التي سوف يتبعها كل الفريق.

جدول الدخل الحكومي المشروط عن إنتاج كل طن من الفوسفات بالدينار

إستراتيجيات الشركة / إستراتيجيات الحكومة	ش1	ش2	ش3	ش4
ح1	20	15	12	35
ح2	25	14	8	10
ح3	40	2	10	5
ح4	5-	4	11	صفر

وبالنظر إلى الجدول أعلاه يتضح أن الحكومة لن تلجأ على الإطلاق إلى (ح4) لأن إتباع (ح1) سيعني زيادة أكبر مهما كانت الإستراتيجية التي تتبعها الشركة. وذلك لأن أرقام (ح1) أكبر من الأرقام المقابلة لها في خط (ح4) ولذا يقال أن الإستراتيجية (ح1) تطغى على الإستراتيجية (ح4).

هذا ويجب ملاحظة أنه في أسوأ الظروف سوف تحصل الحكومة على زيادة قدرها كما يلي:

1- عند إتباع ح1 تكون الزيادة تساوي 12 دينار.

2- عند إتباع ح2 تكون الزيادة تساوي 8 دينار.

3- عند إتباع ح3 تكون الزيادة تساوي 2 دينار.

4- عند إتباع ح4 سينخفض الدخل الحكومي بمقدار 5 دينار.

وحيث أن الحكومة تهدف إلى تحقيق أقصى دفع ممكن لأقل زيادة ممكنة بالإنتاج فإن الحكومة ستختار (ح1) وذلك لتحصل على زيادة في الـدخل عـن كـل طن فوسفات ينتج وقدرها (12) دينار.

كذلك يجب ملاحظة أنه في أسوأ الظروف ستدفع الشركة للحكومـة مبلـغ قدره كما يلي:
1- عند إتباع ش1 ستدفع الشركة مبلغ يساوي 40 دينار.
2- عند إتباع ش2 ستدفع الشركة مبلغ يساوي 15 دينار.
3- عند إتباع ش3 ستدفع الشركة مبلغ يساوي 12 دينار.
4- عند إتباع ش4 ستدفع الشركة مبلغ يساوي 35 دينار.

وحيث أن الشركة تهدف إلى دفع أقل قـدر ممكن لأقصى ـ زيـادة ممكنـة بالإنتاج فإنها ستختار الإستراتيجية التي في أسوأ الظروف ستدفع بموجبها أقـل مـا يمكن. ومما سبق يتضح أن الإستراتيجية التي تحقق هذا الهدف هي (ش3) حيـث ستدفع الشركة بموجبها (12) دينار. لذا فإن هـذا الجـدول يعطي حلاً توازنيـاً ويلاحظ أن غير من غير الضروري أن يكون لكل حالة صراع نقطة تـوازن يمكـن التوصل إليها بواسطة الإستراتيجيات البحتة كما تقدم في المثال السابق.

مثال رقم (2):
دعنا نعيد الجدول السابق ونجـري التعـديل التـالي والآن لنحـل الـرقم (19) محـل الرقم (10) الواقع في صف ح3، وعمود ش3 ونناقش الجدول الآتي:

إستراتيجيات الشركة / إستراتيجيات الحكومة	ش1	ش2	ش3	ش4
ح1	20	15	12	35
ح2	25	14	8	10
ح3	40	2	19	5
ح4	5-	4	11	صفر

في أسوأ الظروف ستحصل الحكومة على المبالغ الآتية:

1- عند إتباع ح1 تكون الزيادة تساوي 12 دينار.

2- عند إتباع ح2 تكون الزيادة تساوي 8 دينار.

3- عند إتباع ح3 تكون الزيادة تساوي 2 دينار.

4- عند إتباع ح4 سينخفض الدخل الحكومي بمقدار 5 دينار.

لذا فسوف نختار الحكومة وفي إطار التفاوض السري ح1 لتحصل على أكبر دفع ممكن لأقل زيادة ممكنة بالإنتاج.

أما الشركة ففي أسوأ الظروف ستدفع للحكومة المبالغ التالية:

1- عند إتباع ش1 ستدفع الشركة مبلغ يساوي 40 دينار.

2- عند إتباع ش2 ستدفع الشركة مبلغ يساوي 15 دينار.

3- عند إتباع ش3 ستدفع الشركة مبلغ يساوي 19 دينار.

4- عند إتباع ش4 ستدفع الشركة مبلغ يساوي 35 دينار.

لذا فسوف نختار الشركة وفي إطار التفاوض السري (ش2) لتدفع (15) دينار لأن هذا يحقق أقل دفع ممكن لأقصى زيادة ممكنة بالإنتاج. وعندما يكون الجدول لا يعطي حلاً توازنياً كما هوالحال في المثال الحالي أي لا يمكن التوصل إلى اتفاق بين

الأطراف المعنية على أساس أرقام الإستراتيجيات الواردة في الجـدول فإنـه لابـد مـن الأخذ بمزيج من الإستراتيجيات.

الإستراتيجيات المختلطة

قلنا سابقاً أن الحكومة لا تلجأ على الإطـلاق إلى (ح4) لأن (ح1) تطغـى علـى (ح4)، كيف؟

لو قارنا كل رقم في (ح4) بالرقم المقابل لـه في (ح1) نجد أن جميع الأرقام في (ح1) أفضل من الأرقام المقابلة لها في (ح4) فالرقم (20) أفضل من الـرقم (5-) والرقم (15) أفضل من الرقم 4 والرقم (12) أفضل من الرقم (11) والـرقم (35) أفضل من الرقم صفر هذا بالنسبة للحكومة لذا فيجب إلغاء الإسـتراتيجية الرابعـة (ح4) ومن ناحية أخرى لو قارنا كل رقم في (ش3) بـالرقم المقابـل لـه في ش1 نجـد بالنسبة للشركة يكون الرقم (12) أفضـل مـن الـرقم (20) والـرقم (8) أفضـل مـن الرقم (25) والرقم (19) أفضل من الرقم (40) لـذا فيـتمكن الاسـتغناء عـن (ش1) وبهذا يأخذ الجدول الشكل التالي:

ش4	ش3	ش2	إستراتيجيات الشركة / إستراتيجيات الحكومة
35	12	15	ح1
10	8	14	ح2
5	19	2	ح3

وبالنسبة للحكومة لو قارنا أرقام (ح1) بالأرقام المقابلة لها في (ح2) لاتضح أن الرقم (15) أفضل من الرقم (14) والرقم (12) أفضل من الرقم (8) والرقم (35) أفضل من الرقم (10) لذا فإن بإمكاننا الاستغناء عـن الإسـتراتيجية (ح2) وبالنسبة للشركة لو قارنا أرقام ش2 مـع الأرقام المقابلـة لهـا في ش4، لاتضح أن الـرقم (15) أفضل من الرقم (35) والرقم (2) أفضل من الرقم (5). لذا فبإمكاننا الاستغناء عن (ش4).

وبعد ذلك يأخذ الجدول الشكل الآتي:

إستراتيجيات الشركة / إستراتيجيات الحكومة	ش2	ش3
ح1	15	12
ح3	2	19

وبعد أن توصلنا إلى الجدول أعلاه نحاول استخلاص مزيج من الإستراتيجيات للوصول إلى الاتفاق بين الأطراف. وللوصول إلى قيمة المزيج هنالك طريقتين الأولى طريقة الرسم البياني والثانية طريقة المعادلات.

أولاً: طريقة الرسم البياني

نرسم خطاً أفقياً وعلى طرفيه خطين عمودين مدرجين إحداهما يمثل (ح1) والآخر يمثل (ح3) هذا من وجهة نظر الحكومة.

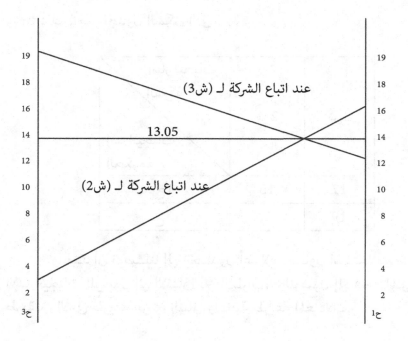

ولو فرضنا أن الشركة سوف تأخذ (ش2) فإن القيمة (ح1) تساوي (15) وقيمة (ح3) هي (2). وعليه، يتم تعين على المحور الذي يمثل (ح1) نقطة تمثل (15) وعلى المحور الذي يمثل (ح3) نعين نقطة القيمة (2) ثم نوصل بين هاتين النقطتين كما مبين بالشكل أعلاه.

وعندما تتبع الشركة (ش3) ستكون القيمة على (ح1) = 12، والقيمة على (ح3) = 19، وعليه يتم تعين على المحور (ح1) نقطة تمثل (12) وعلى المحور الذي يمثل (ح3) نعين نقطة تمثل القيمة (19) ثم نصل بين هاتين النقطتين كما مبين بالشكل أعلاه.

ومن نقطة التقاطع نرسم خطاً أفقياً على المحورين اللذين يمثلان ح1، ح3، حيث نحصل على قيمة المباريات وتمثل (13.05) دينار.

ثانياً: طريقة المعادلات:

لنفرض أن المزيج الذي نبحث عنه هو عبارة عن س% من ح1، ص% من ح3، وعند نقطة التقاطع لابد من تحقيق الشرط التالي:

15س+2ص = 12س+19ص.......(1)

15س-12س = 19ص-2ص)

3س = 7ص

$$\therefore \text{س} = \frac{17\text{ ص}}{3}$$

لكن س+ص = 100% = 1.........(2)

س = 1-ص

نعوض عن قيمة س في المعادلة أعلاه يكون:

$$1 - \text{ص} = \frac{17}{3}\text{ص}$$

$$1 = \frac{20}{3}\text{ص}$$

$$\therefore \text{ص} = \frac{3}{20} = 0.15$$

وبالتعويض عن قيمة (ص) في المعادلة رقم (2) نحصل على قيمة (س) وبالشكل الاتي:

إذن س = 1- 0.15 = 0.85

وبالتعويض في المعادلة رقم (1) بقيمتي س، ص فيعطينا الطرف الأيمن أو الطرف الأيسر قيمة المباريات وبالشكل التالي:

مثلاً الطرف الأيمن للمعادلة هو:

15س+2ص

$$= (0.15 \times 2) + (0.85 \times 15)$$

$$13.05 = 0.30 + 12.75$$

وعندما نعوض في الجانب الأيسر من المعادلة تكون النتيجة كما يلي:

12س1 + 19ص

$$(0.15 \times 19) + (0.85 \times 12)$$

$$13.05 = 2.85 + 10.20$$

وبهذا فإن الزيادة عن كل طن فوسفات ينتج يجب أن تكون 13.05 دينار.

مثال 3:

انتهت اتفاقية التنقيب المبرمة بين الحكومة وإحدى شركات استخراج البترول، فرأت الحكومة تجديد الاتفاقية ولكن بعائد أعلى من العائد الأول. وفيما يلي الجدول الذي يبين الإستراتيجيات التي سوف تأخذ بها كل من الحكومة والشركة بغية الوصول إلى اتفاق وذلك بأن تحصل الحكومة من الشركة على زيادة عن كل برميل ينتج:

أ. الشركة أ. الحكومة	ش1	ش2	ش3	ش4
ح1	6	5	7	12
ح2	10	8	4	10
ح3	4	2	6	8
ح4	3	3	6	صفر

المطلوب: تحديد مقدار الزيادة التي ستحصل عليها الحكومة:

الحل: في أسوأ الظروف تحصل الحكومة على:

1- عند إتباع (ح1) الزيادة الحاصلة تكون 5 قرشاً.

502

2- عند إتباع (ح2) الزيادة الحاصلة تكون 4قرشاً.
3- عند إتباع (ح3) الزيادة الحاصلة تكون 2 قرشاً.
4- عند إتباع (ح4) الزيادة الحاصلة تكون صفر.

لصالح الحكومة وفي إطار التفاوض السري أن تتبع (ح1) لتحقيق زيادة مقدارها (5) قروش للبرميل المنتج. تحت أسوأ الظروف ستدفع الشركة الزيادة التالية:

1- عند إتباع (ش1) ستدفع زيادة 10 قروش.
2- عند إتباع (ش2) ستدفع زيادة 8 قروش.
3- عند إتباع (ش3) ستدفع زيادة 7 قروش.
4- عند إتباع (ش4) ستدفع زيادة 12 قروش.

لذا من صالح الشركة وفي إطار التفاوض السري أن تعتمد (ش3) وتدفع زيادة قدرها (7) قروش عن كل برميل ينتج.

نلاحظ من الحل أعلاه لم تتحقق من نقطة التوازن التي توصلنا إلى الحل بين إستراتيجيات الأطراف المفاوضة.

نلاحظ أن إستراتيجية الحكومة رقم (ح1) تطغى على الإستراتيجية الرابعة لذا يتم شطب (ح4) كما أن إستراتيجية الشركة (ش2) تطغى على (ش1) حيث يتم شطب (ش1)، كما أن إستراتيجية الحكومة (ح1) تطغى على الإستراتيجية (ح3) حيث يتم شطب (ح3)، كما أن إستراتيجية الشركة (ش2) تطغى على (ش4) حيث يتم شطب (ش4) ويكون جدول إستراتيجيات الأطراف بعد التعديل كما يلي:

أ. الحكومة \ أ. الشركة	ش2	ش3
ح1	5	7
ح2	8	4

الحل بيانياً:

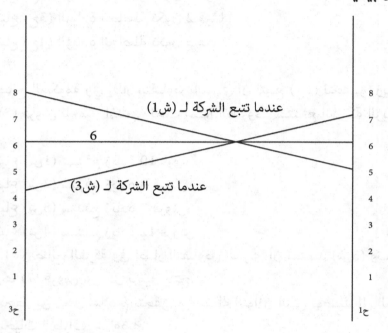

6
3
1
ح3
عندما تتبع الشركة لـ (ش1)
6
عندما تتبع الشركة لـ (ش3)
6
3
1
ح1

الحل باعتماد المعادلات:

5س+8ص = 7س+4ص.....(1)

4ص 2س

∴ ص = $\frac{2}{4}$ س = $\frac{1}{2}$ س

بما أن س+ص=1

∴ ص = 1- س

$$\frac{1}{2} \text{ س} = 1 - \text{ س}$$

$$\frac{1}{2} \text{ س} + \text{ س} = 1$$

$$\frac{3}{2} \text{ س} = 1$$

$$\therefore \text{ س} = \frac{2}{3} \text{ } 0.67$$

$$\text{س}+\text{ص} = 1$$
$$0.67 + \text{ص} = 1$$
$$\therefore \text{ص} = 1 - 0.67 = 0.33$$

∴ بالتعويض في إحدى طرفي المعادلة رقم1 تكون النتيجة كما يلي:
5 س + 8 ص = (0.67×5) + (0.33×8) = 5.99 = تقريباً (6) قروش مقدار الزيادة التي يجب أن تدفع من قبل الشركة مقابل كل برميل بترول ينتج.

مثال 4:

ترغب المؤسسة العامة لتربية الأبقار بتجديد العقد المبرم مع شركة ألبان صويلح ولكن بعائد أكبر. وفيما يلي الجدول الذي يبين الإستراتيجيات التي سوف تأخذ بها كل من المؤسسة أو الشركة بغية الوصول إلى اتفاق وذلك بأن تحصل المؤسسة من الشركة على زيادة بالسعر عن كل لتر مكعب ينتج من الحليب كما يلي:

ش4	ش3	ش2	ش1	أ. الشركة أ. المؤسسة
105	36	45	60	م1
30	24	42	75	م2
15	57	6	120	م3
صفر	33	12	15-	م4

المطلوب: أوجد أفضل إستراتيجية تستطيع المؤسسة إتباعها للحصـول عـلى أقصى ـ زيادة ممكنة.

الحل:

تحت أسوأ الظروف تحصل المؤسسة على:

م1 ← 36

م2 ← 24

م3 ← 6

م4 ← 15-

يتم اختيار أفضل الأسوأ وهو الرقم 36 وتحت أسوأ الظروف تدفع الشركة المبالغ التالية:

ش1 ← 120

ش2 ← 45

ش3 ← 57

ش4 ← 105

506

ويتم اختيار أقل رقم من الأرقام أعلاه (45) ويلاحظ بأنه لا توجد هناك نقطة توازن بين الإستراتيجيات المختلفة للمؤسسة وللشركة، ولذا نلجأ إلى حل المشكلة باعتماد الإستراتيجية المختلطة وبالشكل التالي، حيث يتم شطب بعض الإستراتيجيات لكلاً من المؤسسة والشركة عندما تطغى أرقام الإستراتيجيات على بعضها البعض. حيث نجد بالنسبة للمؤسسة بأن أرقام الإستراتيجية الأولى (م1) تطغي على الارقام المقابلة لها في الاستراتيجية الرابعة (م4) وبناء على ذلك تشطب (م4)، وكذلك تلاحظ بالنسبة للشركة أن الإستراتيجية الثانية (ش2) تطغى أرقامها على الإستراتيجية (ش1)، حيث يتم شطب (ش1). كما نلاحظ بالنسبة للمؤسسة أن الإستراتيجية (م1) تطغى أرقامها على أرقام الإستراتيجية (م2)، حيث يتم شطب (م2)، أما بالنسبة للشركة يلاحظ بأن أرقام الإستراتيجية (ش2) هي أفضل من الأرقام المقابلة لها في الإستراتيجية (ش4)، وعلى هذا الأساس يتم شطب (ش4)، والجدول المعدل لإستراتيجيات كلا من المؤسسة والشركة يكون كما يلي:

ش3	ش2	أ. الشركة ⟋ أ. المؤسسة
36	45	م1
57	6	م2

وباعتماد الطريقة الرياضية يتم حل الجدول أعلاه:

$$45\text{س} + 6\text{ص} = 36\text{س} + 57\text{ص} \quad \ldots\ldots\ldots (1)$$

$$9\text{س} = 51\text{ص}$$

$$\therefore \quad \text{س} = \frac{51}{9}\text{ص}$$

وبما إن س + ص = 1

$$\frac{51}{9}\text{ص} + \text{ص} = 1$$

$$\text{ص} = 1$$

$$\frac{9 + 51}{9} \text{ ص} = 1$$

$$\therefore \text{ ص} = \frac{9}{60} = 0.15$$

وبالتعويض بالمعادلة أدناه يكون:

س + ص = 1

س + 0.15 = 1،   س = 1- 0.15 = 0.85

وبالتعويض بإحدى طرفي المعادلة رقم 1 نحصل على

(45×0.85) + (6×015) + 38.25 + 0.9 = 39.15 دينار.

مقدار الزيادة التي ستحصل عليها المؤسسة وتمثل الحل للمشكلة أعلاه.

مثال 5:

انتهت الاتفاقية المبرمة بين الحكومة الأردنية وشركة عرابي لاستصلاح وزراعة الأراضي. فرأت الحكومة تجديد الاتفاقية ولكن بعائد أعلى من السابق. وفيما يلي الجدول الذي يبين الإستراتيجيات التي سوف تأخذ بها كل من الحكومة والشركة بغية التوصل إلى اتفاق وذلك بأن تحصل الحكومة من الشركة على زيادة عن كل دونم تتم زراعته.

استراتيجيات الشركة / استراتيجيات الشركة	ش1	ش2	ش3	ش4
ح1	40	30	24	70
ح2	50	28	16	20
ح3	80	4	38	10
ح4	10-	8	22	صفر

المطلوب: أوجد الإستراتيجية المثلى التي تستطيع الحكومة من خلالها الحصول على أقصى زيادة ممكنة.

الحل:

تحت أسوأ الظروف تستطيع الحكومة الحصول على الزيادة التالية:

ح1 ———⟶ 24

ح2 ———⟶ 16

ح3 ———⟶ 4

ح4 ———⟶ 10-

ونلاحظ بأن الحكومة تحت أسوأ الظروف ستحصل على أفضل الأسوأ ومقداره 24 دينار (Maximum of the Minimum)

2- أما بالنسبة للشركة فإنها تحت أسوأ الحالات ستدفع الأرقام التالية:

ش1 ———⟶ 80

ش2 ———⟶ 30

ش3 ———⟶ 38

ش4 ———⟶ 10

ونلاحظ بأن الشركة ستدفع تحت أسوأ الظروف الزيادة (30) دينار (Minimum of Maximum) أي أقل أعلى الأرقام (أفضل الأسوأ) يلاحظ بأن ليس هناك نقطة توازن ولذلك علينا اعتماد أسلوب الإستراتيجيات المختلفة، وهذا يستلزم شطب الإستراتيجيات التي تطغى عليها الإستراتيجيات الأخرى، وبالشكل الآتي:

بالنسبة للحكومة تشطب (ح4) لأن (ح1) تطغى عليها، أما بالنسبة للشركة تشطب (ش1) لأن أرقام (ش3) تطغى عليها.

أما بالنسبة للحكومة تشطب (ح2) لأن أرقام (ح1) تطغى عليها. أما بالنسبة للشركة تشطب (ش4) لأن أرقام (ش2) تطغى عليها ويكون جدول الإستراتيجيات المعدل بالشكل التالي:

أ. الشركة / أ. الشركة	ش1	ش2
ح1	30	24
ح2	40	38

وتعتمد طريقة المعادلات لحل الجدول المعدل وبالشكل التالي:

$$30\text{س} + 4\text{ص} = 24\text{س} + 38\text{ص} \quad \ldots\ldots(1)$$

$$6\text{س} = 34\text{ص}$$

$$\text{س} = \frac{34}{6}\text{ص}$$

س + ص = 1، س = 1- ص، بالتعويض نحصل على:

$$\frac{34}{6}\text{ص} + \text{ص} - 1$$

$$1 = \frac{34\text{س} + 6\ \text{ص}}{6}$$

$$1 = \frac{40}{6}\text{ص}$$

$$\therefore \text{ص} = 1 \times \frac{6}{40} = \frac{3}{20} = 0.15$$

$$\text{س}+0.15 = 1$$

$$\therefore \text{س} = 1 - 0.15 = 0.85$$

نعوض في أحد طرفي المعادلة (رقم 1) وتكون النتيجة كالآتي:

$$(30\times0.85) + (4\times0.15) = 25.5 + 0.6 = 26.1$$ دينار مقدار الزيادة التي ستحصل عليها الحكومة.

التمارين

1- ترغب المؤسسة العامة لتربية الأبقار في تجديد العقد المبرم مع الشركة الدنماركية للألبان ولكن بعائد أكبر. وفيما يلي الجدول الذي يبين الإستراتيجيات التي سوف تأخذ به كلا من المؤسسة والشركة بغية الوصول إلى اتفاق.

استراتيجيات الشركة / استراتيجيات الشركة	ش1	ش2	ش3	ش4
م1	60	45	36	150
م2	75	42	24	30
م3	120	6	60	15
م4	15-	12	33	صفر

المطلوب: أوجد أفضل إستراتيجية تستطيع المؤسسة من خلالها الحصول على أفضل زيادة ممكنة معتمداً طريقة المعادلات.

2- انتهت الاتفاقية المبرمة بين الحكومة الأردنية وشركة السهل الأخضر- لاستصلاح وزراعة الأراضي، فرأت الحكومة تجديد الاتفاقية ولكن بعائد أعلى من السابق، وفيما يلي الجدول الذي يبين الإستراتيجيات التي سوف تأخذ بها كل من الحكومة والشركة بغية التوصل إلى اتفاق يتم بموجبه حصول الحكومة على زيادة عن كل دونم تتم زراعته.

استراتيجيات الشركة / استراتيجيات الشركة	ش1	ش2	ش3	ش4
ح1	40	30	24	100
ح2	50	28	16	20
ح3	80	4	40	10
ح4	10-	8	22	صفر

المطلوب: أوجد الإستراتيجية المثلى التي تستطيع الحكومة من خلالها الحصول على أقصى زيادة ممكنة.

المراجع

المراجع العربية:

1- زمزير، منعم، الأساليب الكمية في الإدارة، عمان، دار زهران للنشر، 1996.

2- زمزير، منعم، إدارة الانتاج والعمليات، عمان، دار زهران للنشر، 1995.

3- العطار، محمد صبري، بحوث العمليات، القاهرة، الدار المصرية للنشر، 1987.

4- شمس الدين شمس الدين، نظرية اتخاذ القرارات الإدارية، مجلة الاقتصاد، العدد 298 تشرين الثاني، 1988، جامعة حلب، سوريا.

المراجع الأجنبية:

1. Altier, W. *The thinking Manager's Toolbox: Effective Processes for Problem Solving and Decision Making*, (New York: Oxford University Press), 2002.

2. Checkland, P., *Creative Thinking, System Practice*, (New York: Wiley), 1999.

3. Anderson, D., Sweeney, D., and Williams, T., *Introduction to Management Science*, 10th ed., (USA: Wiley), 2003.

4. Maros, I., *Computational Techniques of the Simplex Method*, (Boston: Kluwer Academic Publishers), 2003.

5. Diwckar, U., *Introduction to Applied Optimization*, (Boston: Kluwer Academic Publishers), 2003.

6. Vanderbei, R., *Linear Programming: Foundations and Extensions*, 2nd ed., (Boston: Klwer Academic Publishers), 2001.

7. Dantzig, G., and Thapa, M., *Linear Programming 2: Theory and Extensions*, (New York: Springer), 2003.

8. Hiller, F., and Lieberman, G., *Introduction to Operations Research*, (US: McGraw-Hill), 2006.

9. Taha, H., *Operations Research: An Introduction*, 8th ed., (USA: Pearson Education, Inc.,), 2007.

10. Ahuja, R., Magnati, T., and Orlin, J., *Network Flows: Theory, Algorithms, and Applications*, (New York: Prentice Hall), 1993.

11. Evans, J., and Minieka, E., *Optimization Algorithms for Networks and Graphs*, 2nd ed. (New York: Marcel Dekker), 1992.

12. Gal, T., and Greenberg, H., *Advances in Sensitivity Analysis and Parametric Programming*, (Boston: Kluwer Academic Publishers), 1997.

13. Higle, J., and Wallace, S., "Sensitivity Analysis and Uncertainty in Linear Programming", *Interfaces*, 33(4): 53-60, July – August 2003.

14. Murty, K., *Network Programming*, (US: Prentice Hall), 1992.

15. Ball, M., Magnanti, T., Monma, C., and Nemhauser, G., *Network Models*, (New York: Elsevier), 1995.

16. Chatterjee, K., and Samuelson, W., *Game Theory and Bsiness Applications*, (Boston: Kluwer Academic Publishers), 2001.

17. Fudenberg, D., and Tirole, J., *Game Theory*, (Cambridge: MIT Press), 1991.

18. Aumman, R., and Hart, S., *Handbook of Game Theory: With Applications to Economics* , eds., *(Amsterdam: North-Holland), 1992, 1994, 1995.*

19. Clemen, R., *Making Hard Decisions: An Introduction to Decision Analysis, 2nd ed., (Belmont, CA: Duxbury Press), 1996.*

20. Fishburn, P., *"Foundations of Decisions Analysis: Along the Way", Management Science, 35: 387-405, 1989.*

21. Maxwell, D., *"Software Survey: Decision Analysis", OR/MS Todays, June 2002, 44-51.*

22. Goodwin, P., and Wright, G., *Decision Analysis for Management Judgment, (New York: Wiley), 1998.*

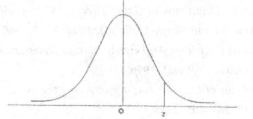

الملحق
رقم (١)

الارقام الموجودة في الجدول ادناه تحدد المنطقة الواقعة تحت منحنى التوزيع الطبيعي المبين بالشكل اعلاه والمحصورة بين الوسط الحسابي و (Z) معبراً عنها بالانحرافات المعيارية المحسوبة فوق الوسط الحسابي . فمثلاً اذا كانت قيمة (Z) تساوي (٧٥ر١) أذن المنطقة الواقعة تحت منحنى التوزيع الطبيعي والمحصورة بين الوسط الحسابي و (Z) هي (٤٥٩٩ر٠) .

z	0.00	0.01	0.02	0.03	0.04	0.05	0.06	0.07	0.08	0.09
0.0	0.0000	0.0040	0.0080	0.0120	0.0160	0.0199	0.0239	0.0279	0.0319	0.0359
0.1	0.0398	0.0438	0.0478	0.0517	0.0557	0.0596	0.0636	0.0675	0.0714	0.0753
0.2	0.0793	0.0832	0.0871	0.0910	0.0948	0.0987	0.1026	0.1064	0.1103	0.1141
0.3	0.1179	0.1217	0.1255	0.1293	0.1331	0.1368	0.1406	0.1443	0.1480	0.1517
0.4	0.1554	0.1591	0.1628	0.1664	0.1700	0.1736	0.1772	0.1808	0.1844	0.1879
0.5	0.1915	0.1950	0.1985	0.2019	0.2054	0.2088	0.2123	0.2157	0.2190	0.2224
0.6	0.2257	0.2291	0.2324	0.2357	0.2389	0.2422	0.2454	0.2486	0.2518	0.2549
0.7	0.2580	0.2612	0.2642	0.2673	0.2704	0.2734	0.2764	0.2794	0.2823	0.2852
0.8	0.2881	0.2910	0.2939	0.2967	0.2995	0.3023	0.3051	0.3078	0.3106	0.3133
0.9	0.3159	0.3186	0.3212	0.3238	0.3264	0.3289	0.3315	0.3340	0.3365	0.3389
1.0	0.3413	0.3438	0.3461	0.3485	0.3508	0.3531	0.3554	0.3577	0.3599	0.3621
1.1	0.3643	0.3665	0.3686	0.3708	0.3729	0.3749	0.3770	0.3790	0.3810	0.3830
1.2	0.3849	0.3869	0.3888	0.3907	0.3925	0.3944	0.3962	0.3980	0.3997	0.4015
1.3	0.4032	0.4049	0.4066	0.4082	0.4099	0.4115	0.4131	0.4147	0.4162	0.4177
1.4	0.4192	0.4207	0.4222	0.4236	0.4251	0.4265	0.4279	0.4292	0.4306	0.4319
1.5	0.4332	0.4345	0.4357	0.4370	0.4382	0.4394	0.4406	0.4418	0.4429	0.4441
1.6	0.4452	0.4463	0.4474	0.4484	0.4495	0.4505	0.4515	0.4525	0.4535	0.4545
1.7	0.4554	0.4564	0.4573	0.4582	0.4591	0.4599	0.4608	0.4616	0.4625	0.4633
1.8	0.4641	0.4649	0.4656	0.4664	0.4671	0.4678	0.4686	0.4693	0.4699	0.4706
1.9	0.4713	0.4719	0.4726	0.4732	0.4738	0.4744	0.4750	0.4756	0.4761	0.4767
2.0	0.4772	0.4778	0.4783	0.4788	0.4793	0.4798	0.4803	0.4808	0.4812	0.4817
2.1	0.4821	0.4826	0.4830	0.4834	0.4838	0.4842	0.4846	0.4850	0.4854	0.4857
2.2	0.4861	0.4864	0.4868	0.4871	0.4875	0.4878	0.4881	0.4884	0.4887	0.4890
2.3	0.4893	0.4896	0.4898	0.4901	0.4904	0.4906	0.4909	0.4911	0.4913	0.4916
2.4	0.4918	0.4920	0.4922	0.4925	0.4927	0.4929	0.4931	0.4932	0.4934	0.4936
2.5	0.4938	0.4940	0.4941	0.4943	0.4945	0.4946	0.4948	0.4949	0.4951	0.4952
2.6	0.4953	0.4955	0.4956	0.4957	0.4959	0.4960	0.4961	0.4962	0.4963	0.4964
2.7	0.4965	0.4966	0.4967	0.4968	0.4969	0.4970	0.4971	0.4972	0.4973	0.4974
2.8	0.4974	0.4975	0.4976	0.4977	0.4977	0.4978	0.4979	0.4979	0.4980	0.4981
2.9	0.4981	0.4982	0.4982	0.4983	0.4884	0.4984	0.4985	0.4985	0.4986	0.4986
3.0	0.4986	0.4987	0.4987	0.4988	0.4988	0.4989	0.4989	0.4989	0.4990	0.4990

Printed in the United States
By Bookmasters

Printed in the United States
By Bookmasters